职业韧性重塑

高校辅导员职业心理实证研究

张婉莉 著

陕西新华出版
陕西人民出版社

图书在版编目（CIP）数据

职业韧性重塑：高校辅导员职业心理实证研究/张婉莉著 .—西安：陕西人民出版社，2022.5
ISBN 978-7-224-14541-0

Ⅰ.①职… Ⅱ.①张… Ⅲ.①高等学校—辅导员—心理保健—研究 Ⅳ.①G645.1

中国版本图书馆 CIP 数据核字（2022）第 072672 号

责任编辑：白艳妮
整体设计：白明娟

职业韧性重塑

——高校辅导员职业心理实证研究

作　　者	张婉莉
出版发行	陕西人民出版社
	（西安北大街 147 号　邮编:710003）
印　　刷	西安市建明工贸有限责任公司
开　　本	787mm×1092mm　1/16
印　　张	22.25
字　　数	280 千字
版　　次	2023 年 4 月第 1 版　2023 年 4 月第 1 次印刷
书　　号	ISBN 978-7-224-14541-0
定　　价	40.00 元

────────────────────────────

如有印装质量问题，请与本社联系调换。电话:029-87205094

序　言

2016年全国高校思想政治工作会议的召开，标志着我国"大思政"战略定位和工作格局的正式确立，高校思想政治工作以其全新的视野、思路和目标进入一个新的历史时期。新时代的高校辅导员工作也被赋予了新的使命和内涵，在助力大学生成长成才的立德树人之路上，辅导员要身挑十余副担子——学院事务、班级管理、社团活动、职业规划、就业指导、心理健康、公寓管理和教学辅助等，还要一人分饰八种角色——政治引路者、思想引领者、文化塑造者、道德示范者、事务管理者、心理咨询者、教学创新者与专业研究者。每副担子、每种角色都具有很强的专业性，辅导员要想十八般武艺样样精通，要能负重致远，既需要过硬的业务能力，更需要很强的心理素质。

相比业务素质这种"硬能力"而言，职业心理素质属于"软能力"，更贴近职业能力的本质。而在高校辅导员职业心理素质清单中，职业韧性又是一种"元能力"，它使辅导员在面对实际的职业难题时，能积极整合自身资源、调"兵"遣"将"，从而走出困境，走向成功。由此可见，职业韧性最能凸显人的主体能动性和自我调节力，其中蕴含着丰富的科学理性和实践智慧。

本书作者张婉莉曾是我的博士研究生，她以硕士学习阶段奠定的扎实的心理学专业功底和学识，敏锐地捕捉到职业韧性这一具有很强统摄力的职业心理素质，运用心理学研究范式，对我国高校辅导员这一职业群体的诸多职业心理问题展开系列研究。

作者自 2011 年攻读博士研究生始，基于其前期研究基础，并结合新的理论与实践继续进行钻研，最终完成了以"高校辅导员职业韧性研究"为题的博士学位论文。我印象深刻的是，这期间作者身兼教师、母亲、妻子和院系管理者等多种角色，在繁忙的教学、科研与管理工作之余还要完成学业，主要依靠平时挤时间以及利用周末与假期把自己关在博士楼的单间里刻苦攻读。功夫不负有心人，这篇博士学位论文最终得到了评审专家一致的高度肯定。

作者自 2016 年毕业以来，围绕高校辅导员的职业心理议题还申报了多项课题，基于这些研究，作者对博士论文的理论、实证与干预等各部分，做着持续地论证、深化与优化，最终才凝练生成了该著作。其中，干预篇的变化最大，作者不仅使该篇更直接地与理论篇和实证篇相呼应，而且充实了大量的兼具循证性和可操作性的干预措施，确保了专著的实践指导价值，亦凸显了本专著的论题——职业韧性重塑。

该著以理论与实证相结合的研究路径，分析了辅导员职业韧性的内涵与机制。具体来说，从筛选理论模型、构建测量模型，到研制测评工具、开展全国调查，再到探索影响机制、开发韧性重塑方案，层层递进地回答了高校辅导员的职业韧性是什么、怎么测、会怎样、怎么办等一系列问题。全书立足学术前沿和现实问题，整体结构合理，逻辑严密，数据详实，分析客观，结论可靠。

由于职业韧性研究滥觞于西方，深化于西方，因此相关研究成果多为英文文献，作者在这方面下了很大功夫，体现其科学严谨的研究态度和宽广的研究视域，也使该著具有较强的学术前沿性。同时，作者还在中国优秀传统文化和马克思主义科学理论中苦心孤诣地探寻证据，这显然也增加了研究主题的文化与理论深蕴。

研究高校辅导员的职业心理素质，是思想政治教育心理学的学科基本任务。该著围绕职业韧性议题，先后涉及职业适应、职业承诺、职业效能、职业认同、心理授权与组织公民行为等六种职业心理素质，再通过数学建模方式，构建了诸多职业心理素质之间的作用关系，并将清单式、并列式的职业心理素质构建为一个有结构、有功能的职业心理素质群，这种以一摄多、系统深入的实证研究路径，对扩展思想政治教育心理学研究的广度和深度是个很好的探索与示范。

该著的干预篇，在紧扣实证研究结果的基础上，以生态系统观整合了诸多培养路径，包括从宏观视域来重塑辅导员的职业环境、从中观视域来重塑辅导员的组织环境、从微观视域来重塑辅导员的自我功能，而且每条培养路径都提供了多种具有可操作性的、循证性的干预策略。

综上而言，该著对于拓展我国的辅导员培训议题、丰富辅导员培训理论、提升辅导员培训质量具有重要的实践应用价值。而且，对于高校教师乃至其他职业者的职业韧性重塑而言，亦具有较高的实证参考价值。

诚然，由于研究主题的前瞻性、实践性和延展性，本书的研究也存在一些值得深化探讨的问题。譬如，在理论基础方面，对于马克思主义的人学思想、活动观与职业韧性理论之间的内在逻辑，可在系统梳理文献基础上深化建构和阐释。还有，诚如书中所表，要确保所开发的职业韧性重塑方案具有循证价值，还需设计干预实验来验证。我希望作者在以后的工作中继续关注和思考，不断深化和拓展高校辅导员职业心理素质专题研究，为促进新时代我国辅导员队伍的职业化专业化发展推出更多研究成果。

王晓荣
2022 年 2 月

目 录

述评篇 第一章 导论　　　　　　　　　　　　　　　　　　003

第一节　研究缘起：多元视域下高校辅导员职业心理研究比较　005

一、思想政治教育心理学视域：辅导员职业心理研究亟待实证 / 005

二、教师教育视域：辅导员职业心理研究应聚焦"元"能力 / 007

三、心理健康视域：辅导员职业心理研究亟须循证 / 011

四、职业韧性视域：辅导员职业心理研究兼具整合性与实践性 / 020

第二节　研究价值　　　　　　　　　　　　　　　　　　023

一、理论价值 / 023

二、实践价值 / 025

第三节　职业韧性研究述评　　　　　　　　　　　　　　028

一、职业韧性内涵研究 / 028

二、职业韧性测评研究 / 043

三、职业韧性影响研究 / 049

四、职业韧性干预研究 / 053

第四节　研究设计　　　　　　　　　　　　　　　　　　058

001

一、研究路径 / 058

二、研究方法 / 060

第五节　研究内容及创新点　　062

一、研究的主要内容 / 062

二、研究的创新点 / 064

第二章　高校辅导员职业韧性研究的理论基础　　066

第一节　马克思主义人学思想与活动观　　067

一、马克思主义的人学思想 / 067

二、马克思主义人的社会性思想 / 070

三、马克思主义的活动观 / 071

第二节　中国传统文化中的韧性思想　　074

一、儒家"进取"的韧性观 / 074

二、道家"顺应"的韧性观 / 075

三、佛家"超脱"的韧性观 / 076

四、中国传统文化中的自我调节智慧 / 077

第三节　职业韧性的整合理论　　082

一、韧性理论变迁 / 082

二、职业韧性的因素—过程理论 / 086

三、职业韧性自我调节过程理论 / 087

实证篇

第三章　韧性工具：高校辅导员职业韧性量表编制　095

第一节　研究对象与工具　098

一、研究对象 / 098

二、研究工具 / 101

三、数据分析 / 104

第二节　研制高校辅导员职业韧性量表　105

一、条目编制 / 105

二、项目分析 / 111

三、结构效度 / 118

四、信度检验 / 135

讨论与小结 / 138

第四章　韧性评估：新时代我国高校辅导员职业韧性调研　146

第一节　研究对象与研究工具　148

一、研究对象 / 148

二、研究工具 / 151

三、数据分析 / 153

第二节　新时代辅导员职业韧性的总体发展水平　154

第三节　新时代辅导员职业韧性的人口学特点　158

一、不同性别、学历与婚姻状态的辅导员职业韧性特点 / 158

二、工作经验对辅导员职业韧性的影响 / 163

三、组织特征对辅导员职业韧性的影响 / 164

讨论与小结 / 167

第四节　不同复原力水平的辅导员职业韧性特点　　171

一、复原力量表在辅导员群体中的适用性分析 / 171

二、高、中、低复原力者的入组标准 / 173

三、高、中、低复原力者的职业韧性特点 / 173

讨论与小结 / 176

第五章　韧性效能：职业韧性对高校辅导员工作适应的影响　　178

第一节　辅导员工作适应的测量指标　　180

一、高职业承诺 / 181

二、高工作绩效 / 181

三、低工作倦怠 / 182

第二节　研究对象与研究工具　　183

一、研究对象 / 183

二、研究工具 / 184

三、数据分析 / 193

第三节　职业韧性对辅导员工作适应的影响　　194

一、辅导员工作适应的现状分析 / 194
二、辅导员职业韧性与工作适应的相关分析 / 195
三、辅导员职业韧性对工作适应的直接影响 / 196
讨论与小结 / 204

第四节　辅导员职业韧性影响工作适应的路径　　206

一、变量选取：依据与建模技术 / 206
二、统计验证：有调节的中介模型 / 219
三、中介变量：辅导员的职业认同 / 229
四、调节变量：辅导员的心理授权 / 230
讨论与小结 / 232

干预篇

第六章　韧性重塑：新时代高校辅导员职业韧性培育的模型与策略　　237

第一节　重塑模型：辅导员职业韧性重塑之洋葱模型　　240

一、宏观视域：心理发展生态系统论取向 / 241
二、中观视域：积极组织行为学取向 / 243
三、微观视域：自我调节的社会认知论取向 / 244

第二节　职业重塑：宏观职业环境之韧性重塑策略　　248

一、明晰辅导员职业角色与职责 / 248
二、优化辅导员职业晋升路径 / 250
三、实施发展导向的职业韧性评估 / 252
四、开展职业韧性的循证教育探索 / 253

第三节　组织重塑：中观组织环境之韧性重塑策略　　255

一、提升组织韧性 / 255

二、领导授权赋能 / 259

三、激发工作重塑 / 262

四、提效工作对话 / 265

第四节　自我重塑：微观自我调节过程之韧性重塑策略　　273

一、解构认知困境 / 275

二、诠释重构逆境 / 276

三、聚"三S力"应对极端困境 / 276

四、提升情绪调节力 / 277

五、学习适应性归因 / 281

六、练习叙事性反思 / 283

七、提效社会支持力 / 287

八、自我调节式工作重塑 / 289

九、自我调节力微干预 / 291

结语 / 292

附录 / 301

参考文献 / 321

后记 / 343

述评篇

SHUPINGPIAN

第一章
导 论

回溯新中国成立以来 70 年的高校辅导员队伍建设历程，历经发轫与挫折期、恢复与发展期、改革与拓展期[①]，我国高校辅导员队伍建设日渐完善，正逐步走向职业化、专业化的快速发展阶段。

"辅导员"这一职业角色表述确认于 2004 年中共中央、国务院出台的《关于进一步加强和改进大学生思想政治教育的意见》之中。2014 年，教育部印发《高等学校辅导员职业能力标准（暂行）》，从职业概况、基本要求和职业能力标准等三个方面全面详细规定了辅导员的职业能力。2017 年，教育部修订后的《普通高等学校辅导员队伍建设规定》明确了高校辅导员要以"立德树人"为中心，并肩负九大工作职责。至此，在以育人工作为重点的高校工作队伍中，辅导员群体独立于教师和管理者的专有职业身份进一步得以明晰化。

70 年来，辅导员为我国思想政治教育工作的发展作出了重大贡献。高校辅导员是开展大学生思想政治教育的骨干力量，是高校学生日常思想政治教育和管理工作的组织者、实施者和指导者。在众多影响大学生思想政

---

① 毛清芸，陈旭远. 新中国成立 70 年来我国高校辅导员队伍建设历程探析［J］. 广西社会科学，2019（12）：190—194.

治教育成效的因素中，职业心理素质直接关乎着辅导员与其工作环境（尤其是其工作对象）的互动过程和互动质量。

高校辅导员以培养德才兼备的高素质人才为己任，其职业心理素质水平直接影响到大学生人才素质。辅导员拥有好的职业心理素质，既是实现大学生全面发展的基本保证，亦是有效实施大学生思想政治教育的先决条件，更制约着大学生思想政治教育的效果。成功的大学生思想政治教育，不仅依赖于科学地把握学生的心理发展的规律性，而且有赖于辅导员良好的职业心理素质，并借此建立起的亦师亦友形象。实践证明，辅导员拥有良好的心理素质，即能积极促进自身在实践活动中的认知、决策、实施等心理过程，又能显著改善学生对辅导员工作的接受程度，促使学生产生深刻而持久的心理体验。

除此之外，高校辅导员的心理素质议题，还是思想政治教育心理学的基本内容之一，亦是思想政治教育心理研究的三大任务之一，更是促进辅导员队伍职业化专业化建设的重要命题[1]。

在以育人工作为重点的高校工作队伍中，辅导员作为一个特殊的职业群体，既不同于高校教师，亦不同于高校管理者。有关后两者的职业心理特征并不足以表征高校辅导员群体，与此相应的是，学界围绕后两者职业心理所展开的流调分析、工具研发、影响机制与干预实验等成果，亦不能直接照搬应用于高校辅导员群体。而探索高校辅导员的职业心理特点，揭示辅导员职业心理发展的影响因素，不仅关乎思想政治教育心理学的学科建设，还关乎高校辅导员队伍的职业化、专业化与专家化，更关乎大学生思想政治教育工作的成败。

以下将从多元视域来分析当前我国高校辅导员职业心理研究的现状与问题，基此提出以研究职业韧性为切入点的设计思路。

---

[1] 国家教委思想政治工作司. 思想政治教育心理学 [M]. 北京：高等教育出版社，1996：9.

第一节
研究缘起：多元视域下高校辅导员职业心理研究比较

一、思想政治教育心理学视域：辅导员职业心理研究亟待实证

思想政治教育心理学滥觞于20世纪80年代的"思想政治工作科学化"思潮，是思想政治教育学的重要分支学科，研究思想政治教育过程中心理现象产生发展及其规律的科学，是一门融合了思想政治教育学与心理学的交叉学科。

思想政治教育心理学的直接目的是加强思想政治教育的科学性与有效性，推动实现思想政治教育由物本研究范式向人本研究范式的转变。物本研究范式的思想政治教育，片面强调思想政治教育的社会外在价值，对思想政治教育的人文关怀和长远效益关注甚微，有急功近利倾向；相反，人本研究范式的思政教育，以马克思主义人学理论分析框架，以"现实的人"为出发点，以实现人的自由全面发展为价值旨归，将理论的发展与人自身的发展利益结合了起来。因此，实现人与社会的双向建构与共同发展，是思想政治教育心理学的学科使命。

高校辅导员的心理素质是思想政治教育心理学的学科基本内容之一。自1980年该学科建立至今，尽管对其研究内容还存在诸多争议和悬而未决的问题，但是学界一直未曾质疑过思想政治教育工作者心理素质的重要性，并且认为，研究该议题就是思想政治教育心理研究的三大任务之一。

尽管辅导员的心理素质一直都是思想政治教育心理学的学科基本研究任务之一，但学界对该议题却一直显得很冷淡。从思想政治教育心理学的学科视域来分析当前我国辅导员的心理素质研究成果，很难令人自信地承认其对学科建设的职责担当与贡献，尤其是以下两个问题，直接制约了成果转化的效力。

其一，当前我国的高校辅导员职业心理研究是匮乏的。刘海燕（2011）回顾分析了思想政治教育心理学自创建以来近30年研究成果，发现已有的思想政治教育心理学研究成果，主要以大学生为对象，主要围绕大学生的心理特点、心理健康、教育对策和政治教育方法等问题。在其综述中未提及高校辅导员心理素质的研究成果。截至2022年2月10日，在中国知网分别检索"高校辅导员"并"心理素质""高校辅导员"并"心理品质"为篇名的核心文献共计8篇，发表时间自2000年10月17日至2020年9月25日，均为学理性分析文献；截至2022年2月10日，在中国知网检索近10年（自2012年始）"高校辅导员"并"心理"为篇名的核心文献共计22篇，其中调查研究类论文3篇，其余均为学理性分析文献。

在所有检出的文献中，主要聚焦高校辅导员的心理素质培养与心理健康维护两个议题，而且实证类成果极少，这就暴露出来了一个突出问题，即缺乏实证支持的心理素质培养策略和心理健康干预办法，如何确证其实践指导的生态效度？

由此可见，目前我国高校辅导员心理素质研究的整体现状堪忧，成果少、质量低、影响小，这种研究现状势必阻碍我们科学认知高校辅导员心理素质的发生发展规律，不但会极大削弱辅导员心理素质研究的实践指导价值，而且还羁绊着思想政治教育心理学的学科建设与发展。

其二，思想政治教育心理学亟须实证研究。张耀灿（2006）认为，在一个学科发展成熟之前，依托其他学科的研究方法进行学科建设是一种正常的现象，也是一种必然的选择。所有理论变革都离不开对其研究方法的变革，只有不断地、科学地更新研究方法，才能促使思想政治教育学科得到重大突破。实证研究的最大优势，就是对事件、现象、关系和原因做出解释，而这恰恰就是研究本身的内涵所在。

思想政治教育与心理学结合，必将成为思想政治教育领域研究的热点与创新点。心理学本身就是思想政治教育心理研究的主要理论，而且在思想政治教育心理的具体研究方法中，诸如调查研究法、实验研究法、个案研究法等就是发挥了心理学实证研究的优势。对思想政治教育心理学开展实证研究，并在此基础上积极探索心理学研究成果怎样应用到思想政治教育活动中，既为思想政治教育心理学发展提供突破口，也会对思想政治教育工作的主动性、针对性、科学性和实效性有所助益。

但现实是，思想政治教育心理和思想政治教育心理学的相关研究极其匮乏，这大大限制了该学科的发展。毕竟，实践性是思想政治教育心理学作为一门学科存在和发展的生命力所在，而缺乏实证支持的实践探索很难确保其实践本身的科学性。

二、教师教育视域：辅导员职业心理研究应聚焦"元"能力

目前，有关辅导员职业化专业化研究是学术界的主要兴趣之一。辅导员"专业化"侧重于队伍的专业培养和培训，是辅导员"职业化"的基础；而辅导员"职业化"侧重于队伍的稳定和发展，是辅导员"专业化"的发展目标。围绕辅导员职业化专业化还可细分为四个子议题，即辅导员队伍的职业化研究、专业化研究，辅导员职业能力研究以及辅导员队伍培

训研究等。

学界关于这些研究积累了比较丰富的成果，但同时也凸显出来了一些亟待解决的问题。比如，在辅导员的职业能力研究方面，学界仍旧基于以知识为本的能力观，过度强调知识技能等现实"硬能力"，极少关注具有主体性智慧的潜在"软能力"与"元能力"，缺乏重视那些具有生态效度的真实情景中的专业实践能力，而这些恰恰是当下职业能力研究领域的前沿与热点。这种缺乏生态效度的研究局限，也是制约当前高校辅导员培训研究成果的转化效力之根源所在。

（一）关于高校辅导员职业能力的研究

目前有关职业能力的研究有两个突出趋势：一是职业能力内涵日益凸显个体的主体性智慧；二是强调真实/实践情境对职业能力提升的重要价值。张立新（2014）对欧美学术界大学生职业能力内涵梳理后发现，职业能力内涵边界从现实"硬能力"不断向潜在"元能力"和"软能力"深入；Gokuladas（2010）对印度大学生的实证研究发现，"软能力"更接近职业能力的本质；Nilsson（2010）通过分析信息技术专业毕业生的数据发现，在现实工作中，与各种"软能力"相比，毕业生的技术技能和专业知识等"硬能力"的重要性正在不断下降；匡瑛（2010）从职业教育视野提出了我国应当持有的职业能力观，即重视职业能力的默会能力维度和情感态度维度，关注工作情境下的实践技能；杨洁（2014），崔允漷、王少非（2014）等认为教师的职业/专业能力核心是在真实情境中表现出来的专业实践能力。

辅导员职业的实践情境具有多义性、多变性和多维性，导致辅导员职业生涯中不可避免地充斥着大量结构不良的新情境与新任务，解决不当就有可能积聚成为一个个职业发展瓶颈，此瓶颈就是职业能力发展的节点或拐点，能否有效解决这些压力/逆境，关乎辅导员的去与留、停滞与发展、倦怠与承诺等问题。基于此，辅导员能力高低不在于专业知识完备与否，亦不在于专业技能娴熟与否，而在于能否游刃有余地应对模糊、多变、复杂的实践情境，以及在高职业压力/逆境中能否充分运用其所拥有的静态、内隐性职业能力来高效解决问题，这些均关乎个体的主体性智慧与自我调节资源。

然而，当前辅导员职业能力研究领域的实际情况却不尽然。在对辅导员职业能力内涵的诠释上，差异大，不清晰，而且依据的是以知识为本的能力观，强调知识技能等现实"硬能力"，极少关注潜在的"软能力""元能力"以及具有生态效度的专业实践能力，未能反映目前职业能力内涵复杂多元的发展趋势。

由此可见，辅导员职业能力研究亟须提升生态效度，应关注辅导员在真实职业态势下，尤其是在适应那些严重或重要的职业压力、逆境与挫折时的能力发展过程，如此才能有效发挥研究成果的实践应用价值。在诸多职业心理研究的议题中，职业韧性研究在解决生态效度难题方面有很多可借鉴价值，越来越受到学术界与实践应用界的青睐。

（二）关于高校辅导员培训工作的研究

从 2006 年《普通高等学校辅导员队伍建设规定》（简称"教育部 24 号令"）确定高校辅导员培训的意义与地位，到顺利实施《2006—2010 年普通高等学校辅导员培训计划》，再到 2013 年出台《普通高等学校辅导员培训规划（2013—2017 年）》，辅导员培训成为我国高校辅导员队伍建设越来越重要的途径。

高校辅导员培训,以促进辅导员职业化、专业化和可持续发展为导向,以造就政治强、业务精、纪律严、作风正的高水平辅导员队伍为目标。高校辅导员培训工作作为辅导员队伍建设的最重要途径,已经为提升大学生思想政治教育科学化水平、全面提高高等教育质量、提供坚强的思想政治保障和人才支持方面做出了突出贡献,但同时也存在诸多亟待解决的问题。主要表现在:

第一,重理论,轻实践。关注理论学习和静态知识学习,缺乏解决真实情境问题的实践能力培养课程,缺少应对辅导员实际工作难点的培训,最终严重削弱了培训课程的转化率,制约了培训工作对受训者业务水平的干预效力。

第二,重施教,轻需求。培训工作和培训内容随意性大,不能针对辅导员切实需要,忽视了辅导员心理素质的培养,尤其缺乏针对辅导员职业应变力与职业抗逆力的专题培训,导致培训工作在促进辅导员自我提高与完善上没有发挥应有的功能。胡建新(2008)在分析我国高校辅导员培训的现实困境基础上提出,以提升能力为本的专题学习研讨和以辅导员可持续发展为本的后续支持是破解困境的出路。该思路与吴云志、曲建武(2008)的认识不谋而合,后者认为辅导员队伍的素质与能力建设是当前辅导员队伍建设的关键。

第三,重组织,轻实效。各地教育主管部门和高校在教育部对高校辅导员培训工作的规划下,制定了一系列的辅导员培训组织实施办法,为辅导员培训搭建了各种平台。然而,实际的辅导员培训效果并不理想,最根本的问题在于对培训质量缺乏有效且系统的监督与评估。赵健(2014)对我国高校辅导员培训效果评估现状的分析后发现,评估方法单一是目前培训效果评估的主要问题,亟须有信度效度的科学评估工具。

第四,重经验,创新不足。注重在实际工作中对辅导员的培养,注重辅导员综合能力和政治素质，注重对高校辅导员学历的提升。

综上所述，实践转化效力是我国高校辅导员培训工作的核心问题。本书认为在多学科理论视野下，针对辅导员应对实际问题的实践能力，开设能确保培训效果的专题，加强对培训过程的科学评估等等，可能是破解培训效力的有力尝试。

对此，可以借鉴职业韧性培训的相关研究，国际上不论是学术界还是实践应用领域，针对组织劳动力的职业韧性培训项目做了大量的实证研究，所得出的结果也比较一致，即职业韧性培训能显著提升员工和组织的绩效，能明显促进员工对工作的投入、对职业的承诺、对组织的承诺以及职业的幸福感，能降低员工的离职率，能改善员工的心理健康。

而且从实现高校辅导员队伍职业化、专业化的建设思路上看，核心就是要帮助辅导员重点解决"愿意做""会做"和"长期做"等三个职业生涯发展任务，而职业韧性的培养就直接关乎这个路径的两头发展。

三、心理健康视域：辅导员职业心理研究亟须循证

积极呼吁关注高校辅导员的心理健康问题的声音更多来自实践领域，而学界主要以学理性分析来回应之。截至2022年2月10日，在中国知网检索"高校辅导员"并"心理健康"为篇名的核心文献共计27篇，发表时间自2008年7约30日至2020年12月15日，其中自2015年以来共有8篇，以每年2篇的发表量均匀分布于2015年、2016年、2018年与2020年，且每个年份仅有1篇调查研究类文献，其中症状自评（SCL-90）研究2篇，职业倦怠研究2篇，均为疾病取向而非资源取向的研究设计。

进一步检索近五年来（自2017年）高校辅导员职业倦怠议题的研究文献，截至2022年2月10日，在中国知网检索"高校辅导员"并"职业倦

息"为篇名的核心文献共计8篇，其中调查研究类文献4篇，学理分析类文献4篇，而发表在CSSCI与CSCD来源期刊的调查研究类文献仅有2篇。这种研究态势，相较于"教师"并"职业倦怠"的研究成果而言，显得太过单薄。截至2022年2月10日，在中国知网检索自2017年以来的"教师"并"职业倦怠"为篇名的核心文献共计36篇，其中绝大多数为实证研究设计，而且涉及现状调查、工具研制、影响机制与实证干预等多目标、多任务与多进路的深度探索。

由此可见，要切实改善高校辅导员的心理健康状况，该领域研究应尽快由学理探讨转向循证研究。循证实践是由循证医学肇始，向人文社科领域发展的一种实践形态。循证取向即"有效即为证据"。心理健康领域的循证取向本质是循证的实践，它以实证范式为技术模式，旨在为"什么是有效的心理干预"提供安全数据[①]。具体到高校辅导员的职业心理健康教育/干预问题，未来的循证实践应在如何提升研究证据的质量与有效性、以及如何将研究证据转化为有用的执行上下大功夫。

下面将从新时代辅导员的职业压力与职业适应方面梳理现有文献：

（一）新时代高校辅导员的职业压力问题

有研究表明，在最近的这次全球经济衰退期间，员工的职业压力飙升了40%，失业率增长了25%。在管理将"效益最大化"作为极致目标的时代，劳动者遭遇到了前所未有的职业压力，工作负荷日趋沉重。员工长期暴露于高强度的压力之下，在现代工作场所中是异乎寻常的现象。

时下，高校辅导员正普遍体验着多重的、高强度的职业压力。一面是

[①] 杨婷. 当教育成为一种循证实践——兼与格特·比斯塔等人对话 [J]. 全球教育展望，2021，50（7）：54—63.

第一章
导论

高校频繁引进高学历高层次的人才，致使职场竞争日益严峻；一面是多头绪与多角色的工作任务，使得既已担负的义务与责任愈加繁重；加之起点高且结构不清晰的职称晋升与考核评估，使得辅导员的职业发展之路径愈显曲折。这些既加深着辅导员的职业生存困境，又刺激着辅导员期待更好更完美的职业自我。职业适应与自我实现之间的冲突不断升级，冲击着辅导员，使其频繁体验着高焦虑感和高压迫感。

个体倘若在工作中持续遭遇情绪、任务和人际应激，就会产生一种长期性应激反应，很可能导致高焦虑、高抑郁、低绩效、高缺勤率与高离职率。在影响个体对职业应激反应结果的众多因素中，最为重要的两类因素是工作需要和工作资源。其中，工作需求与工作中个体持续付出的生理和心理消耗相联系，是个体最主要的职业应激源；而工作资源是减缓个体职业效能降低的主要保健因素。当工作需求多、繁、难时，会转化为角色压力源，包括角色模糊、角色超载与角色冲突三种。这些角色压力源均会对角色适应造成阻力，抑制角色适应的主动性增长，增加个体的工作应激程度。通过研究，李锡元、冯熠等人（2014）发现，科技人才的角色模糊能显著的负向预测出他们的工作投入、活力、奉献和专注，，尤其对活力的预测水平最高。黎晓（2009）以签派员为研究对象，结果显示，签派员角色过载、角色冲突越高，他们的精神紧张和身体紧张程度就越高，而他们的工作满意度则越低。曹文杰（2011）发现，员工在角色过载、角色冲突、角色模糊上程度越高，他们对工作的投入度就会明显降低。

周源源（2010）的实证调研结果显示，高强度的工作负荷和繁重的工作任务，是辅导员最主要的应激源。张立鹏（2015）的实践调研发现，工作范围广、任务重、难度大是造成高校辅导员角色压力过大的重要原因，这种压力表现在角色超载、角色模糊与角色冲突的方方面面。

1. 辅导员角色超载

《能力标准》将辅导员职业功能的工作内容划分为 9 个方面，即思想政治教育、学业指导、党团和班级建设、日常事务管理、心理健康教育与咨询、网络思想政治教育、职业规划与就业指导、理论与实践研究、危机事件应对等，并从三个水平分别详细规范了辅导员这 9 方面的工作范畴。史仁民（2014）将高校辅导员的角色定位为四个——学生健康政治社会化的塑造者、学校日常学生事务的管理者、学生心理健康发展的咨询者和学校提高学生就业竞争力的指导者。辅导员工作基于"一切为了学生发展"的目标，其实质是教育成功的标志，并不是学生的可计量成果，而是积极追求学生的发展，如此导致辅导员工作有"大包大揽"。图1-1是对高校辅导员实际日常工作事务的大致梳理。

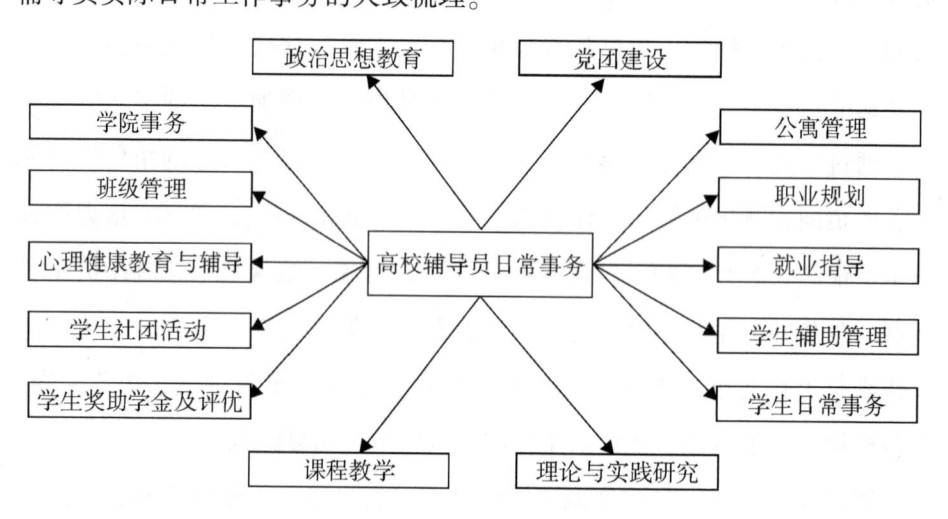

图 1-1 高校辅导员日常工作任务梳理图

由上图可见，目前辅导员所承担工作业务之多、之繁杂，更重要的是，这些任务之间是跨学科、跨领域的，如同《能力标准》所指出的，一个有胜任力的辅导员，应具备思想政治教育工作相关学科的宽口径知识储备，具备较强的组织管理能力和语言、文字表达能力，以及教育引导能力、调查研究能力等。如此之多的任务与责任，足见社会对辅导员角色的要求之高与期待之多，并非"教师"或"管理者"某一个角色所能涵盖，甚至还超越了这两种角色全部的解释范围，如此导致辅导员角色超载严重。

2. 辅导员角色模糊

我国辅导员工作在诞生伊始，并非与社会分工相随相伴，并不具备一般职业的特征与功能，但当时的工作身份仅立足于政工干部，即按照组织规定完成各项政治任务。伴随高校育人功能从"单项工作"到"全面育人"的转变，辅导员制度发展至今，有关辅导员的职业概念和内涵都发生了深刻变化，与辅导员职业相关的概念和内涵都发生了较为深刻的变化，与其他职业相比，辅导员职责多变，工作繁杂，其职业界定一直比较模糊。直到《普通高等学校辅导员队伍建设规定》的出台，才赋予了辅导员教师和干部的双重身份，并在《能力标准》中确立下来。但实践中在具体落实和执行双重身份时，还是会在工作职责、范围、权利和义务方面存在不明晰、没界限或界限模糊等问题。社会、政府及高校对辅导员角色的期待亦不清晰且有冲突，一方面把辅导员角色过于理想化，认为辅导员应该是无所不能，甚至求全责备之；另一方面在专业上，辅导员却并没有被当作真正意义上的教师，只是高校工作者眼中的底层政工干部，甚至成为高校工作中的边缘人。

这些处于学校管理阶梯最底层的一线辅导员，在工作上接受着几乎学校所有部门的任务，双重身份导致双重管理，过多的评价指标致使对辅导员的追责也多。在这种状况下，高校管理机制倾向于将诸多任务，连同诸多问题的责任，都归因于辅导员身上，而且极容易被教学与服务两个管理系统相互推诿或排斥，如此这般下来，更加深了辅导员角色的模糊性与不确定性。

辅导员的角色模糊还因不规范的绩效考核与晋升而加剧。考核方面，因为辅导员的很多工作成果是无形的，量化起来很难，难以做到科学地设定各种考核指标中的权重。晋升方面，由于辅导员的双重身份，使得辅导员的职称与职务晋升缺乏科学合理的制度与规范，职业晋升路径很不明晰。模糊的考核与晋升要求加剧了辅导员的角色模糊性。最终，模糊的职业角色，不但直接影响辅导员的任职条件、工作方式与角色认同，还会影响其职务、职称发展，难免让辅导员有压力感、挫折感甚至创伤感，最终势必影响辅导员的工作活力、离职倾向和组织绩效。

3. 辅导员角色冲突

角色冲突就是在同一角色集内，由多种角色矛盾所致的冲突。具体而言，高校辅导员面临的角色冲突主要体现在：①"管理角色"与"服务角色"之间，据张立鹏（2015）研究，目前63.2%的高校辅导员，在如何实现权威的管理者和学生的朋友倍感困惑。②"教化角色"与"倾听角色"之间，即思想政治教育者的教化角色与心理健康辅导者的倾听角色的冲突。③"朋友角色"与"监护人角色"之间。④"政策执行者角色"与"权益维护者角色"之间，即辅导员一方面要执行学校的各项学生管理制度，另一方面还要切实维护学生的权益，这两者之间常常冲突不断。⑤"辅导员角色"与"家庭角色"之间。周源源（2010）的实证调研数据显示，辅导员最主要的应激源中，角色冲突排在第二位。

辅导员在职业/工作中，常常会面对上述种种角色冲突、角色模糊与角色超载压力，这时需要辅导员强有力的情绪控制力、认知理解力和行为应对力，更需要灵活的自我调节能力与坚强的意志品质，而诸如此类的个体资源，就是职业韧性之所指。

(二) 新时代高校辅导员的职业适应问题

职业适应是人与环境相互作用，保持和谐一致的状态。它既包括人对工作要求的客观满足，又包含个体与工作环境、工作要求的协调一致感和满足感。

职业适应的双向适应理论模型中有三个指标，即个体对工作环境的满意度、工作环境对个体的满意度以及工作持久性。学术界常以绩效、承诺和社会性适应来作为职业适应的测量与评估指标。

由此可见，职业适应是一种高承诺、高绩效和低倦怠的状态或能力。从这三个指标来看，我国高校辅导员的职业适应状态不容乐观。

1. 辅导员的职业认同与身份认同度不高

辅导员专业发展中出现的所有问题，从根本上讲，要归结到对辅导员队伍的身份认同问题。而要给辅导员身份一个专业性界定，会与人们在现实中对辅导员身份所形成的思维定式般的认识是有些冲突大，这种体验上的冲突从某种程度上也就昭示了辅导员专业发展存在的根源性问题。比如有观点认为，高校辅导员尚不完全具备成熟专业的特征和属性，充其量只能算是一种准专业。认识上的偏差，造成对辅导员工作缺乏职业认同感，为数不少的辅导员，以及业外人士，竟把辅导员当作一种临时、过渡性的工作或职业。

2. 辅导员的职业承诺度有待提高

职业承诺作为职业心理学的重要研究分支，主要描述员工对职业或组织的态度与行为倾向。职业承诺是个体与职业之间所建立起来的一种心理纽带，包括对职业的卷入或投入，对职业的情感依赖与认同，以及对职业社会规范的内化。职业承诺关系个体留任当前职业的意愿与行动，关乎着组织的人员稳定、管理政策设计、组织绩效提升等这些具有现实性的组织发展命题。那些高职业承诺的辅导员，能够认同并忠诚于辅导员职业，对职业活动有较多卷入，不愿意变更其辅导员职业；反之，那些低职业承诺的辅导员，厌倦所从事的辅导员职业，工作中敷衍了事，消极怠工，甚至有离职的意愿与行动。当前我国高校辅导员行业的人员结构具有高学历、年轻化、从业经验少的特点，而辅导员职业环境具有很强的不确定性，职业的客观应激多且涉及面广，这种行业环境与从业人员的构成，使得辅导员行业队伍极其不稳定，表现为低进入率、低卷入度、高流动性或低留职率等问题。

3. 辅导员有明显的情绪枯竭感

陈静（2011）以广东省21所高等院校的560名辅导员为对象，对其工作倦怠进行研究后发现，低成就感与情绪枯竭是其工作倦怠最明显的感觉与表现。工作年限5年以上的辅导员情绪枯竭程度，高于工作年限5年以下的辅导员；硕士及以上学历的辅导员工作成就感丧失程度，高于硕士及以下学历的辅导员。而工作负荷大是导致辅导员情绪枯竭与低成就感的主要原因，这种高工作负荷体现在：时间和空间延续性强；突发性事件多；工作对象的差异性大且复杂性高；劳动成果显示周期较长；岗位职责界定不明等。并提出加强辅导员的职业韧性是缓解其倦怠问题的有效尝试。

张宏亮等（2020）以黑龙江省某五所高等院校的545名专职辅导员为研究样本，基于卡方检验法来分析辅导员职业倦怠的人口学特征，结果表明，辅导员职业倦怠情况与年龄、学历、职称、工作年限、月平均收入有显著关系。具体体现为：年龄越大，越易产生倦怠感，这与多年从事辅导员工作易产生倦怠感相符；学历越高，倦怠感越强，这与高学历者往往对

第一章
导论

目前辅导员工作成就感与自身期望反差大相符；职称越高，产生倦怠感比例越低，高职称者往往工资、待遇、成就感较高，对工作的倦怠感比职称较低者反而降低。对此作者还提出了四点消解策略：即加强思想政治工作，提高辅导员职业认同感；优化辅导员队伍建设发展机制，增加辅导员职业满意度；加大典型引领作用，培养辅导员职业幸福感；拓展辅导员自身综合素质，提升辅导员职业胜任力。然而，究竟四条干预措施有没有效果，尚无循证实践。

综上分析，我国高校辅导员的职业心理健康问题亟待关注和改善。有学者对此的学理性分析结果是，导致辅导员职业心理健康问题的主要原因有四个来源①：其一，职责不明，工作量大；其二，收入不丰，地位不高；其三，"救火"式工作过程中所体验到的高浓度的负面情绪（注：辅导员工作一半在"救火"，即处理来自学生与组织部门的各种突发问题与意见指责）；其四，职业生涯管理缺乏发展规划等。而这种学理性分析还待实证数据来支持。

由此可见，要切实改善高校辅导员的心理健康状况，提升辅导员的职业适应水平，亟须多元的循证支持，亟须该领域研究尽快由学理探讨转向循证实践。循证实践是由循证医学肇始，向人文社科领域发展的一种实践形态。循证取向即"有效即为证据"。心理健康领域的循证取向本质是循证的实践，它以实证范式为技术模式，旨在为"什么是有效的心理干预"提供安全数据②。具体到高校辅导员的职业心理健康教育/干预问题，未来的循证实践应在如何提升研究证据的质量与有效性、以及如何将研究证据转化为有用的执行上下大功夫。

---

①施林峰. 高校辅导员心理健康问题探析 [J]. 学校党建与思想教育, 2018 (6): 82—83.
②杨婷. 当教育成为一种循证实践——兼与格特·比斯塔等人对话 [J]. 全球教育展望, 2021, 50 (7): 54—63.

职业韧性研究是一个很富成效的循证实践的突破口。

四、职业韧性视域：辅导员职业心理研究兼具整合性与实践性

职业韧性是心理韧性在工作与组织情境中的延伸构念，旨在揭示员工遭遇不良职业事件时/后如何恢复身心健康和生产能力的心理机制。职业韧性是最具生态价值、整合性与实践性的一种职业心理素质。

第一，职业韧性反映的是辅导员在职业实践情境中，面对重大职业压力事件时，如何认知和调控自身与环境中的积极资源，来更有效地帮助自己解决职业困境，实现自身成长与职业发展。由此可见，职业韧性既是以解决真实的职业实践问题为目标，也是在解决此类真实的职业实践问题过程中才得以发展和增强，针对这类职业心理素质的研究具有较高的生态价值，能够确保成果的转化效力。

第二，职业韧性是一种具有整合效力的职业心理素质。在教育部思政司主编的《思想政治教育心理学》一书中，先后提到的思政工作者心理素质有20余种之多，基本上都是辅导员在应对职业压力/逆境过程中的韧性资产，诸如政治信念、责任感、事业心、进取心、积极性与创造思维等认知方面的韧性资产，会让人产生目标感、意义感、一致感和希望感；诸如沟通力、心理相容性、预见力、分辨力与果断力等行为方面的韧性资产，能让人产生力量感和自我效能感；诸如自制、相容、宽容与谦虚等情绪方面的韧性资产，会促使人体验到更积极的情绪情感，进而产生自尊感。

第三，国外有关职业韧性的大量研究结果反复证实，那些针对提升劳动力的职业韧性的培训与干预项目，能卓有成效地促进个体的工作绩效、工作投入、职业态度、职业幸福感和心理健康水平，这些都显示出职业韧

性所具有的实践价值。

职业生活中的高应激体验是把双刃剑，一方面会使人罹患焦虑、抑郁、倦怠和继发性创伤压力等健康问题，亦会损害员工的工作表现和绩效，进而会使组织利益受损。另一方面具有激励性，能引发人的满足感和成就感，而且高挑战性压力与创伤后成长正相关。毕竟生活和职场中屡见不鲜的事实是，即便暴露于创伤或逆境之中，人与人之间在应对、恢复和后续发展上却千差万别，有些人会一蹶不振甚至消沉遁世，有些人会快速复原甚或愈挫弥坚。后者被称为心理韧性者。

职业韧性反映了员工的可雇佣品质，相比于教育、经验和培训对一个人职业成功的影响力而言，职业韧性尤为重要。在高校辅导员这种行业态势下，有为数不少的"另类"者，他们同样身处严重的职业压力/逆境下，经历过同样的职业挫折与创伤，但是却能迅速复原，甚至取得了愈挫弥坚式的成长，走出了一条成功的辅导员职业生涯路径。我们从这些"另类"者身上发现，他们有一个明显的职业心理特征——"有韧性"，一种在严重职业压力下能够快速回弹并得以成长的心理品质。

当前的高校辅导员行业，与所有职业的工作场所一样，亟须有韧性的员工，这种情况变得越来越迫切。其一，大学生思想政治教育工作所具有的难度大、周期长、见效慢和易反复等特点，对辅导员职业能力提出了更高挑战；其二，因为事务杂、涉面广、头绪多、迁延长等工作特点，明显加重了辅导员的职业压力；其三，由于职责不明、角色不清、工作支持不足等人——职不匹配问题，使辅导员更容易产生离职意向。这种不确定性的工作性质和多重性的职业要求，使辅导员走双线晋升之路名实分离，职业发展路径明显受阻。在这种职业处境下，辅导员若想饱有职业承诺、维护身心健康、获得职业成功，更好地促进大学生成长成才，就需要有足够的职业韧性。

职业韧性水平的高低，直接关乎着高校辅导员在职业认同、工作适应、工作绩效的高低，更关乎着高校辅导员队伍的稳定性水平。高校辅导员的职业韧性研究，对思想政治教育心理学学科建设和高校辅导员队伍建设具有重要意义，对解决当前这两个研究领域的主要问题具有重要的理论与现实意义。

大量研究结果都反复证实，那些针对职场劳动力来提升其职业韧性的培训与干预项目，能卓有成效地促进员工的心理健康水平、主观幸福感、工作投入度、社会适应性，乃至个体与组织的工作绩效。针对高校辅导员职业韧性的研究，不论是对辅导员个体的职业发展、能力提升与工作适应，还是对高校组织所关心的辅导员甄选、培养与考评，都有重要的理论和实践指导价值。在当前我国高校辅导员的研究议题中，职业韧性品质鲜有关注，但其理论意义和实践价值却不容小觑。

第二节
研究价值

一、理论价值

第一，本书对扩展思想政治教育心理学的学科理论体系，以及深化思想政治教育心理学研究的广度及深度具有重要意义。

高校辅导员的心理素质议题是思想政治教育心理学的学科基本内容之一，但自该学科建立至今，有关高校辅导员心理素质的研究却相当匮乏，这样一种研究生态，既严重制约着思想政治教育心理学的研究水平，更羁绊着思想政治教育心理学的学科发展。本书以高校辅导员的心理素质为研究对象，围绕高校辅导员的职业适应议题，涉及到的辅导员职业心理品质包括职业韧性、职业认同、职业承诺、心理授权、组织公民行为和职业健康等议题，基本涵盖了职业心理的绩效、态度与健康等三个主要方面，通过构建诸多品质之间的结构关系，对我国高校辅导员的心理素质进行了深入系统的研究。这种探索对扩展思想政治教育心理学研究的广度及深度具有重要意义，能够完善思想政治教育心理学学科理论体系的建构。

高校辅导员与大学生是高校思想政治教育活动的两个主体，是主体际关系，两者从事着性质不同、过程不同的活动，对高校辅导员的心理素质发展规律进行研究具有其客观必然性。在思想政治教育心理学的研究史上，教育者的活动仅仅被看做是思想政治教育活动如何有效运行的手段和工具，而其作为人的本质与需要被忽视，并未真正地将思想政治教育者的心理素质研究作为思想政治教育心理学研究，乃至思想政治教育研究的一个重要内容或任务，本书在这方面做了有益探索。

第二，本书所构建的职业韧性视域下的新时代高校辅导员职业心理素质结构图谱，既佐证了工作场所的自我调节韧性理论模型的科学性和本土适用性，亦创新和深化了我国的职业韧性理论和辅导员职业心理素质理论。

以往有关高校辅导员职业心理素质的相关研究存在明显的生态问题——多宏观的、学理性的研究，少甚至缺微观的、实证的和机理性的研究，导致诸多成果在论证我国高校辅导员的相关职业心理议题上显得单薄且乏力。本书聚焦于我国高校辅导员的职业实践活动过程，从职业韧性视域探究高校辅导员职业心理适应的影响过程和作用机理，突出辅导员在应对重大职业事件中的主体性和能动性，更逼近辅导员心理素质发展的本质，基于此所构建的高校辅导员职业心理素质图谱，既能丰富和深化思想政治教育心理学的理论研究，又能为新时代高校辅导员的职业化专业化建设提供有力的循证实践依据。

心理素质发展源自于人所具有的生存和发展的基本需要及其本质力量，并在满足生存、发展需要和实现本质力量的活动过程之中不断体现。心理素质发展过程随着人对自身发展有无自觉和有无意识，表现为两种方式，一种是自然自发的发展过程，在该过程中一旦当个体处于复杂情境中或环境剧烈变动时，往往会显得不知所措、极度脆弱、甚至出现适应困难和创伤性应激反应；另一种是自觉有意识的发展过程，该观点认为人的心理素质发展的方向不是由生命的自然力量或社会环境力量所左右，而是由人的意识根据自身心理素质发展的需要，并在综合客观社会文化环境所提供的

第一章 导论

现实可能性的基础上,通过能动选择来不断控制自身心理素质的发展方向和发展过程。基于此,本书在研究辅导员的职业心理素质时,更关注那些能凸显主体能动性和自主性的职业心理品质,尝试回答职业逆境中的辅导员是如何有效地进行自我调节与自我管理等问题,由此产出的相关成果既能佐证工作场所的自我调节韧性理论模型在我国高校辅导员职业群体中的适用性,亦可丰富和深化已有的社会认知理论、自我调节理论、职业韧性理论以及辅导员职业心理素质理论等。

二、实践价值

第一,职业韧性视域下的辅导员职业心理素质研究极具生态实践效力。

研究证实,职业韧性能有效反映员工的可雇佣品质。这是因为,职业韧性既是以解决真实的职业实践问题为目标,也是在解决此类真实的职业实践问题过程中而得以彰显的,更是在此过程中得以发展和增强的。从职业韧性的结果观来看,职业韧性本身就代表了一位职业者在遭遇不利职业事件时能成功应对并快速复原从而实现自身成长与职业发展的优秀品质;从职业韧性的过程观来看,职业韧性本质上是一位职业者在真实的实践情境中,面对重大职业压力事件时,如何认知和调控自身与环境中的积极资源,来帮助自身有效应对职业困境的一种问题解决过程。

而且,更重要的是,韧性这种好的职业品质还具有可发展性。这种可塑性既是职业韧性区别一般心理韧性的关键点,更是实践工业与组织领域实践者最器重之处。国外有关职业韧性干预的诸多研究反复证实,那些针对提升劳动力的职业韧性的培训与干预项目,能卓有成效地促进个体的工作绩效、工作投入、职业态度、职业幸福感和心理健康水平。由此可见,针对诸如职业韧性这类职业心理素质的研究因具备较高的生态价值和可塑性，进而能够确保相关研究成果的实践转化效力。

第二，本书采用理论与实证、定性与定量相结合的研究设计与研究进路，对深化、拓展和革新思想政治教育心理学领域的研究思路与方法，具有方法学上的实践指导价值。

本书基于严谨的实证研究操作过程，尝试构建职业韧性视域下的高校辅导员职业心理素质关系的数学模型。一方面通过建模技术尝试回答遭遇不良职业事件时，诸多韧性因素之间如何随着时间迁延相互作用、相互影响，进而助力辅导员成功度过危机、快速复原心理社会功能以及收获职业的成长与发展；另一方面通过建模技术尝试回答职业韧性究竟是通过什么（怎样起作用）、在什么条件下（何时起作用）来直接或间接地影响着高校辅导员的职业适应结果。通过这两个相互关联的纵深性研究，试图勾勒一幅能够揭示新时代的高校辅导员，当身处重要职业时刻时，其自身诸多职业心理品质之间是如何相互作用，又是如何影响其职业生涯发展的关系图谱。这种研究进路无疑在现有辅导员职业心理研究中具有方法学上的前瞻性和示范性。

第三，本书编制和构建了一套适用于新时代我国高校辅导员职业群体的职业心理素质测评工具包，既丰富了新时代高校辅导员的职业心理测评工具系统，又对提升我国高校辅导员的甄选、培训、考核与退出等科学化管理具有重要的现实指导价值。

本书一方面专门针对新时代我国高校辅导员群体，基于职业韧性的前沿理论，遵循严格的问卷编制流程，依据科学的测量学和统计学标准，自主开发研制了一套具有理想信度和效度的职业心理韧性测评量表。另一方面，还针对所构建的高校辅导员职业心理素质结构图谱，科学选取了相关量具并做了全国样本数据的适用性分析等，最终构建了一套适用于新时代我国高校辅导员职业群体的职业心理测评工具包。该工具包纳入了七个心理测评量具,包括《高校辅导员职业承诺量表》、《高校辅导员职业认同量表》、《高校辅导员组织公民行为量表》、《高校辅导员心理授权量表》、《高校辅导员心理复原力量表》和《高校辅导员工作倦怠量表》等,进一步提升了本书相关成果的实践应用价值。

第三节
职业韧性研究述评

一、职业韧性内涵研究

（一）职业韧性研究缘起

经济全球化所伴随的政治、经济、技术、社会和伦理观念的变革，加剧了组织领域人才争夺的复杂程度，"为人才而战"应运而生。组织要考虑如何给员工一个最理想的工作环境，这种环境不再是承诺终身雇佣，而是能够给员工提供所需的机会与资源，以促进其可持续性成长、学习和发展。然而，几十年来，"为人才而战"误区重重：要么将有限的时间、精力和资源只用在一些最基本的、已被证明行之有效的生存机制上；要么焦点集中在将错误降低到最少，或尽可能减少组织与员工发展过程中可能出现的缺陷；要么以"太危险""缺乏依据"或"耗时费钱"等各种理由，直接摒弃那些更积极的、有可能带来更高回报的替代途径。这些以短期利益与危机管理为诉求的人才战视角，使"为人才而战"常陷入"打不赢就跑"的低效模式。与之相对的模式则是积极组织学，它选拔、开发和管理的是个体的优势而不是劣势，通过对员工的心理资本进行投资、经营、开

第一章 导论

发和管理，来提升其可持续的竞争优势，这种优势对组织的发展应更具促进性。

在人力资源管理中，很多人格特质已经被证明与绩效类、态度类和健康类等工作结果相关，譬如工作才能、特征优势与职业美德等等。这些业已甄别出的特质类的个体特征，具有相当的稳定性，而可塑性却极其有限。除非有理想的情境因素、特定的触发事件或深入的系统干预，否则这些心理资本是很难获得根本改变与发展的。一般而言，培育这类具有相当稳定性的个体特质，应在个体的早年学习阶段完成，而到了工作领域时，这类特质通常是人员招募、甄选与配置方面所关注的焦点。在当今这样一种高离职率、追求持续改进和陡峭学习曲线①的工作环境中，要塑造和培养这类相对稳定的个性品质固然重要，但由于所需的干预努力既耗时又费力，因此在很多时候即便是可能的，但往往因其"不经济"而被人力资源管理者所诟病。

职业韧性却是这类人力资源优势中的另类，它是与特定环境相关的、可发展的且较易塑造的一种积极的职业心理特征。员工的职业韧性是其职业生涯发展与专业成长的一个"锚"或一座"桥"，具有极其重要的积极意义，并越来越受到学界与组织管理界的推崇。在英语文献中用来表述职业韧性的术语有"career resilience""occupational resiliency""job resiliency""professional resilience"以及"workplace resilience"等。把"职业"与"心理韧性"这两个术语合在一起作为一个专业术语，最早由London于1983年在其论文《职业动机理论》中提出，认为职业韧性是个体适应变化的职业环境，甚至是不乐观或恶劣的职业环境的一种能力。显然，London所持的是一种职业韧性的特质观。与心理韧性的四种研究视角一致，对职业韧性的概念与定义也分为特质观、过程观、结果观与"类"

---

①陡峭的学习曲线是指学习任务越来越艰巨。

状态观四种。目前在职业韧性的研究领域，学界愈来愈推崇韧性的过程观与（类）状态观，更倾向于采取一种整合的、动态的视角来关注于解释职业韧性的发生机制。

国内关于职业韧性的研究，始自李霞（2010）与李焕荣（2010）。通过中国知网在"核心类"与"CSSCI 源"期刊中，查找自 2010 年至今的，与职业韧性相关的实证性文献，共检索出 16 篇，全部为问卷调查类研究，其中直接采用职业韧性量表的研究有 5 篇，其余 11 篇文献的研究对象是 18 岁以上职业人群，且涉及的变量是组织与管理领域中的人的心理与行为因素，所使用的是成人版的各种心理韧性量表。这 16 篇文献中采用的韧性量具，不论是职业韧性问卷，还是成人版心理韧性问卷，均基于韧性的特质观、应对观或者能力观，且由数据驱动而非理论驱动来研制的。在韧性研究发展的世界地图上，目前国内的职业韧性研究还处在"以变量为中心"的韧性研究阶段，集中于甄别职业韧性的保护性因素，而这种以数据驱动的、因素罗列式的工具研制思路，会产生诸如以偏概全和"失之桑榆"的效度问题，采用这样的量具所得出的研究成果，难以进行客观比较，整合度低，严重削弱了成果的实践指导价值，最终制约了职业韧性的干预和培养效能。

（二）有代表性的职业韧性概念

职业韧性是心理韧性研究在组织与管理情境中的延伸。在工作情境中，"有韧性"代表一种压力/逆境下的生产能力。在职业韧性简短的研究史中，下定义一直是国内外学界的核心任务之一，也因此产生了许多很有影响力的韧性概念，但至今仍未统一和明确。梳理职业韧性的概念至关重要，这既能帮助更好地理解韧性领域中多种研究方法盛行的缘由，也能促使更好地把握现有的研究结果，更重要的是这将助益于比较各种职业韧性理论的优势与劣势，使我们更接近职业韧性的本质，以便更有效地促进实践应用工作，毕竟应用才是职业韧性研究最关切的问题。

"职业韧性"术语是由学者伦敦（London），于20世纪80年代初首次提出，此时恰逢心理韧性的研究范式由韧性因素研究，转型至韧性过程研究之时。弗莱彻与萨卡尔（Fletcher & Sarkar, 2013）在有关心理韧性的定义、概念和理论综述一文中指出，大约在20世纪90年代早期，心理韧性的研究范式从甄别韧性保护因子转向揭示韧性发生机制。在这第三股心理韧性研究浪潮的大背景之下，有几位重要的研究者，他们对心理韧性的界定，深深影响着职业韧性概念的发展。

这几位前辈对心理韧性的界定分别是：吕特（Rutte, 1987）认为，"心理韧性是当个体身处容易导致不良适应结果的危险情境时，那些能缓解、改善或改变个体应对或反应的保护性因素。"孔普弗（Kumpfer, 1999）则认为，所谓心理韧性"是指面对逆境时，个体的韧性资产与外部环境中的韧性资源相互作用，以获得积极适应的过程。"马斯滕（Masten, 2001）认为，心理韧性是指"尽管面临严重的适应或发展威胁，仍能获得积极结果的一类心理现象。"卢瑟（Luthar, 2000）认为，"心理韧性是个体身处重要逆境时，仍能获得积极适应的一种动态性过程。"应激研究专家博南诺（Bonanno, 2004）将心理韧性界定为，"当面对那些具有潜在高破坏性的单一事件时，既能使人保持相对稳定且健康的身心机能，还能获得认知的成长与积极的情绪体验的能力。"

受这些著名研究者的影响，目前的职业韧性研究，兴趣点转向了韧性发生过程，旨在揭示职业韧性的作用机制。纵观国内外职业韧性领域的相关研究，包括文献综述研究、理论研究、测工具研发与干预研究等，比较有影响力的概念有以下几个（详见表1-1）。

表 1-1 国内外较有代表性的职业韧性概念

研究者	时间	概念描述	文献性质
London	1997	"在不乐观的环境中,个体对职业破裂的反抗。"	理论研究
Reivich & Shatte	2002	"面对挑战、挫败和冲突坚持不懈的能力。"	理论研究
Richardson	2002	"致力于自我实现,具有利他性,拥有精神力量且内心和谐一致。"	理论研究
Connor & Davidson	2003	"个体抵御逆境的能力。"	工具研究 干预研究
Luthans,等	2007	"身处困难与逆境之中,能坚持不懈直至复原,甚至取得超越成功的成长。"	工具研究 干预研究
King & Rothstein	2010	"是个体与环境的保护性因素与自我调节过程随时间变化不断相互作用的动态过程。"	理论研究
Burton,等	2010	"对压力和逆境的一种有效应对、适应或复原的能力。"	干预研究
Windle	2011	"对重大压力源或创伤进行周旋、管理和调适的过程。"	综述研究
McCraty & Atkinson	2012	"面对压力、逆境、创伤或灾难,具有预备、调适和复原之力。"	干预研究
Pipe,等	2012	"能适应不断变化的生活格局,具有从实际的和潜在的压力中快速复原的能力。"	干预研究
McLarnon & Rothstein	2013	"能助益个体从消极事件中复原的诸多心理过程与适应性反应。"	工具研究
Fletcher & Sarkar	2012 2013	"能提升个体面对压力的心理资产,并保护个体免遭潜在负面影响的诸多心理过程与行为。"且"在个体—环境交互作用的情境中,随时间推移而具有可发展性的能力。"	理论研究 综述研究
Pidgeon,等	2014	"有能力应对和适应逆境,并能从严重压力中得以回弹或复原。"	干预研究
席居哲,等	2008	"是个体虽经历或正经历严重压力/逆境,但其成长并未受到损伤性影响,心理社会功能良好甚或实现愈挫弥坚式的发展。"	综述研究
李霞	2011	"是个体灵活应对变化的职业环境,甚至是逆境的职业能力。"	工具研究
梁宝勇,程诚	2012	"帮助个体从逆境、灾难、丧失或威胁等重大应激事件所造成的心理创伤中恢复过来的心理特质。"	工具研究

由上表可知，尽管各位学者对职业韧性所下的定义并不一致，甚至存在分歧，但多数概念都基本涉及三个核心要素：职业逆境、保护性资源与积极适应结果。前者属于职业韧性的起点——逆境指标，后者属于职业韧性的作用结果——人的心理社会功能的发展指标或积极适应指标。保护性资源则充当抵抗逆境事件的冲击和维持身心灵平衡的杠杆。

（三）职业韧性概念的三要素

1. 职业韧性的逆境指标

逆境，又可称为压力。逆境是那些能给人造成适应困难的，并具有统计学意义的负性生活环境。对大多数人而言，逆境并非是遭遇重大灾难，而是那些消极影响稍低些的中断或混乱，后者充斥着我们的日常生活。因此，所谓职业压力/逆境，当以职业事件/经历对个体能否产生有影响性的改变来判断。同一种逆境/压力事件，或不同的逆境/压力事件，会因个体的体验不同，致使其性质有所不同。

对逆境的划分，可以依据其对主体的价值或意义不同、影响程度不同与可预测性不同而变化。其一，就逆境/压力事件对主体的影响意义或价值而言，是有消极与积极之别的。前者譬如降职、处分、业绩下滑或关系破裂等创伤性事件；后者诸如晋升、加薪、机遇或在重要项目中被委以重任等积极事件，亦称为顺境脆性因子，因为这些职业事件短时间看是积极的，但从个体与组织的长程发展来看却不尽然，可能会对当事人的身心机能造成巨大挑战，甚至影响健康与绩效。其二，就逆境/压力事件对主体造成的后果程度而言，可将其分为严重的与一般的。其三，就主体是否能够预测逆境/压力事件的发生，还可将其分为急性的与慢性的。

相较儿童青少年所遭遇的逆境/压力事件而言,成年人碰到的大量压力事件是那些不可逆转的丧失,诸如亲友丧故、失业、离婚与健康欠佳等。而且成年人遭遇的逆境多是孤立事件,但其潜在创伤性却更大,属于急性的、严重的逆境。明确职业韧性的逆境指标,直接影响着对韧性结果的识别。理查森(Richardson,2002)强调,这些具有侵入性、突发性的新事物、新事件或新难题,一旦进入职业生活,会打破个体原有的职业生活平衡状态,或者使原有职业应对模式失灵,从而打破甚至瓦解人的身心灵平衡状态。但是,最重要的事实却是:平衡的瓦解,并不意味着毁灭,恰是新生活的开始。

国内乔红霞,俞国良(2013)运用实验研究针对不同应激水平下的军人,探索心理韧性与情绪感知的关系,结果发现,在高应激水平下,高心理韧性军人表现出较少的消极情绪;在低应激水平下,高心理弹性军人和低心理弹性军人在消极情绪的体验上无显著差异。由此可见,韧性的保护性作用只有在应激达到一定水平时才能显现出来。因此说,压力事件是激活个体心理韧性的"起点",具有成长的意义。引发韧性的职业压力/逆境,看似职业发展的障碍与阻力,但更是孕育新视野、新使命的契机,因为机会往往发生在这一步之中,发生在对意义的自我反思之时。汝特(Ruter,1990)称这种"起点"或"倒退"为发展的"拐点",曼德堡(Mandelbaum,1973)则将其称为关键节点。

个体正是在应对这些职业压力事件的过程中,职业韧性才得以提升和发展,这就是韧性的本质所在。与此有共识的是,中国古代儒家思想,《孟子·告子下》中所言:"故天将降大任于是人也,必先苦其心志,劳其筋骨,饿其体肤,空乏其身,行拂乱其所为,所以动心忍性,曾益其所不能。"就是从积极视角看待逆境,将逆境视为一种成长或成功的契机和资源。

2. 职业韧性的适应结果指标

即便是对相同逆境的反应，也没有两个人是相同的结果。学界用心理社会功能的变化程度，来衡量一个人对压力/逆境的适应水平。个体经历了创伤事件后，其心理社会功能变化轨迹是不同的。博南诺等人（Bonanno，2004，2011）提出了一个关于创伤事件后适应水平的演化模型（见图1-2）。由图1-2可知，发生创伤事件后，短期内当事人的心理社会功能水平都会出现不同程度的下滑。但也就在此时，个体的适应状况显著的分野现象，乃至经过了一至两年的时程后，由创伤事件所激惹起的心理社会功能变化甚至出现了明晰可辨的模式差异，包括"长期受损型""延迟受损型""心理恢复型"与"心理韧性型"等。

"长期受损型"是指这样一群人，身心功能在创伤事件中遭受重创，心理行为迅速地产生机能失调现象，甚至导致心理障碍，并且无法恢复到创伤前水平，该类型者约占总体的10%~30%。"延迟受损型"是指身心功能水平在创伤事件发生之初时下滑得比较少，但经过一段时间后，其身心健康却每况愈下，甚至在事件过后约2年左右时，心理社会功能下降至与长期受损者无异的状况，该类型者约占总体的5%~10%。"心理恢复型"者，在创伤事件发生初期，身心功能下滑幅度较大，但其严重程度明显不及长期受损型，而且下滑态势是短暂的，很快就步入回复的轨道，通常历经2年左右时间，基本上可以恢复至创伤事件发生前的水平，该类型约占总体的15%~35%。"心理韧性型"者的心理社会功能，在创伤事件发生后仅有小幅下滑现象，而且下滑的严重程度要小于另外三个群体，之后可以快速恢复到创伤事件发生前的水平，该类型的身心机能受到的影响较小，他们摧而不垮，甚或愈挫弥坚，约占总体的35%~65%。

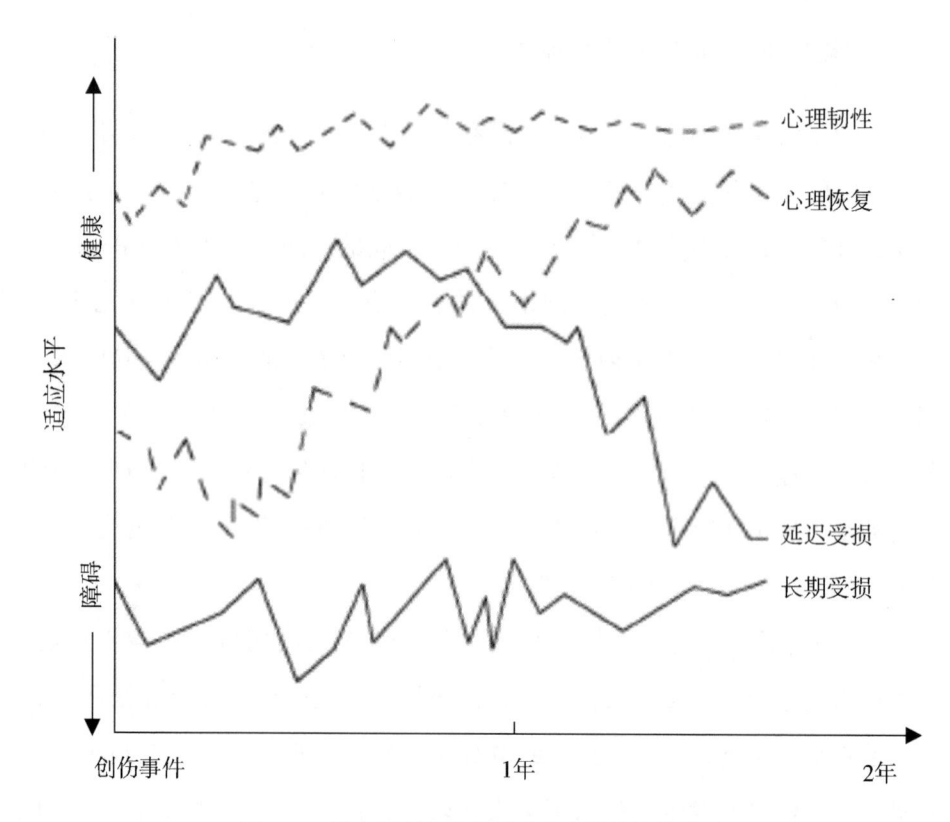

图 1-2　博南诺创伤事件后适应水平的演化模型

马斯滕等人（Masten & Narayan，2012）还将"心理韧性型"群体细分为两类：耐挫抗压型——他们的心理社会功能在危机发生时和发生后的整个期间均完好无损；积极转化型——他们遭遇逆境事件后的回弹水平起点高，且甚或有愈挫弥坚式的蓬勃发展。由此可见，心理韧性与心理恢复存在本质差异，是两个相近但不同的心理构念。

3. 职业韧性因子

除了逆境指标与适应结果这两个要素之外，职业韧性概念的第三个要素就是韧性因子。韧性因子是那些能帮助个体成功适应威胁情境的能力、品质、行为倾向、适应过程和社会支持资源。通常将来自个体内部的保护性因素称为韧性资产，将来自于个体外部环境的保护因素称为韧性资源。比如，最近十年来国内外教师心理韧性的相关研究结果显示，教师心理韧性受个体与环境多种因素的动态影响。其中，韧性资产包括乐观、热情、积极、坚持、情绪智力、应对技巧、自我效能感、专业反思性、内在道德感等；韧性资源包括充足的学校资源与设施条件、学校领导的支持、师徒传教、同事间的支持与信任、融洽的师生关系、和谐的家庭关系与亲密的朋友关系等。

逆境指标、韧性因子与适应结果是职业韧性概念的三个要素，前面表1-1 所罗列的职业韧性概念中，分别在这三个要素上各有倚重，体现出不同的职业韧性观，大致可以归为四类。

（四）四种职业韧性观

1. 特质说

早期韧性特质说的主要观点认为，韧性的本质就是一种遗传特质，可塑性差。最先提出韧性特质说观点的是布洛克等人（Block et al., 1980），他们使用"自我心理韧性"来表述其特质观，认为心理韧性是一组心理特征，拥有这些特征的人在应对多变的环境时，足智多谋、坚强且灵活。高韧性者的特点是，有活力，乐观，好奇，能识别问题并挣脱困境。

之后的特质说强调，职业韧性是一种比较稳定的人格品质或能力。在本研究所罗列的概念表中，认为职业韧性是面对挑战、挫败和冲突坚持不懈的能力；是个体灵活应对变化的职业环境，甚至是逆境的职业能力；是帮助个体从逆境、灾难、丧失或威胁等重大应激事件所造成的心理创伤中恢复过来的心理特质等等。由此可见，特质说在韧性研究领域一直不断地发声着。

2. 结果说

职业韧性的结果说，侧重于韧性概念的结果成分。认为职业韧性就是从压力或逆境中能成功地复原或恢复。持结果说的最著名学者史密斯，他与同事还基于此概念，研制了著名的韧性测量工具——简易韧性量表。

关于韧性适应的结果，学界还持有不同观点，不仅仅将其局限为"平稳或快速复原"，还包含积极的成长。由此可见，韧性结果观都强调对逆境/压力的成功应对，但是关于何为成功却有两层含义：一层是个体的心理社会功能成功地回复到了压力发生前的水平，另一层是获得了积极的成长与发展。

3. 类状态说

类状态（state-like）这个术语，由美国组织心理学家路桑斯等人（Luthans et al., 2004）提出。在积极心理学思潮影响下，为应对高离职率、追求持续改进和陡峭的学习曲线的工作环境变迁，以及回应"为人才而战"的组织变革，路桑斯等人提出了一个"心理资本"构念，并指出心理资本的几个特征：①有充分的理论和实践基础，并且可以有效地测量；②介于特质与状态之间，偏向于状态且具有相对的稳定性，因此能够通过短程微干预有效地开发；③与工作绩效紧密相关。

职业韧性是指个体面临职业困境时，拥有快速的恢复能力，并能执着地坚持下去，可以通过迂回策略取得成功，就是一种心理资本。由此可见，所谓职业韧性的类状态说，就是与特质说相对的一种韧性观，认为人的职业韧性是一种在相对稳定中，还具有较大可塑性、发展性，并与工作绩效息息相关的一种心理构念。

4. 过程说

无论是关注职业韧性的结果特征，还是将其理解为一种人格特质，都不能提供个体是如何在职业逆境中努力调整和积极适应的内在机制。当有人基于特质观试图甄别出那些韧性人格特征时，越来越多的学者对韧性发生的过程与机制更感兴趣，韧性过程说应运而生。对主张过程观的学者而言，职业韧性是个体与环境中的保护性因素，随时间变化不断相互作用的动态过程；是对重大压力源或创伤进行周旋、管理和调适的过程；是那些能助益个体从消极事件中复原的诸多心理过程与适应性反应；是在个体-环境交互作用的情境中，能提升个体面对压力的心理资产，并保护个体免遭潜在负面影响的诸多心理过程。

在上述职业韧性的界定中我们不难发现，实际上，过程性定义涵盖了结果定义和能力定义的关键词，它在描述保护性特征和危险性特征之间动态性的同时，着重强调了个体的良好适应能力和变化过程的结果，使得大家更容易接受。类似的职业韧性的过程说，在研究领域的影响力快速提升，时至今日受到广泛认同。

5. 四种韧性观评析

韧性特质论更多出现在以成人为对象的研究中，而且，对于如何评估和测量这种特质性的心理韧性，一直是专业文献和权威辩论的争议点。这是因为，虽然特质说韧性的稳定性与不变性，但是我们还是不能忽视这四种典型的客观现象：其一，个体的心理韧性水平会因其所遭遇的风险水平不同，而有明显差异；其二，从生命的整个历程来看，一个人的韧性体验是不断变化的，心理韧性水平会因其所处的年龄阶段不同，表现出特异性的特点，具有发展上的动态性；其三，当韧性结果的评价标准不同时，个体的心理韧性水平是不同的，对"复原"的检出率要远高于对"超越或成长"的检出率；其四，环境中的危险因素会显著影响个体的韧性表现。"职业韧性""教育韧性""组织韧性""家庭韧性"等方面的相关研究均能证实，这些构念是独立于心理韧性的一个属概念，也恰好验证了韧性研究权威卢瑟所言："韧性具有特定领域性"。

因此，韧性不是一种稳定的特质，是可以被发展的。而且，那种跨逆境、跨时间、跨范围的一般韧性是罕见的。因此，将心理韧性等同为人格特质是明显缺乏根据的。最好将人格特质视为一种心理韧性的影响因子，而不是将心理韧性视为一种人格特质。

事实上，在影响心理韧性的诸多因素中，人格比起行为的影响作用要小得多。而且，倘若以逆向思维来理解韧性的特质观，将心理韧性定义为诸多优秀的，且具有遗传性的特质或素质群，那么没有或缺少这种特质的人，是否就是个失败者或低素质者。显然，这种特质观的韧性概念会产生非常严重的问题，因为这既不符合韧性的可变性这一客观事实，亦会造成人口鉴别与分类的误区，更重要的是会造成不必要的用工歧视。主张结果观的职业心理概念显示，韧性所涵盖的范围差异很大，从很窄到很广泛。前者将韧性仅仅局限于创伤的恢复，后者则认为韧性是一种持续的保护能力，它不仅能使人们获得被动的恢复，而且还通过克服挑战获得积极的学习和成长。

目前学界趋向于整合趋势，认为韧性是一个交互作用的概念，应从动态的相互作用视角来理解。其中 King 和 Rothstein（King & Rothstein, 2010）对职业韧性界定，整合了韧性的因素观、过程观，以及个体—环境交互作用的动态观，非常具有代表性。本研究将基于 King 和 Rothstein 提出的职业韧性自我调节模型，来建构实证研究部分的理论框架。

（五）相关心理构念[①] 辨析

学界在职业韧性的内涵上争鸣不断，尚未统一，有一些心理构念常被拿来与其替换使用，但是以下几个构念需要澄清，它们要么只涉及了韧性的某几个方面，要么仅能代表韧性的某个成分，但与心理韧性仍存在本质区别。

1. 心理韧性≠坚韧性人格

坚韧性人格，英文术语为 Hardiness、Hardy personality，由美国心理学家寇柏萨（Kobasa，1979）首次提出。坚韧性人格是指人格中保护个体健康免受压力影响的方面，是一簇能够保护个体免于应激伤害的人格特质，包括承诺、控制和挑战三种心理成分。但坚韧性人格与心理韧性有本质不同，前者更具稳定性，是一种人格特质，而心理韧性更具动态性，其变化贯穿人的毕生。而且，就测量工具的效度而言，坚韧性人格量具的目的重在甄别稳定性上。面对压力/逆境，坚韧性人格可能会促使个体做出有韧性的反应，但是它并不能帮助揭示韧性的发生机制过程。

2. 心理韧性≠应对

在应激研究视域下，大量研究都突出了应对在个体处理逆境过程中的重要性，乃至于在心理韧性的相关研究中，研究者常常将应对与韧性互换来使用。即便如此，大量证据表明，两者在概念上仍是本质不同的构念。韧性影响着个体对压力事件的认知与评价，而应对则关乎此后所采取的策

[①] 构念：一个构念就像一种微型的科学理论，人们利用该理论来预测现实。构念是观察不到的，但心理学假设它是存在的，以便能解释个体的行为。

略或对策。另一个区分两者关键点之所在，是对压力适应结果之差异上，韧性是对压力情境的积极反应，而应对却有积极（比如积极的自我对话）与消极（药物滥用）之分。因此，应对是心理韧性的一个因子，一种保护性资源。

3. 心理韧性≠心理恢复

尽管牛津英语词典中将心理韧性解释为恢复，但是多数学者仍认为，两者是本质不同的构念。恢复是继短暂的精神机能障碍之后，个体逐渐回复到原先健康的功能水平；而心理韧性凸显的是个体在压力/逆境面前保持正常心理功能的能力。比如，遭遇丧亲之痛后得以恢复的员工，他们在这期间可能会伴有抑郁症状，即便是完成日常工作任务，也深感困难重重，在他们的坚持不懈之下，通常要历经1—2年的时间，才能最终得以恢复到丧亲之前的健康功能状态。相比而言，那些具有韧性的员工，面对丧亲之痛，他们能以最小甚或并不明显的心理功能失调，来继续着往常的工作与生活。

通过辨析这些学界经常混淆的相关术语，让我们从对立面视角，进一步澄清了心理韧性的本质特征，据此可以直接排除一些不恰当、不科学的概念，至少在使用这些术语以及与此相关的研究成果时，我们应更多一份谨慎与客观。

综上所述，本书将高校辅导员职业韧性界定为：在经历重要的职业压力或逆境时，辅导员自身及其环境中的保护性因素，与其自我调节过程之间发生相互作用，从而使辅导员获得快速复原和积极成长的适应过程。该定义兼具职业韧性的过程说、结果说与类状态说，将影响辅导员职业韧性的保护性因素与保护性过程相整合，凸显了个体身上最具自主性与能动性的自我调节能力。

二、职业韧性测评研究

职业韧性评估不仅是学术界也是组织/管理界最关切的核心任务。可靠的、有效的测量工具,使得职业韧性的系统分析、预测和控制变得可行。本研究对现有国内外适用于职业/工作情境,用来评估职业韧性的量具的述评分析,有三个来源:其一,来自 Robertson、Cooper & Sarkar 等人(2015)备受推崇的量具,有两个:WRI(The Workplace Resilience Inventory,由 McLarnon & Rothstein(2013)基于 King & Rothstein 的职业韧性自我调节模型研制而成;RAW(The Resilience at Work Scale),由 Winwood、Colon, & McEwen 于 2013 研制并发表。其二,主要参考 Windle 等人(2011)与 Pangallo 等人(2014)的评鉴工作,这两个团队均依据严格的测量学指标评价了现有的心理韧性工具,基本一致地甄选出了四个具有较高测量学价值的、适用于成人心理韧性评估的量具。其中,Windle、Bennett 与 Noyes 等于 2011 年推选出的三个——CD-RISC、RSA、BRS;Pangallo、Zibarras、Lewis 与 Flaxman 等人于 2015 年筛选出的四个——CD-RISC、PCQ、RSA、BRS。其三,国内学者开发的、在职业/工作情境中常用的韧性量具,比较有影响力的有三个:梁宝勇等人研制的《中国成年人心理韧性量表》、李霞开发的适用于管理者的《职业韧性量表》,以及王东升《中学体育教师职业韧性量表》。以下将分别介绍这九种韧性工具。

(一)国内外职业韧性测评常用量表

1. 工作场所心理韧性量表

McLarnon & Rothstein(2013)研制的《工作场所心理韧性量表》

(Workplace Resilience Inventory，简称 WRI）。包含 8 个因子，即个体情绪特征、个体认知特征、个体行为特征、应激初始反应 v、社会支持资源、情绪自我调节过程、认知自我调节过程与行为自我调节过程。量表共计 60 个题项[1]，采用李克特 5 点计分制，让被试评估自身对各条目的认可程度，从"非常同意"到"非常不同意"，分别记为 5 分至 1 分，得分越高表示职业韧性水平越高。

2. 工作韧性量表

《工作韧性量表》（The Resilience at Work Scale，简称为 RAW），由 Winwood, Colon, & McEwen 等人于 2013 年研制。量表有 7 个因子，即确实感、使命感、控制感、压力管理、合作互助、保持健康以及建立人际网络等。包含 20 个题项，采用李克特 7 点计分制，让被试评估自身对各条目的认可程度，从"非常同意"到"非常不同意"，分别记为 6 分至 0 分，得分越高表示个体的韧性水平越高。

3. 康纳与戴维森心理韧性量表

康纳与戴维森（Connor & Davidson, 2003）开发的《心理韧性量表》（The Connor-Davidson Resilience Scale，简称 CD-RISC）。2007 年 Yu 和 Zhang 根据我国人群特点将 CD-RISC 修订获得中文版，共包含 24 个项目，采用李克特 5 点计分制，让被试评估各条目所表述情况发生在自己身上的频次，从"几乎总是"到"从不"，分别记为 4 分至 0 分，然后计算条目总分，得分越高表示韧性水平越高。

---

[1] 题项又称为变量、指标、观察值、问卷条目、问卷问题等。

4. 成人心理韧性量表

弗里堡等人（Fribourg et al., 2003）研制的《成人心理韧性量表》（resilience scale for adult, 简称 RSA），主要用来评估个体韧性的环境资源质量。2003 年的英文版包含了 5 个因子，即个体人、社会力、家庭和谐度、社会支持与个人组织性，共计 33 个条目。题项采用李克特 5 点计分制，让被试评估自身对各条目的认可程度，从"非常同意"到"非常不同意"，分别记为 5 分至 1 分，得分越高表示职业韧性水平越高。

5. 简明心理韧性量表

《简明心理韧性量表》（The Brief Resilience Scale, 简称 BRS），由史密斯等人（Smith et al., 2008）开发。该工具基于韧性的结果观，来评估成人的心理韧性水平。量表为单维度结构，共有 6 个题项，其中正向记分项目有 3 个（第 2、4、6 题），负向记分项目有 3 个（第 1、3、5 题）。题项采用李克特 5 点计分制，让被试评估自身对各条目的认可程度，从"非常同意"到"非常不同意"，分别记为 5 分至 1 分，得分越高表示职业韧性水平越高。

6. PCQ 之职业韧性分量表

《心理资本问卷》（the Psychological Capital Questionnaire, 简称为 PCQ），是由美国著名管理心理学学者路桑斯等人（2007）基于心理资本理论开发的量具，中文版由国内学者李超平（2006）翻译完成，共包含 4 个分量表 24 个题项。职业韧性是其中一个分量表，有 6 个题项，其中反向计分 1 个项目。路桑斯将职业韧性界定为"一种可开发的能力，它能使人从逆境、冲突和失败中，甚至是从积极事件、进步以及与日俱增的责任中快速回弹或恢复过来。"职业韧性项目采用李克特6级记分，"1"至"6"分别表示从"非常不同意"到"非常同意"六种等级态度水平，得分越高表示职业韧性水平越高。

7. 中国成年人心理韧性量表

该量表是由梁宝勇、程诚（2012）针对中国成年人所开发的一种心理韧性量表。两位研究者基于韧性特质观，将心理弹性界定为一种能够帮助个体从逆境、灾难、丧失或威胁等重大应激事件所造成的心理创伤中恢复过来的心理特质。在该定义的基础上，回顾了现有量表中适用于成年人的重要量具，并从中抽取了五个特质性的心理韧性维度：内控性、乐观性、接纳性、注重问题解决的应对风格、接受和运用社会支持的人格倾向性等。研究选取大学生被试来考察量表的心理测量学指标。《中国成年人心理韧性量表》由30个项目构成，每个维度分别包含6个项目，反向记分项8个。量具的题项采用李克特4级记分，"1"至"4"分别表示从"几乎完全不符合"到"几乎完全符合"四种等级态度水平，得分越高表示职业韧性水平越高。

8. 管理者职业韧性量表

李霞于2011年以企业管理者为被试编制了《管理者职业心理韧性量表》，研究依据从下至上的实证路径，结合中国文化研究编制的量具。量表包含6个维度共计21个题项，其中，主动性维度有6个题项，主要测量的是受试者在人际关系方面的主动性，以及在职业探索和管理方面的主动性；职业愿景维度有3个题项，主要测量的是受试者的职业愿景；学习能力维度有3个题项，主要测量的是受试者的学习能力；成就动机维度有3个题项，主要测量的是受试者的努力与成就动机；心理韧性维度有3个题项，主要测量的是受试者的心理韧性；灵活性维度有 3 个题项，主要测量的是受试者在冒险与灵活性方面的内容。量表计分是将各项目加总，得分越高表示受试者的职业韧性水平越高。

9. 中学体育教师职业韧性量表

王东升（2012）编制的《中学体育教师职业韧性量表》，主要基于数据驱动来编制量表。该工具包含 5 个维度共计 25 个题项，其中，职业期望力维度有 4 个题项，主要测量受试者对职业的期望与愿景；职业适应力维度有 6 个题项，主要测量受试者在面对工作环境变化、工作新要求以及与人合作时的适应能力；职业应对力维度有 6 个题项，主要测量受试者在应对工作压力时的情绪管理和问题解决能力；职业坚韧力维度有 6 个题项，主要测量受试者在体育教学中所表现出来的坚持力和耐受力；自我提高力维度有 5 个题项，主要测量受试者为了适应不断变化的职业要求，积极尝试寻求发展自我与提高业务的能力。量表题项采用李克特 5 点计分制，让被试评估自身对各条目的认可程度，从"非常同意"到"非常不同意"，分别记为 5 分至 1 分，得分越高表示职业韧性水平越高。

（二）对现有职业韧性量表的评价

虽然，干预和培养是职业韧性研究者最关心的核心问题，但是，如何能科学地、客观地测量和评估韧性干预项目的有效性，才是当下研究的最关键问题。Robertson 等人（2015）通过对 2003—2014 年期间有关职业韧性的干预研究进行梳理发现，针对韧性干预项目的内容效度和结构效度问题，已愈来愈受到学者的关注，而解决该问题的焦点之所在，就是学界如何在职业韧性的定义、概念、培养和评估之间保持一致性，即所测量的与所界定的、干预的是同一个心理构念。

现有英文版职业韧性的测评工具中，许多量具所测量的心理构念模糊不清，存在将职业韧性与人格坚韧性、恢复力和应对力等概念混淆之嫌；多数量具关注的是韧性的特质观或结果观，而基于韧性过程观或（类）状态观的工具则少之又少，更鲜见整合性的量具；有些量具仅仅评估了韧性的某一类保护资源，要么彻底忽视了个体特征因素（比如专门测量社会支持资源），要么仅考虑个体特征中的某类因子（比如行为）的功能等等。以上这些问题都能从 Ahern et al. (2006) 对现有量具的分类中略见一斑：①评估压力应对的成功与否，此类量具基于韧性的结果观，突出对恢复力的测评；②将韧性作为一种积极的人格特征来测量，此类工具基于韧性的特质观，强调韧性的稳定特性；③评估韧性的保护性因素，此类量具突出对韧性变量的甄别功能；④评估健康适应的核心保护资源，此类工具突出对社会支持测评；⑤评估有韧性的应对行为，此类量具突出个体的行为功能，有忽视认知、情绪与动机功能之嫌。而此类种种的量具质量极容易将研究者的关注点转移到职业韧性的本质特征之外，大大降低了职业韧性工具的评价功能。

国内关于职业韧性量具的研究，始自李霞（2010）的《管理者职业弹性量表》。通过在中国知网查找自 2010 年至今的、与职业韧性相关的、实证性的、且来自"核心类"与"CSSCI 源"期刊的，共检索出目标文献 16 篇。其中自主研制的职业韧性量具只有 3 个（李霞编制的《管理者职业弹性量表》、曹科岩等开发的《高校教师职业韧性问卷》与李琼等编制的《中小学教师心理韧性者问卷》）；1 个自主研发的《中国成人心理弹性量表》；5 个英文版心理韧性量表的中文译本（CD-RSIC，PCQ，RS，Fourie 编制的量表，Siu 编制的量表），而且在翻译版中没有直接测量职业韧性的量表。这 16 篇文献中采用的韧性量具，不论是职业韧性问卷，还是成人版心理韧性问卷，要么基于职业韧性的特质观或结果观，要么将职业韧性与心理恢复或应对等同，而且这些量表研制过程无一例外均是数据驱动式，而非理论驱动式。由此可见，从韧性研究发展的世界地图上来看，目前国内的职业韧性研究还处在"以变量为中心"的研究阶段，集中于甄别职业韧性的保护性因素，而这种以数据驱动的、因素罗列式的工具研制思路，会产生诸如以偏概全和"失之桑榆"的效度问题，采用这样的量具所得出的研究成果，既难以进行客观比较，又不具备整合性，这些严重削弱了成果的实践指导价值，最终制约了职业韧性的干预和培养效能。

基于国际国内职业韧性测评工具开发的实际状况，Robertson等人（2015）强调，学界极其缺乏理论驱动式的职业韧性测评量具，而且应将职业韧性这一心理构念置于相互作用论的动态视域下来研究，从人—环境互动的过程中揭示其发生机制，并基此开发出更具情境性的、过程性的、整合性的测评工具，来更好地服务于职业韧性的干预与培养工作。正如Bruin和Lew（2000）所言，对于职业弹性的测量，应该是基于清晰理论测量模型的，而不能仅仅从数据模型出发来制定问卷。而基于数据驱动式的量表研制路径，亦是我国职业韧性领域的最大诟病所在。

本研究所开发的职业韧性测量工具，就是基于King & Rothstein关于职业韧性的自我调节过程模型，整合了韧性的过程观与（类）状态观，从人—环境相互作用视角，涉及职业韧性的逆境因子、个体保护性心理特征、个体自我调节过程特征以及社会环境支持资源因素等四个方面，根据测量学理论和实证研究程序，专门针对我国高校的辅导员人群研制而成。所获得的量具结构与WRI一致，达到了非常好的测量学标准，拥有理想的信度和效度。

三、职业韧性影响研究

最近十多年来，辅导员遭遇着前所未有的职业压力，角色超载、角色模糊与角色冲突严重。如何在这样一个高期望、高压力与高挑战的环境中，使辅导员保持持续的职业热情、工作动力、组织承诺与工作幸福感，恰是学界欲从职业韧性中探寻的解决之道。国内外有关职业韧性的相关研究成果，大体可以分为四类：第一类，心理健康与主观幸福感类成果；第二类，社会心理类成果；第三类，工作绩效与工作表现类成果；第四类，躯体/生物性类成果。本研究将从工作适应视角，综述国内外职业韧性与工作适应之间的相关成果。

工作适应是人与环境相互作用，保持和谐一致的状态，既包括人对工作要求的客观满足，又包含个体与工作环境、工作要求的协调一致感和满足感。工作适应理论最先由戴维斯和劳夫奎斯特（Dawis & Lofquist, 1968）提出，他们将工作适应解释为一个人与其环境之间相互作用以满足彼此需求的过程，由三个指标来衡量，即个体对工作环境的满意度、工作环境对个体的满意度以及工作持久性。学术界对工作适应的操作性概念尚未达成一致，因此对工作适应的测量也未统一。不同学者多从自己研究的角度自编问卷，或者选择工作适应的结果变量作为测量指标。在众多测量工作适应的研究中，绩效、承诺和社会性适应是最主要的工作适应成分。这与弗莱彻（Fletcher, 2013）对职业韧性的结果指标认识一致，包括生产力（绩效）、留职（承诺）与倦怠。

基于以上分析，论文将从职业韧性对绩效、承诺、倦怠等三方面的影响关系，来述评相关成果。

（一）职业韧性与绩效的相关研究

有关工作适应的绩效方面，测量指标有三个——任务适应、任务绩效与工作绩效。关于职业韧性与绩效关系的相关研究，基本确认了两者之间的积极相关。例如，哈兰德等人（Harland et al., 2005）与路桑斯等人（Luthans et al, 2005）的研究均显示，员工心理韧性与工作场所中的绩效及生产效率显著相关。路桑斯等于2007年的研究了管理者的心理资本，发现他们的心理资本与工作绩效显著正相关。吴伟炯（2012），许绍康与卢光莉（2009）的研究均表明，心理资本是提升个体工作绩效与组织效能的重要变量。李霞（2010）对企业管理者的研究发现，职业韧性与职业满意度、个人工作绩效显著正相关。李焕荣、洪美霞（2012）通过问卷调查了195名企事业人员的职业韧性影响因素，结果发现，企事业人员的职业韧性与职业生涯成功、薪酬、晋升显著正相关。

（二）职业韧性与承诺的相关研究

测量工作适应的承诺指标包括组织承诺、职业承诺与离职意愿。工作领域的承诺常用来衡量个体对工作的持久性或对组织的忠诚度，其中离职意愿所测量的职业心理品质与组织承诺、职业承诺是相反的。诸多关于员工的职业韧性，与他们对组织和职业的承诺，以及与他们的离职意愿等之间的相关研究结果显示，职业韧性对一个人在职业中的坚持性有显著的预测作用。叶欣怡（2005）与卡森，贝代安（Carson & Bedeian, 1994）的研究显示，职业生涯韧性对组织承诺有正向影响。基德与格瑞（Kidd & Green, 2006）对影响英国220名生物学家离开研究领域倾向的原因进行研究时发现，这些生物学家的职业韧性与其职业认同相比，职业韧性对生物学家的离职倾向有更明显的负向预测作用，而且职业韧性与其情感承诺有明显的正相关。这些结果表明，生物学家的职业韧性水平越高，他们离开该研究领域的倾向越低，而对该研究领域的情感承诺却越高。路桑斯等人（2007）对840名管理者和员工的心理资本研究发现，被试的心理资本与其对组织的情感承诺显著正相关。杉等人（Shin et al.，2012）研究发现，员工的职业韧性水平越高，他们越倾向于对组织的变革给予更高的承诺，在面临组织变化时就越能够保持稳定的积极情感。温伍德等人（Winwood，2013）对355名工作人群的研究发现，被试的职业韧性与工作承诺显著正相关，那些职业韧性水平较高的员工，工作的投入度也很高。李宗波（2010）对企业员工职业生涯韧性的实证研究揭示，员工职业生涯韧性对情感承诺有显著的正向预测作用。沈晔（2011）调查了湖南、江西地区高科技企业的162名员工，结果显示员工的职业韧性与综合幸福感呈显著正相关。龙飞来（2012）对证券行业知识型员工职业韧性的研究结果发现，知识型员工职业韧性的自我调适维度、挑战性维度、自我规划维度和独立性维度对离职倾向有显著负向影响。在诸多一致的结果中，国内李霞（2010）对企业管理者的研究却发现，职业韧性对离职倾向的影响在统计上并不显著。

（三）职业韧性与倦怠的相关研究

工作倦怠是指因不能有效地应对职业压力，而产生的一种长期性消极反应，包括情绪衰竭、犬儒主义和低成就感。其中，①情绪衰竭，这是工作倦怠的压力维度，指个体感到自己的情绪资源和认知资源被过度透支与耗尽，感觉过度疲劳，缺乏工作动力，有挫折感、紧张感，重者会有害怕工作的情况出现。②犬儒主义，也称为情感疏离，这是个体的工作态度维度，是对"情绪衰竭"的应对。具有犬儒主义特点的员工，会为了应对情绪衰竭，选择以被动、否定或麻木不仁的态度来处理工作，他们开始质疑工作的意义，工作投入不及以前，消极被动地完成分内事务。③低成就感，这是工作倦怠的自我评价维度，是"情绪衰竭"的后果，表现为个体低估或否定工作的意义和自我的效能，感觉不到工作的成就感，怀疑自身工作对组织的贡献率。

学界在职业韧性与工作倦怠的相关研究方面的结果表明，职业韧性对员工的工作倦怠具有明显的保健作用。瑞欧力等人（Riolli et al., 2003）研究揭示，组织中的员工心理韧性对其工作倦怠有显著的负向预测作用。心理韧性是工作倦怠的重要预测因素，高弹性个体表现为较高的职业效能和较低的职业倦怠水平。李莎和刘耀中（2011）研究也发现，员工的职业韧性与工作倦怠呈显著负相关。张阔等人在2014年与2015年先后研究证实，企业管理者的心理韧性对工作倦怠有显著的负向预测作用，并指出职业韧性是服务业员工工作压力和工作倦怠的一个有效预测因素。刘得格（2015）对229名企业员工的压力源、角色超载、情绪枯竭与心理弹性的关系研究发现，对于低韧性员工而言，挑战性压力源会对加剧情绪枯竭；而对于高韧性员工而言，挑战性压力源对情绪枯竭的直接影响不再显著，而是通过角色超载间接加剧了情绪枯竭。提示，面对挑战性压力源时，员工心理韧性具有保护性意义，在一定程度上可以削弱工作要求对情绪枯竭的影响。但是，当高韧性者与低韧性者在面对阻碍性压力源时，这种压力源对他们情绪枯竭的影响差异并不显著。这说明面对压力时，高韧性者产生消极情绪体验和生理反应的可能性，比低韧性者要小。李华芳，刘春琴，厉萍（2015）考察了192位精神科护士的积极情绪与心理韧性、工作倦怠的关系，结果显示精神科护士的工作倦怠及各维度与心理韧性呈显著负相关，职业韧性能显著预测精神科护士的工作倦怠。

四、职业韧性干预研究

有关职业韧性的干预、开发与培养，是组织与管理界的理论研究者、实务研究者和实践者应用者们最关切的问题，亦是韧性研究的初衷与最终诉求。比如，国内贾晓灿等人（2013）分析了548名高校教师的职业韧性现状后指出，高校教师的心理承受力受到了前所未有的挑战，需要全社会倾注更多的关注以提高高校教师职业韧性水平。李琼等（2014）在探索中小学教师心理韧性的结构与影响因素研究中发现，压力挑战下提高教师的职业韧性，是保持教师队伍持续发展的必要条件。随着研究的不断拓展与深入，学界对职业韧性的影响因素、发生过程愈加了解，韧性的干预方案与训练项目不断涌现。

职业韧性在多大程度上能被干预和培养，主要取决于三方面的影响，即压力体验的强度，社会支持的可利用性，以及那些与人格特质密切相关的个体心理因素。其中，人格因素是心理韧性的底线或平台，环境因素和逆境经验是影响个体韧性的重要角色。针对职业韧性干预项目的有效性问题，国外学者做了一些实证性研究，主要从韧性干预对员工的心理健康、社会心理和工作绩效等三个视角，运用前测与后测对比，或对照组的方法来进行统计分析。

本研究筛选职业韧性培养类文献的条件依据是：第一，公开发表的中文与英文学术文献；第二，具体描述所进行的职业韧性的干预项目；第三，项目干预的效果评估基于实证的实验或调查研究；第四，员工年龄在18岁及以上。下表列出了职业韧性干预项目对员工心理健康与主观幸福感、社会心理态度和工作绩效的影响效应结果。相关研究结果见表1-2。

表1-2 职业韧性干预项目的影响效应汇总表

类别	研究者/时间	韧性干预的影响效应指标	干预效果	显著性(P)
心理健康与主观幸福感类	Waite and Richardson (2003)	目标感	增强	不显著($P=0.13$)
	Millear et al. (2008)	压力感	降低	显著($P=0.003$)
		心理健康	增强	不显著($P=0.29$)
		生活满意度	增强	不显著($P=0.25$)
	Arnetz et al. (2009)	消极情绪	降低	显著($P=0.03$)
		压力感	降低	不显著($P=0.13$)
	Grant et al. (2009)	抑郁	降低	显著($P<0.05$)
		主观幸福感	增强	显著($P<0.01$)
	Burton et al. (2010)	自律/自主性	增强	显著($P<0.05$)
		掌控感	增强	显著($P<0.05$)
		个人成长	增强	显著($P<0.01$)
		自我接纳度	增强	显著($P<0.05$)
		压力感	降低	显著($P<0.05$)
		积极性	增强	显著($P<0.01$)
		抑郁	降低	不显著($P>0.05$)
	Sood et al. (2011)	压力感	降低	显著($P=0.01$)
		焦虑	降低	显著($P=0.001$)
		生活质量	提升	显著($P=0.03$)
	McCraty and Atkinson (2012)	抑郁	降低	显著($P=0.01$)
		痛苦	降低	显著($P=0.03$)
		消极情绪	降低	显著($P=0.02$)
		积极情绪	增强	不显著($P=0.38$)
		沮丧感	降低	不显著($P=0.11$)
	Pipe et al. (2012)	焦虑	降低	显著($P<0.01$)
		抑郁	降低	显著($P<0.01$)
		压力感	降低	显著($P<0.01$)
	Jennings et al. (2013)	抑郁	降低	不显著($P=0.15$)
	Carr et al. (2013)	压力负载	降低	不显著($P>0.05$)

类别	研究者/时间	韧性干预的影响效应指标	干预效果	显著性(P)
社会心理态度类	Waite and Richardson (2003)	自尊感	增强	不显著($P=0.99$)
		工作满意度	增强	显著($P=0.02$)
		人际关系	增强	显著($P=0.04$)
	Millear et al. (2008)	应对自我效能	增强	显著($P=0.004$)
		社会技能	增强	不显著($P=0.25$)
		工作满意度	增强	不显著($P=0.75$)
	Burton et al. (2010)	正念	增强	显著($P<0.05$)
		接纳	增强	显著($P<0.05$)
		社会支持	增强	不显著($P>0.01$)
	Sood et al. (2011)	压力感	降低	显著($P=0.01$)
		焦虑	降低	显著($P=0.001$)
		生活质量	提升	显著($P=0.03$)
	McCraty and Atkinson (2012)	平和	增强	不显著($P=0.06$)
		社会支持	增强	不显著($P=0.22$)
	Pipe et al. (2012)a	积极的态度	增强	显著($P<0.01$)
		动机	增强	显著($P<0.01$)
		平静	增强	显著($P<0.01$)
		怨恨	降低	显著($P<0.01$)
	Sherlock-Storey et al. (2013)	希望感	增强	显著($P=0.002$)
		乐观	增强	显著($P=0.002$)
		自我效能	增强	显著($P=0.01$)
	Carr et al. (2013)	压力负载	降低	不显著($P>0.05$)
工作绩效类	Abbott et al. (2009)	（收入）毛利率	提高	不显著($P=0.16$)
		产品销售	提高	不显著($P=0.76$)
	Arnetz et al. (2009)	观测的业绩	提高	显著($P=0.02$)
	Grant et al. (2009)	目标达成度	增强	显著($P<0.01$)
	Pipe et al. (2012)	生产效率	提高	显著($P<0.01$)
	McCraty and Atkinson (2012)	生产效率	降低	不显著($P>0.05$)
	Carr et al. (2013)	自我报告的业绩	提高	不显著($P>0.05$)

注：节选自 Robertson, Cooper, & Sarkar 等（2015）

国内在职业韧性的培养研究方面尚未起步，仅有的文献以综述为主，本土化的实证类研究还是空白。纵观职业韧性的干预研究结果，不一致或矛盾之处很多，究其原因，一个是对职业韧性的界定分歧大，这直接导致了对韧性结构的认识不同；另一个就是没有使用统一的评估工具，最终导致相关结果的整合效力、实践效力和推广效力大打折扣。

第四节
研究设计

一、研究路径

本书按照理论与实证相结合的研究路径，围绕高校辅导员职业韧性的"理论模型→测量模型→测量工具→影响作用→影响机制"等研究任务，系统深入地回答了高校辅导员的职业韧性是什么、怎么测、会怎样、怎么办等问题。本书基于自主研发的《高校辅导员职业韧性量表》，针对全国高校展开大样本调查研究，借助实证统计分析，了解我国高校辅导员职业心理能力的发展现状与问题，并围绕职业韧性与高校辅导员工作适应的相关议题，涉及的辅导员职业心理品质包括职业认同、职业承诺、心理授权、组织公民行为和工作倦怠等，通过科学的建模技术，进一步探索诸多心理品质之间的复杂作用关系，最后基于研究结果开发了具有整合性的辅导员职业韧性培养方案。

本书具体的研究框架与技术路线设计如图1-3。

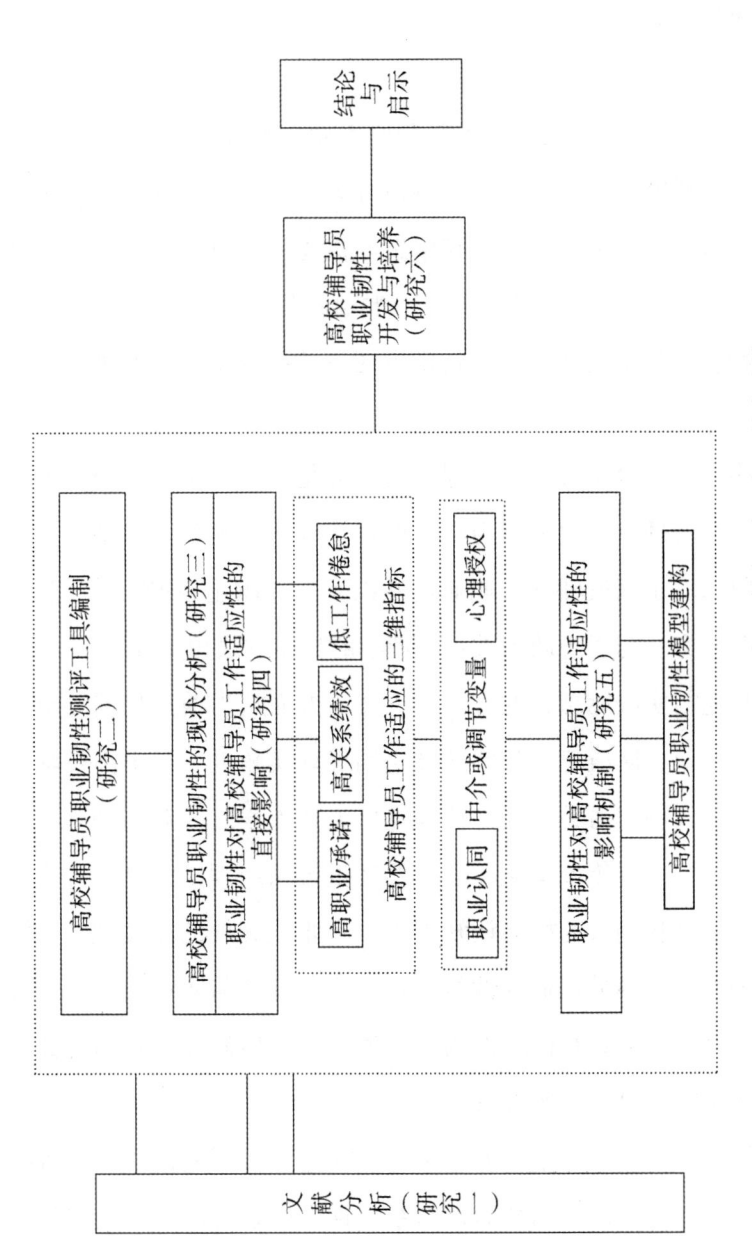

图 1-3 高校辅导员职业韧性研究的基本框架和技术路线

二、研究方法

"研究就是对事件、现象、关系和原因做出解释。"一切理论变革都首先依赖于对其研究方法的变革,只有研究方法的科学更新,才能带来思想政治教育学科的重大突破。论文在坚持马克思主义基本立场、方法和思想政治教育心理学的研究方法的基础上,整合运用了广义的三层次研究方法,在辩证唯物主义和历史唯物主义科学方法论的指导下,主要采用的研究方法有三种:

一是多学科的分析方法。心理素质议题是思想政治教育心理学、社会学、心理学、管理学、组织行为学、教育学等多学科的学术话语。本书从多学科视野选取了高校辅导员职业韧性以及相关职业心理能力,尝试着将多学科的分析方法与思想政治教育心理学的具体方法相结合。

二是理论与实践相结合的方法。论文一方面从当前高校辅导员的工作压力、工作适应、队伍建设和辅导员培训等现实角度,提出高校辅导员心理品质的研究议题;另一方面,从马克思主义人学思想和活动观、思想政治教育心理学、中国传统文化、心理发展生态系统理论、组织行为学的心理资本理论、自我调节的社会认知理论,到职业韧性的相关理论,深入梳理了诸多理论与辅导员职业韧性的关系,运用理论与实践相结合的分析方法,论证选题、探索具有创新性的理论框架、提出研究构想与思路,旨在提升论文成果的理论与现实价值。

三是将定性研究与定量研究相结合。在定性分析的同时,也进行定量分析,前者可以提升论文的全面性与系统性,后者可以提高论文的科学性与准确性。具体包括:①文献研究法。指通过对文献的收集、鉴别与整理,形成对事实的科学认识,从而了解、调查探索事实的研究方法。一方面对

第一章
导论

高校辅导员心理素质、国内外职业能力和职业韧性等方面的相关文献进行述评，另一方面对我国高校辅导员相关制度、政策、文件进行梳理解读，在全面、客观、科学地把握文献材料基础上，形成本课题的研究假设和研究思路。②调查研究法。对于高校辅导员的职业韧性的研究，主要采用调查研究法，包括问卷编制法与问卷调查法。基于高校辅导员职业韧性的理论模型与测量模型，严格遵循测量学与统计学要求，编制《高校辅导员职业韧性量表》，然后使用该问卷展开全国高校大样本调查研究，借助实证统计分析了解我国高校辅导员职业心理能力的发展现状与问题，并围绕职业韧性与高校辅导员工作适应的相关议题，通过科学的建模技术，进一步探索诸多心理品质之间的复杂作用关系，递进式地回答高校辅导员的职业韧性是什么、怎么测、会怎样、怎么办等问题，旨在确保论文研究结果的科学性与解释性。

第五节
研究内容及创新点

一、研究的主要内容

第一，基于文献研究述评，构建本书的理论基础框架。拟在马克思主义的世界观与方法论的指导下，立足于中国传统文化中的韧性思想与自我调节智慧，以职业韧性的因素-过程整合理论为核心，结合心理发展的生态系统理论、心理资本理论与自我调节的社会认知理论，尝试构建新时代我国高校辅导员职业心理素质研究的理论基础。

第二，构建兼具生态实践效力与整合性的实证研究路径。本书将聚焦于我国高校辅导员的职业实践活动过程，从职业韧性视域尝试回答遭遇职业不利事件中的高校辅导员是如何有效地进行自我调节与资源管理，再结合建模技术尝试勾勒出一幅具有整合性和结构化的新时代高校辅导员的职业心理素质关系图谱。具体来说，本书的实证研究路径包括从筛选理论模型、构建测量模型，到研制测评工具、展开全国调查，再到探索影响机制、开发干预方案，层层递进地回答是什么、怎么测、会怎样、怎么办等一系列问题。

第三，编制和构建一套适用于新时代我国高校辅导员职业群体的职业

第一章
导论

心理素质测评工具包。包括自主开发研制一个高校辅导员的职业韧性量表，以及针对所构建的高校辅导员职业心理素质图谱，选取现有量具做全国样本数据的适用性分析等工作。

第四，针对职业韧性视域下的高校辅导员职业心理素质图谱，采用心理测量法，展开全国抽样调查，分析新时代我国高校辅导员的职业韧性及相关职业心理素质的发展现状。其中，针对新时代我国高校辅导员工作适应的选取标准问题，本书拟从职业态度、职业行为与职业情绪情感三个维度，尝试构建新时代我国高校辅导员工作适应性的三维指标，即高职业承诺+高工作绩效+低工作倦怠。然后，基于全国大样本调查数据分析，了解新时代我国的工作适应现状。

第五，构建职业韧性视域下的高校辅导员职业心理素质的关系模型。包括两项建模任务，其一是通过建模技术尝试回答遭遇不良职业事件时，诸多韧性因素之间如何随着时间迁延相互作用、相互影响，进而助力辅导员成功度过危机、快速复原心理社会功能以及收获职业的成长与发展；其二是通过建模技术尝试回答职业韧性究竟是通过什么（怎样起作用）、在什么条件下（何时起作用）来直接或间接地影响着高校辅导员的职业适应结果。本书将通过这两个相互关联的纵深性研究，试图勾勒一幅能够揭示新时代高校辅导员当身处重要职业时刻时，其自身诸多职业心理品质之间是如何相互作用，又是如何影响其职业生涯发展的关系图谱。

第六，本书将课题生成的实证结果与多学科理论相结合，尝试研制有实践干预效力的培养培训方案，实现成果转化的研究初衷。本书拟从培养的理论取向、培养路径和培养方法三个水平，整合辅导员诸多职业心理品质的资源与优势，从国家层面、组织层面与个体层面来构建新时代高校辅导员的职业韧性重塑模型，并提出具有针对性、系统性与可操作性的职业韧性干预路径与策略。

二、研究的创新点

（一）研究视角创新

高校辅导员的心理素质是思想政治教育心理学学科的基本内容之一，但是自该学科建立至今，这方面的研究却极其匮乏。本书以高校辅导员的心理素质为研究对象，基于高校辅导员队伍发展现状，依据辅导员职业化、专业化的能力建设标准，从辅导员的职业实践活动视角，选取了对人的心理素质最具整合性的职业适应过程，并进一步锁定那些能帮助辅导员应对重要职业事件/逆境的，且最具自主性和能动性的心理品质，然后基于数学模型建构诸多心理素质之间的结构关系，这种具有整合性和生态性的选题视角，能确保高校辅导员心理素质研究的广度与深度，在思想政治教育心理学研究的方法学上具有比较高的创新性。

（二）研究设计创新

张耀灿（2001）认为，思想政治教育学领域具有研究微观方面少，研究机理少的缺陷，这种研究生态严重制约着思想政治教育心理研究，乃至思想政治教育心理学学科的发展。本书遵循辅导员职业韧性的"理论模型→测量模型→测量工具→影响作用→影响机制→干预培养"这样一种理论与实证相结合的研究路径，相继回答了辅导员的职业韧性是什么、怎么测、会怎样、怎么办等问题。这种研究设计更逼近辅导员心理素质发展的本质过程，能大大提升思想政治教育心理研究的解释性和科学性。

(三) 工具研制创新

职业韧性研究的初衷是人力资源的开发与培养。当前制约国内外职业韧性培训项目的开发、实施与推广应用工作的根本问题之一，是缺乏有先进理论驱动的、适用于工作领域的评估工具，国内这方面研究尚属空白。本书研发的《高校辅导员职业韧性量表》，突破了国内数据驱动的研究局限，选取职业韧性前沿理论，基于理论驱动来构建测量模型，然后遵循严格的问卷编制流程，依据科学的测量学和统计学标准，确保了该测量工具在职业韧性国际研究上的前沿性，在国内同类研究中具有开拓性。而且，专门针对高校辅导员群体开发的韧性测评工具，能够确保其应用在辅导员的甄别、评估与培养等人力资源管理中的科学性和有效性。

(四) 培养方案创新

人的职业韧性是一种具有可塑性、可开发性的心理资本。大量研究反复证实，通过干预和开发组织劳动力的职业韧性，能显著提升其绩效水平、心理健康水平和社会适应性。因此，开发高校辅导员的职业韧性，对高校的辅导员管理和学生工作管理具有较高的经济效益。本书在系统回答辅导员职业韧性的内涵、结构、机制等问题的基础上，通过实证分析技术，细致描绘了辅导员的职业韧性、职业承诺、职业认同、心理授权、组织公民行为与工作倦怠的作用路径图，并基于这些研究结果，开发了具有整合性的辅导员职业韧性培养方案，从培养的理论取向、培养路径和培养方法三个方面，整合了诸多影响辅导员职业韧性的因素，并从个体层面和组织层面分别给出了开发韧性的思路，这种依据机理的、实证的研究所开发的培养方案，既能确保其创新性，更能确保其对辅导员培训工作的实践生态指导效度。

第二章
高校辅导员职业韧性研究的理论基础

　　研究我国高校辅导员的职业韧性，是在马克思主义的世界观方法论指导下，立足于中国传统文化中的韧性思想，以职业韧性的因素—过程整合理论为核心，结合心理发展的生态系统理论、心理资本理论与自我调节的社会认知理论，来构建本研究的理论基础框架。

第一节
马克思主义人学思想与活动观

思想政治教育作为一种社会现象，个体的人是不可或缺的。马克思主义关于"人"的诸多思想和理论，诸如人的本质、人的主体性、人的需要与价值，以及人与社会的关系、人与人的关系等，为我们在思想政治教育心理学视域下研究高校辅导员的职业韧性，提供了一个崭新的理论视野。

一、马克思主义的人学思想

本书将借鉴马克思主义人学思想的三个主要理论，来指导辅导员职业韧性的研究工作。

（一）马克思主义主体性思想

1. 马克思主义主体性思想的基本内涵

马克思主义认为，人的主体就是现实的、历史的人，是能够进行对象性活动的具有自然力和生命力的人。从现实的个人出发，是马克思主义观察社会历史现象的根本观点和方法。在《德意志意识形态》中，马克思反复强调，"符合现实生活的考察方法则从现实的、有生命的个人本身出发。"马克思将人的主体解释为"自然存在物"、人的意识存在物以及社会实践的产物。

第一，主体的人，是"自然存在物"。马克思认为，"全部人类历史的第一个前提无疑是有生命的个人的存在"。第二，主体是人的意识存在物。人的意识的发展决定于所进行的社会实践、脑力劳动与体力劳动。第三，主体的人，是社会实践的产物，总是处于一定变化发展的社会关系之中。马克思主义唯物史观认为，人的生成、塑造和完善都是在社会实践活动过程中完成的。

2. 马克思主义主体性思想的基本特征

第一，自我意识是主体性的根本属性。随着人类意识和人类社会的形成，自我意识既是人的属性，又使人的生命活动发生了质变，将人与其他生命存在形式区别开来。第二，主观能动性是主体性的第二个基本特征。马克思主义主体性就是主观能动性和客观存在性的统一。人的主观能动性意味着，在现实活动中人并非被动听任于命运，也并非受制于人或物而被动存在。毛泽东认为，思想之类的东西是主观的，行动则是主观见之于客观的东西，这种"自觉的能动性"将人与物区分开来[1]。人在自由自觉的实践活动中所表现出来的能动性，区别了主体与非主体。张耀灿（2006）认为，相对滞后的思想政治教育观念与思维方式，是制约思想政治教育有效性的一个重要的原因。毕竟，"人的主体性是现代人最重要的观念之一。"现代思想政治教育追求的目标，就是要弘扬、培植人的主体性。

---

[1]中共中央文献研究室. 毛泽东选集（第二卷）[M]. 北京：人民出版社，1991：477.

(二) 马克思主义人的全面发展思想

1. 人的全面发展思想之基本内涵

马克思主义关于人的全面发展思想内涵,源于对人的片面发展内涵的论述。马克思在其《资本论》中指出,人只能承担一种社会局部职能即为人的片面发展,人能够以相互交替的活动方式承担不同的社会职能谓之人的全面发展。列宁进一步把人的全面发展定义为人会做一切工作。斯大林则在论述《苏联社会主义经济问题》中论述到,人的体力和智力的全面发展即是人的全面发展。可见,无论是马克思、恩格斯,还是列宁和斯大林,一致认为人的全面发展,应包括人的体力、智力及人的社会能力等因素的全面发展。

2. 马克思主义关于人的全面发展思想之三个维度

马克思将人的全面发展,定义为实践活动的全面发展。马克思主义认为,"个性的劳动也不再表现为劳动,而表现为活动本身的充分发展。"[①] 人们是在参加实践活动中,来满足自身的需要,丰富自己的社会关系,进而提升个人素质的。人的全面发展思想具有三个维度:第一,它是人的活动的全面发展。人的全面发展,最深刻的根源,是实践活动。"任何人如果不同时为了自己的某种需要和为了这种需要的器官而做事,他就什么也不能做。"[②] 人的能力是实现需要的手段,也是主体和客体对象性关系实现建

[①] 中共中央马克思恩格斯列宁斯大林著作编译局. 马克思恩格斯全集(第四十六卷上册)[M]. 北京:人民出版社,1979:287.
[②] 中共中央马克思恩格斯列宁斯大林著作编译局. 马克思恩格斯全集(第三卷)[M]. 北京:人民出版社,1960:286.

立的必要条件。人的需要能否得到满足,取决于他的活动能力和活动水平,活动能力越强,活动水平越高,人的全面发展需要就越能得到满足;相对应的,人的全面发展需要越能得到满足,会更加促进活动的能力和水平。第二,它是人的社会关系的全面丰富。产生于生活实践中的社会关系,反过来又决定着人在社会生活中的可能的发展程度。马克思指出,影响人的片面畸形发展的因素中,生产力是根本原因,生产关系则是直接原因。第三,它是人的素质的全面提高。既包括人的体力及智力的全面发展,又表现为人的才能的全面发展,还表现为人的道德水平的全面发展。恩格斯认为,人的道德水平的提高是人的全面发展的又一个重要方面。恩格斯给考茨基写信说:"应该说,由于阶级的对立,统治阶级在智力上和道德上也畸形发展。"

二、马克思主义人的社会性思想

人的现实本质统一于社会关系之中。马克思的著名论断——"人是最名副其实的社会动物",即揭示出人之为人的特殊本质就是"一切社会关系的总和"。

(一) 人的现实本质统一于社会关系之中

第一,人自始至终都生活在一定的社会关系中。马克思主义的社会关系,是许多个人的共同活动,人作为社会关系的承担者,自始至终都是生存于一定的社会关系之中的。第二,人生活在自己所创造的社会关系中。正像人发展自社会一样,人也生产社会。社会关系不是抽象、虚幻、固定不变的,它随着人的活动而逐渐发展,随着社会关系的发展,人的本质也发生变化得更为具体和现实。第三，人不是社会的消极产物，不能脱离社会而独立存在。人是社会关系的创造者、承担者，但人并未完全束缚于社会关系之中，而是具有超越现实社会关系的能动性。

（二）人的社会性与人的个性相统一

马克思虽然强调人的社会性，但并不意味抹杀人的个性。马克思指出："人的个人生活和类生活并不是各不相同的，尽管个人生活的存在方式必然是类生活的较为特殊的或者较为普遍的方式，而类生活必然是较为特殊的或者较为普遍的个人生活。"其二者之间的关系是互动的，若没有人的社会性，就不会存在人的个性；人的个性是社会地生成的和社会地存在的。"现实生活的人"，既是处于与自然、与他人的复杂联系之中的社会体，又是有着独立人格、个性的个体。所以，"社会性"是指无数具有个性差异的人所具备的一种现实存在，有个性的社会的人也就是"现实的、有生命的人"。社会性是人之本质所在，人的个性就是人的社会性的具体表现形式或个别形态。

三、马克思主义的活动观

实践性是思想政治教育学的重要特征。如何让科学理论走向实践领域，是思想政治教育理论工作者不能忽略的一个重要课题，也是一个极具挑战性的关键环节。著名学者张耀灿先生（2006）指出，扩展思想政治教育研究的广度和深度，要坚持在马克思主义的活动观视野下开展研究工作。马克思主义活动观所研究的活动，既是主体性生长的内在根据，也是主体性发展的第一动力。把人的活动视为思想政治教育现象中的最高存在，将更加深刻地把握思想政治教育的本质所在。张澍军（2002）认为，相较于在社会哲学视野下研究思想政治教育的工具性本质而言，在人类哲学视野下揭示的思想政治教育的目的性本质，是最为深层、最为根本的本质。

（一）马克思主义活动观的活动内涵

活动作为哲学范畴，特指人的活动。人的活动是一般物质运动的具体的、特殊的、高级的表现形式，是人的存在方式，也是人发展的方式。基于人的活动的不断发展，人的存在方式也是在不断发展的，这就意味着人自身的发展。活动是人存在与发展的基本形式，是作为主体的人由自身需要推动与联系的客体发生相互作用，并实现了与客体进行双向对象的过程。此外，活动的本质还表现在以下三个方面：第一，物质运动所具有的高级形态或特殊形式；第二，是主体与客体之间相互作用，以及主体与主体之间相互联系的具体方式；第三，活动表征着人类文化发展与进化的过程。

（二）马克思主义活动观的活动特征

生产和交往揭示了人类活动的多变性与动态性。马克思主义活动观认为，在多变和动态的人的活动中，有一些基本特征：第一，活动的主体性。所谓主体，就是指活动着的人。任何人离开了具体的、感性的、对象性的活动，自身的主体地位都无法获得。人之作为主体，恰恰在于他是活动的主体。主体存在和发展的方式以及主体性形成的动力、现实基础和根据都是具体的活动。第二，活动的对象性。人通过活动过程揭示了人的生命过程、发展过程和社会的发展过程。人的活动的发生前提，一个是主客体的分化，另一个是与其生命活动相分离。所以，人的活动是建立在人与外部世界，以及自身与对象性关系之上的。主体与对象在活动中相互规定、依赖、转化和实现。第三，活动的目的性。主体的活动是一个目的性的工程，是人有意识地作用于对象的过程。活动的整个发生、展开和结果过程中，都集聚着主体的目的和意图，体现着主体的能动意志。第四，活动具有创造性。人通过活动来维持自身的生存与发展，不仅仅停留在消极地依赖环境提供的现成条件，还会在活动中通过运用自己的主观能动性，对对象世界进行改变和创造，以其属人方式来达到生存与发展的目的。第五，活动的追求有效性。人基于自身的能动性，不会消极地依赖自然和社会提供的基本条件，仅仅维持生存和发展。主体和客体实现着双向对象化，结果是凝结着人的能动性以及新的身心结构的主体自我。第六，活动的社会性。任何活动都是由处于一定社会阶段和社会关系的人在特殊的历史背景下从事的具体活动。人们的任何活动都要受到制约，也包含特定社会内容。人们在社会关系和交往中实现自己的本质也是互动和交往的。

在一个学科发展成为一个成熟的学科之前，依托于别的学科的研究方法来进行学科建设，是很正常的现象，也是一种必然的选择。从人的活动视角研究思想政治教育心理学，涉及哲学、社会学、管理学、心理学等多学科、多领域，具有边缘性、交叉性的鲜明特征。

第二节
中国传统文化中的韧性思想

心理韧性是一个兼具文化一般性与文化具体性的构念。国际心理韧性学者明确指出，文化是探讨心理韧性不可或缺的重要维度。克劳斯·埃勒斯（Clauss-Ehlers，2004）认为，个体成功应对压力的过程，实质上是社会文化环境下的个性特质、文化背景、文化价值和有助益因素的联合作用。文化本质上映射出一个民族的思维方式。压力应对过程与个体特征密切相关，而个体认知、情绪、行为等应对特征存在文化性，这使得心理韧性浸染上了社会文化心理的色彩，体现着深厚的传统文化根基。探源中国人的心理韧性思想，对于解析中国心理韧性核心内涵、构成与运作机制，对于心理韧性的本土化，有显见的启示意义。

一、儒家"进取"的韧性观

儒家文化始自《周易》，后继《大学》，创立于秦汉时期。儒家文化关注人在现实中的价值实现，强调个体要不断地超越自己，从而达到"道"的完善，其所推崇的自强者，拥有积极气质、内控性、高自尊、乐观性与希望感等等，都是心理韧性者的个体特征。《大学》之"三纲"展现了对自强精神的追求。"三纲"之"明德",孔子称作"仁德",并指出成仁之路径:"仁者先难而后获,可谓仁矣。"即必经艰苦的磨砺与不懈的奋斗。"三纲"之"亲民",强调人要弃旧图新,不断革新。"三纲"之"止于至善",认为人要根据现实积极调节自我,扬长避短来找到适合自己的角色,表达了一种适应与发展观。儒家思想中,自强与坚忍往往密不可分。从积极视角看待逆境,将逆境视为一种成长或成功的契机和资源,并指出以坚忍来应对逆境。由此可见,面对压力/逆境,儒家思想强调"进取",将向内的认知自省和向外的应对行为相统合,突出个体抗争困苦的支持力以及愈挫弥坚的精神原动力。

二、道家"顺应"的韧性观

道家与儒家产生于同一时期,讲求通过修养而达到自我保存,既强调顺道顺势、顺其自然,又推崇安时处顺,还提倡辩证的逆境观。老子强调"柔弱胜刚强",认为,"天下之至柔,驰骋天下之至坚"。这种柔弱有韧性,有弹力,顺其自然,不强为。《淮南子》云:"欲刚者必以柔守之,欲强者必以弱保之,积于柔则刚,积于弱则强"。这种"处柔"的主张,在面对困境时,不以正面冲突消磨自己的力量,而是通过保存能量,选取有效的时机战胜困难,如水般柔韧有力,蕴含着韧性的力量。庄子提出"安时处顺"的处世原则,希望个体从悦生恶死的情绪中解脱出来,"不乐寿,不哀夭",只要安时处顺,便可逍遥自在。庄子说:"计四海之在天地之间也,不似空之在大泽乎?……不似毫末之在于马体乎?"旨在助人以高远的胸怀视野重新认识现实,化解烦忧,轻松地接受人生。表现的是一种"不与物迁""操之在我"心理调控能力,这显然有助于个体顺利度过逆境。

道家提倡辩证的逆境观。《老子》曰:"有无相生,难易相成,长短相性，高下相倾，前后相随，恒也"，"祸兮福之所倚，福兮祸之所伏"。提醒世人逆境面前，应当保持冷静与信心，要乐观地看待人生中的福祸成败，没有绝对的好与坏。主张从对立面辩证看待问题，并极力淡化个人感受，保留自身能量与资源，从他处寻找发展的机会，从而有可能将情势由危转安。基于道家的顺应观，当个体身处压力/逆境时，可以通过道家式的自我调适，化解烦恼，纾解压力，平稳情绪。可见，道家之韧性观的起效程度，与人的认知水平和修为境界休戚相关。尊道者强调示弱不争和顺应自然，以求内心清静，为个体提供了一条有别于儒家的应对路线。

三、佛家"超脱"的韧性观

佛家自两汉始入中原，又与儒道文化融合，逐渐完成其本土化。佛家思想强调出世解脱，终极理想是永远超越苦海的极乐。佛学强调由内修致超世脱俗，在业报轮回观念中，透露出靠自身努力实现人生幸福的积极意义。作为中国化的佛学宗派——禅宗的心性学说，追求生命自觉和超越境界，基此摆脱世俗烦恼。《菏泽神秀禅师语录》云："僧家自然者，众生本性也"。禅宗思想关注个体的主体地位，将人生苦难的原因由外在转向内在，由客观转向主观，摒弃了消极厌世，并认为个体不需改变虚妄的外在世界，只需加强内在修养即可成佛。

佛学主张明心见性、随缘自适。提示面临逆境时，应当根据环境主动调节自身情绪和行为，随缘自适。面对严重的压力/逆境，信佛者仗赖个人修行和超脱了悟，以达到认知化解，指导个体将自我发展的方向，由不利的外部转向可控的内部，以此隔断外部危险因素对心理的伤害路径，保护处境不利个体免遭消极情绪的危害，使其心理健康状况不恶化，并积蓄能量，假以时日以求"东山再起"。

综上所述，儒道释思想，影响着中国人应对压力/逆境的情绪、认知和行为，使得其心理韧性具有独特的文化心理维度，反映着中国人的生存智慧。有迹象表明，儒道释韧性思想似乎存在一个起效序列：面对严重的压力/逆境时，个体首先会倾向于动用自强进取的儒家式应对，会"知难而进"并"孜孜以求"，重在解决问题；倘若应对不力，就会转而求助于安时处顺的道家式应对，尝试着"宁静以致远，淡泊以明志"，重在平复情绪；如果困境仍然没有化解，且内心不能安宁时，则会激活或生成超脱了悟的佛家式应对，选择"去执念得释然"，重在调整认知，在随缘自适中待条件具备而"东山再起"。

然而，在这些积极价值之外，还应看到儒道释韧性思想的短板，即儒家式会因过刚而易脆，道家式会因过"守弱"而致轻易放弃，佛家式会因强调脱俗而遁世。如此看来，处境不利的个体能否摧而不垮，更取决于自我调节能力，这考验的是个体能否通过酌情势所需并结合客观自知，来灵活地做出情绪上、认知上与行为上的判断与决策。概言之，要使中国人心理韧性的研究真正本土化，就要紧扣儒道释韧性思想，唯此才能更深入、客观、系统地理解和揭示中国人的压力/逆境应对过程。

四、中国传统文化中的自我调节智慧

中国传统文化中的经典典藏中处处闪烁着逆境下的人的自我调节智慧，其中尤以吕坤在《呻吟语》的论述最为丰富，也最为真挚。确如作者在序言中所述："呻吟，病声也。呻吟语，病时疾痛语也。"这里的"病"，并非躯体疾病，而是作者所遭遇的个人乃至社会发展之困境。可见，此呻吟语录就是古人应对人生困顿与逆境的智慧集锦，亦反映着我国优秀传统文化中对逆境的自我调节观。

《呻吟语》中非常强调自我调节能力对一个人的重要性。譬如"猥繁拂逆，生厌恶心，奋宁耐之力；柔艳芳浓，生沾惹心，奋跳脱之力；推挽冲突，生随逐心，奋执持之力；长途末路，生衰歇心，奋鼓舞之力；急遽疲劳，生苟且心，奋敬慎之力。"意思是，烦琐庞杂、逆境不顺会令人产生厌恶之心，这时要坚持忍耐；温柔艳丽的色彩、浓郁的芳香会让人产生沾惹之心，这时要奋发摆脱；坎坷不平、跌撞冲突会使人产生随波逐流之心，这时要坚定信念；长途跋涉、穷途末路会使人产生松懈之心，这时要鼓励振作；急切骤然、疲劳应付会使人产生苟且之心，这时要谨慎慎重。

　　以下将从情绪的、认知的、行为的以及人际的层面来分别阐述《呻吟语》中的自我调节智慧。

（一）情绪上的自我调节

　　人的情绪情感状态贵在静。"惟静也，故能张主得动，若逐而去，应事定不分晓"。意思是只有保持平静，才能制动，如果心随着事情而动，就不知道如何恰当处理事情。而且，沉静并非缄默。"沉静非缄默之谓也。意渊涵而态闲正，此谓真沉静。"意思是沉默和缄默是不同的，内心深沉有涵养，而仪态悠闲镇定，这是真的沉静。真正沉静的人心底是清醒和警觉的，饱满的精神重于内心。"此心常要适，虽是忧勤惕励中困穷抑郁际，也要有这般胸次。"意思是自己的心要经常平和之态，即使在忧勤惕励之中和困穷抑郁的时候，也应具有这样的胸襟。

　　情绪调节之要义是平衡。"恶（wu）恶（e）太严，便是一恶；乐善甚亟，便是一善。"意思是对恶的东西痛恨过度，本身也是一种恶；而对善的东西喜欢极致，本身也是一种善。"发不中节，过不在已发之后。"即喜、怒、哀、乐等情感倘若不和节度地发出来，其过错并不在其发出来之后。

(二) 认知上的自我调节

人遇事要重理性而忌感性，要善于反思体认。"入万景之山处处堪游，我原要到一处，只休乱了脚；入万花之谷朵朵堪观，我原要折一支，只休花了眼。""任是千变万化，千奇万异，毕竟落在平常处歇。"即无论千变万化，千奇万异，最终都要在寻常处落脚。面对"怨怒笑歌、伤悲感叹、顾盼指示、咳唾涕洟、隐微委屈、造次颠沛、疾病危亡"等，要知道每一样都有各自的道理，因而要时时体认，件件讲求。即"莫不各有道理，只是时时体认，件件讲求。"

人遇事贵在灵活。"因"之一字，妙不可言，因利者无一钱之费，因害者无一力之劳，因情者无一念之拂，因言者无一语之争……此因势而利导者也。"故惟圣人善用因，智者善用因。""天下之事，有速而迫之者，有迟而耐之者，有勇而劫之者，有柔而折之者，有愤而激之者，有喻而悟之者，有奖而歆之者，有甚而淡之者，有顺而缓之者，有积诚而感之者。要在相机因时，舛施未有不败者也。"意思是，天下的事情，有需要迅速而急迫的，有缓缓而需要等待的，有需要勇敢果断做的，有以温和的办法达到目的的，有因愤怒而激发的，有需要启发而领悟到的，有需要奖励而欢喜的，有欲擒故纵的，有顺从而使缓解的，有靠时间积累诚意而感动之的。简言之，这些办法的关键就是要看准时机，否则肯定会失败。

(三) 行为上的自我调节

做事要有计划性。"干天下事无以期限自宽，事有不测，时有不给，常有余于期限之内，有多少受用处。"即做任何事情的时候，都不要因为足够的期限而给自我宽余,天有不测风云,时间有不充裕的时候,所以做事情要未雨绸缪,多给自己留有余地,受用无穷。

处事既要认真还应勤奋。"圣狂之分,只在苟不苟两字。"即至圣与轻狂的分别,关键在认真与不认真。什么能够降伏"懒散"的大害呢?"曰勤慎。勤慎者,敬之谓也。"即只有勤慎,而勤慎,指的正是敬。应事要忌怠、忽、惰、慢四字,因为"怠则一切苟且,忽则一切昏忘,惰则一切疏懒,慢则一切延迟。以之应事则万事皆废,以之接人则众心皆离。"意思是,怠,就会做事时一切得过且过;忽,就会一切昏忽忘记;惰,就会一切疏懒散漫;慢,就会导致一切拖延。倘若以怠、忽、惰、慢处事,则会导致万事皆废。倘若以之怠、忽、惰、慢待人,则会使众心皆离。

行事还要具有独立性。"广所依不如择所依,则所依不如无所依。无所依者,依天也。"即全部依赖外物,不如有选择地依赖;有选择地依赖,不如没有什么依赖。无所依赖,就是遵循天意。

(四) 人际上的自我调节

人不可以无友。"人生德业成就,少朋友不得。一德亏而友责之,一业废而友责之,美则相与奖劝,非则相与匡救。"即若想成就一番功名事业,就离不开朋友。一旦你有品德过错,朋友就会责备,一旦你废辍事业,朋友也会相劝。有好事朋友之间就会相互劝勉鼓励,有坏事就会相互纠正。"终身不照镜终身不认得自家,乍照镜犹疑我是别人。常磨常照才认得本来面目。故君子不可以无友。"即经常打磨照镜子,就能全面认识自己的真正面目。所以君子不能没有朋友当作镜鉴。

待人贵宽厚。"君子观人,与其过察而诬人之心,宁过恕以逃人之情。"即君子观察一个人,与其苛刻严察而诬其本心,不如宽厚对待不要让别人难堪。"论理要精详，论事要剀切，论人须带二三分浑厚。若切中人情，人必难堪，故君子不尽人之情，不尽人之过。非直远祸，亦以留人掩饰之路，触人悔悟之机，养人体面之余，亦天地涵蓄之气也。"意思是，论理要精辟详细，论事要切中事理，谈论别人须带二三分厚道。若说中人的要害，对方必定会难堪，因而君子不尽人之情，不尽人之过。这样做不仅能远离不必要的灾祸，也能给别人留一些掩饰的余地，触发他悔改的念头，保留一些做人的体面，这也是天地涵养万物的气量。

第三节
职业韧性的整合理论

人的职业韧性受多重因素的影响,而且发展结果具有多样性,这导致了对韧性解读的复杂性。随着对职业韧性本质的认识不断深入,有关职业韧性的理论研究也历经了几次大的变迁。清晰勾勒出这张理论变迁的认知地图,才能帮助我们更好地选择兼具科学性和前瞻性的职业韧性理论,进而才能确保研究的理论先进性和实践指导价值。

一、韧性理论变迁

学界关于职业韧性理论的研究,深受心理韧性理论发展的影响,后者大体经历了三个阶段的发展过程。

第一阶段 聚焦于甄别影响韧性的危险因素与保护性因素。先后伴随两次研究浪潮,即以人为中心模型和以变量为中心模型。

以人为中心模型的研究浪潮,重点在于识别高危处境个体身上所具有的典型个人特征。以变量为中心模型的研究浪潮,关注影响人心理韧性的危险性因素、保护性因素与适应状况的关系,识别那些具有促进性的韧性资源。

然而，以变量为中心的心理韧性研究，并不足以揭示心理韧性的发生机制问题。这是因为，在个体发展过程中，许多变量间的关系并非简单的线性式影响，可能存在互为因果的关系。而且人的心理发展是一个时间的函数，未考虑时间因素所得出的"因果"，很可能仅是数理的层面，而非机理的层面。而心理韧性的过程观在解决这些问题上有其独到之处。

第二阶段　聚焦于探索韧性发展变化的过程机制。通过关注那些身处严重压力/逆境中的个体或群体在危险因子开始前、开始时、结束后乃至相当长一段时间里，其心理与社会功能的变化发展过程，试图通过对相关变量进行时间点采样，来把握人类压力/逆境适应系统的运作特征及其功能差异，进而确认关键性的韧性因子，推断其发生作用的过程和机制。

第三阶段　聚焦于因素与过程整合视角下的多情境研究。顾名思义，该类理论模型试图整合影响韧性的保护性因素与保护性过程，通盘考虑韧性因素、韧性过程以及两者之间的相互作用关系，更真实地还原韧性的产生与发展过程。

职业韧性的研究和实务工作深受这种整合思潮的影响。因此，要理解职业韧性的整合理论，需先一窥心理韧性的因素—过程理论之究竟。心理韧性的因素—过程整合模型中，最具代表性的是库普弗的心理韧性全息模型（Kumpfer，1999）。

心理韧性全息模型（见图2-1），以心理发展的生态系统理论为指导，并基于已有研究证据，兼顾因素与过程、内源与外源、韧性与非韧性，被誉为一个集大成的因素—过程整合模型。

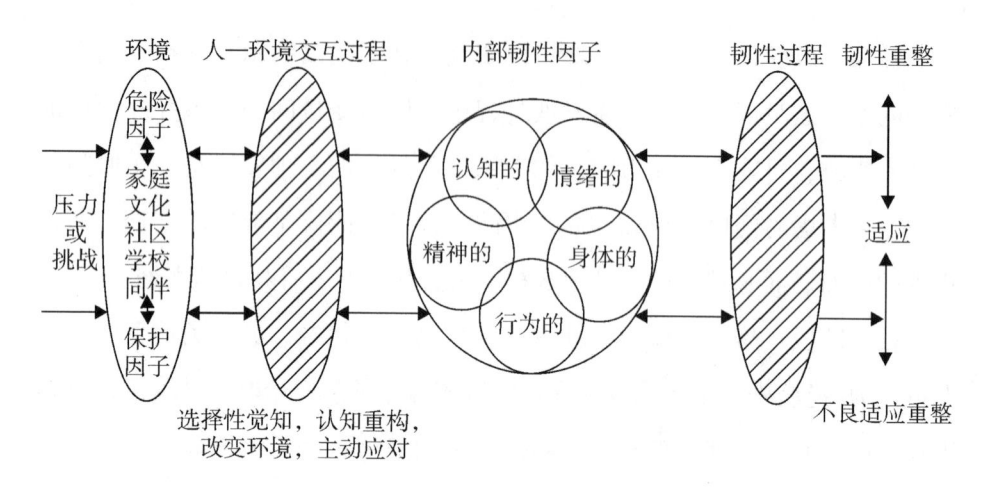

图 2-1　库普弗的心理韧性全息模型（Kumpfer，1999）

心理韧性全息模型包括了三部分：其一是环境预测因子，分为危险因子和保护性因子；其二是个体的韧性资产与韧性资源；其三是韧性适应结果。模型可具体表述为：

第一，韧性起点——严重的压力源或挑战。压力源或挑战是韧性产生的起点，这种刺激打破了个体或组织内部的平衡状态，个体就是在应对压力和挑战的过程中获得成长，这是心理韧性的本质。个体觉知压力/挑战的严峻程度，依赖于其如何看、怎样评价及是否将压力视为有威胁的或嫌恶的。

第二，韧性运作过程。包括两个动态相互作用过程（对应图 2-1 中的两个椭圆状阴影），即环境与个体之间的相互作用过程、个体与适应结果之间的相互作用过程。

其一，环境与个体之间的相互作用过程。一旦个体遭受严重的压力或挑战，环境因素与个体的韧性因素都会做出反应，心理韧性通过二者的互动过程而运作，此过程称为个体—环境互动过程。人与环境之间如何达成平衡从而助力个体成功克服困境甚至获得发展，这要因人而异，同时，这种相互作用过程还会随着年龄的增长而变化，也会受个体生活的时代特征、文化因素和地理位置等因素的影响。

在人与环境互动的过程中，个体会有意识或无意识地通过选择性知觉、认知重构、计划和梦想、求助良师益友或主动应对等策略，将高风险环境改造成更具保护性的环境。在应对压力或挑战过程中，人内在的韧性特征与外部环境直接发生作用，前者主要包括：①认知方面的特征，如学习技能、内省能力、谋划能力以及创造力；②情感方面的特征，如情绪管理能力、幽默感、自尊修复能力以及幸福感；③精神方面的特征，如生活中有梦想/目标、有宗教信仰或归属、自信、悦纳自我、坚韧力；④行为/社会能力方面的特征，如人际交往能力、问题解决能力、沟通能力、同伴拒绝能力；⑤身体方面的特征，如良好的身体状况、维护良好健康状态的能力、运动技能发展以及具有吸引人的身材等等（对应上图中的"内部韧性因子"）。

其二，个体与适应结果之间的相互作用过程。此过程或长或短，在个体—环境互动的基础上产生，并受之影响。个体在与危险/逆境逐渐接触的过程中，倘若能促成一种积极的互动关系，习得了更有效的压力应对技巧与策略，就可能帮助其从压力中回复，从而实现心理韧性的重整。反之，即是适应不良。每一次成功地应对了逆境，会对克服今后新的发展困境起到积极的支持功能，而且能够正向预测之后再遇压力/逆境时的韧性重整表现。

第三，应对压力/逆境的结果。全息模型认为基于以上两种韧性运作过程，个体无外乎会经历以下三种结局中的某一种：

其一，适应。又称为复原，即个体的生理、心理与精神恢复到了压力/逆境前的状态。

其二，韧性重构。又称为韧性重整，标志着个体获得了比逆境前更高水平的一种心理韧性水平。韧性重构是一种能促进成长、获得知识、促成自我领悟与理解的、有韧性的适应状态。

其三，不良适应重构。这是一种非韧性状态，是指个体的心理韧性水平与逆境发生之前相比有倒退或下降，停留在了一个较低的状态，情况严重的话甚至会出现心理与社会功能的不良反应。理查森（Richardson, 2002）将不良适应重构进一步划分为丧失性重构与功能失调性重构。丧失性重构是指个体以放弃一些动机、信念或动力为代价而达成一种新的平衡状态，比如得过且过、消极应付等。功能失调性重构即通过药物滥用、自伤或破坏行为等非适应性方式来应对压力，虽然能达到暂时性的内在平衡，但最终会导致新的心灵瓦解。理查森认为功能失调性重构的个体，大部分在内省技巧上有盲点，需要通过治疗来干预。

库普弗全息模型几乎把业已证明的那些心理韧性的影响因子，整合于一个模型之中，从心理韧性产生的起点、过程到结果尝试完整地揭示心理韧性的发生机制，这种整合力度却也恰恰制约着该模型的实践操作性，而要依此理论研制测评工具，其难度让人望而却步，因此，截至目前学界鲜见基于全息模型的心理韧性量具。

二、职业韧性的因素—过程理论

韧性的因素—过程整合研究推动了组织管理情境、教育情境、军事情境以及体育竞技情境等多领域的韧性研究。大约在20世纪90年代初，受心理韧性研究范式从甄别韧性保护因子向揭示韧性发生机制的转向，职业韧性的研究热点亦投注到韧性发生过程上。

近十年来，主张基于整合视角的职业韧性过程观日益凸显，认为应该将职业韧性置于相互作用论的动态视域下，从人与环境互动的过程来揭示其发生机制。因此，职业韧性研究领域具有明显的整合趋向，这种整合不仅表现在职业韧性的理论建构方面，而且还引领着测评工具的研制工作。

因素—过程的整合趋势之所以是职业韧性理论发展的必然趋势，是因为：

第一，影响一个人顺利走出职业逆境的影响因素很多，研究者常常以类似照相取景的方式来"圈"定自己的研究视域，但是这种"框取"的办法难免在因素遴选时有顾此失彼之嫌，系统视野下的韧性研究显得尤为重要。

第二，诸多职业韧性的影响因素很容易受到社会情境的塑造，研究倘若不去关注人与环境的相互作用过程，这样所揭示的职业韧性实质在生态效度上会大打折扣。

第三，随着研究者揭示和证实的职业韧性的保护性因素，以及韧性的保护性过程越来越多，这张韧性清单越来越长，对职业韧性研究的整合、深化以及成果的转化造成了越来越明显的困难。

职业韧性的整合理论就是将职业韧性清单上的因素与过程置于同一研究视野，通过揭示诸因素与过程之间的作用关系，最贴近地还原职业韧性发生的真实情势，如此能大大提升研究成果的揭示性与概括化程度。

职业韧性自我调节过程模型就是一种因素—过程整合理论，该模型试图揭示工作情境中的人的心理韧性的发生机制。该模型因其可证实的可操作化优势，而备受职业韧性研究者与实践者的推崇。

三、职业韧性自我调节过程理论

King 和 Rothstein 于 2010 年所构建的工作场所的心理韧性自我调节过程理论，其实证干预效力已被多项研究证实具有科学性与前瞻性。

King 和 Rothstein 认为，多维性是理解职业韧性的最佳视角。面对职业韧性庞杂的定义、模型和保护性因素，学界亟需从多维立体视角来整合之。King 和 Rothstein 从跨学科视野审视职业韧性构念，认为职业韧性是一个涵盖性术语，类似保护伞装置，由个人的、人际的、环境的等多维因素和诸多适应过程构成。King 和 Rothstein 试图将不同的概念、理论和路径加以整合，来回答职业韧性过程中多维因素之间的作用机制。

职业韧性自我调节理论提供了一个兼具多维性与整合性的最佳视角来理解职业韧性。从该视角观之，职业韧性是一个动态过程，它类似于一个保护伞装置。当面临强烈不利的工作事件时，个体会启动自我调节功能，诸多保护性因素会随时间进程相互作用复杂建构，帮助个体成功渡过危机，得以快速复原，甚至收获职业成长。

King 和 Rothstein 不只是从概念层面来理解职业韧性，还试图整合不同的概念、理论与路径，从多维立体视角构建一个全息的职业韧性解释模型（见图 2-2），旨在揭示诸多职业韧性因素与韧性过程之间的复杂作用机制。模型显示，韧性重整贯穿了该过程的始终，其中关键的环节包括：

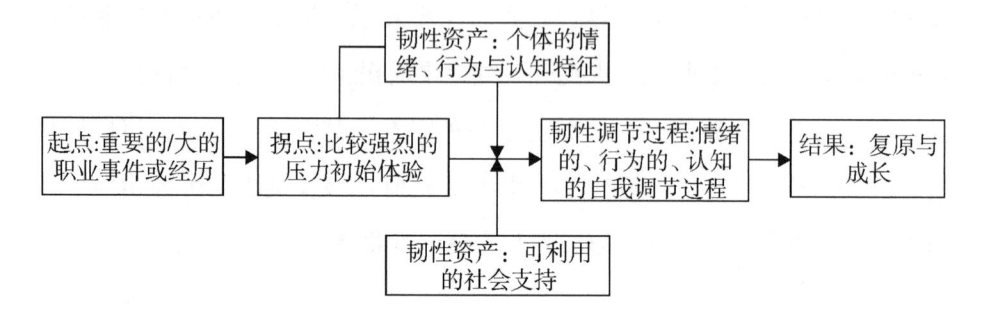

图 2-2　工作场所的心理韧性自我调节过程模型（King & Rothstein，2010）

（一）韧性重整的起点——重要的职业事件

如同儒家成仁之路径——"先难而后获"所示，King 和 Rothstein 也认为，一个人要获得职业的发展与成功，必要历经一番磨砺。但并非所有的职业风险与危机都能有效激活人的心理韧性调节功能，只有那些发生在职业生活中的应激事件、任务与困境，对人造成足够的压力感、挫折感与创伤感，以至于打破或瓦解了人的生理（身）—心理（心）—精神（灵）系统之平衡状态时，职业韧性的重整过程才可能被启动。这些不良职业经历既包括各种不利的危机事件、任务与困境，亦包括升职、机遇与嘉奖等，它们直接挑战甚或威胁着人的自尊感、身份感、基本价值观和信仰，使人产生比较强烈的应激体验，而恰是此时或将迎来职业韧性重整的拐点（Turning Points）。

（二）韧性重整的拐点——明显的冲突性体验

Rutter 认为理解韧性的内在机制，最理想的办法就是从探查拐点开始。不同的人在遭遇不良职业事件之初的反应强度是不同的。那些体验到较强烈的、冲突性情绪的个体，越容易出现身—心—灵系统的失衡，也越容易迎来其职业韧性重整的拐点。毕竟只有在失衡时，重构平衡的需要才能被激活。当一个人处在韧性重整的拐点时，是遭遇毁灭还是迎来新生，关键取决于如何建构挫折或逆境的意义，包括如何解读职场不利事件、如何解释身—心—灵的失衡感以及如何理解诸多心理的不适应状态等。一旦基于"我"和"我的努力"去尝试理解危机/逆境的积极意义时，人就会获得一种目的感，产生改变的行动力，迎来成长的新起点。

（三）韧性资源的重整——三维度两水平解读

所谓职业韧性资源，就是能帮助人从职业中的失望、失败和崩溃中快速恢复和成长的那些支持性的心理社会因素。King 和 Rothstein 从三个维度、两种水平来划分该资源。三维度韧性资源，即认知的、体验的和行为的资源。其中，认知类资源反映了人对自我和世界的理解力，体验类资源集中体现于人对自身情绪情感的调控力，行为类资源集中体现于问题解决的行动力。这种三分法在学界已有先例。而社会支持资源则兼具情感支持功能（使人自我感觉良好）、认知支持功能（使人身处逆境而不孤单）和工具支持功能（为个体提供问题解决的工具和策略）。

两水平韧性资源，即个体静态水平的韧性资产和人—环境互动水平的韧性调节过程。职业韧性的重整过程，就是三维度两水平韧性资源的交互作用过程。个体通过对其抱负、信仰与世界观等认知系统的自我调节获得"我懂得"之意义感，通过觉察情绪、调控情绪与稳定情绪的自我调节过程获得"我值得"之效能感，通过掌控目标、敢于挑战和坚持不懈的行为自我调节过程获得"我能行"之控制感。基于"我懂得""我值得"与"我能行"的心路历程，最终使人收获成功的职业路径、高质量的人际支持和自我的成长成熟。

（四）韧性重整的结果——复原与成长

职业韧性自我调节模型认为，有韧性的职业适应结果包含两种水平：一是复原，即个体的身—心—灵系统回复到了压力/逆境前的平衡状态。二是成长，即在某些职业发展任务上取得了长足进步，加速了职业的成熟和成功。

本研究编制适用于高校辅导员的职业韧性量表，就是以 King 和 Rothstein 的自我调节模型作为理论模型，一方面凸显辅导员自身和职业环境中的保护性资源，既包括保护性因素，也包括保护性过程，以及诸因素与过程之间的相互作用关系。另一方面强调辅导员职业压力的两种应对结果，既包括压力后的快速复原，也包括逆境后的积极成长。因此，基于该理论模型开发的职业韧性测评工具，将兼具韧性的过程观、结果观和类状态观，恰如其分地反映了"整合"的实质。

实 证 篇

SHIZHENGPIAN

第三章
韧性工具：高校辅导员职业韧性量表编制

本研究旨在结合我国高校辅导员群体的实际情况，编制适合中国文化背景的，具有理想信度与效度的《高校辅导员职业韧性量表》。

量表编制将基于理论驱动，选择 King 和 Rothstein（2010）提出的职业韧性自我调节过程理论，这是因为：第一，该理论的建构思想处于职业韧性研究的最前沿，自我调节过程模型是在生态系统理论视域下发展出来的，专门针对职业情境，凸显职业压力/逆境下的个体—环境相互作用过程，整合了职业韧性的保护性因素、自我调节过程与韧性结果变量，具有很强的解释效力和生态效度。

第二，依据该自我调节过程模型所编制出来的英文版职业韧性量表——麦克拉农与罗思坦编制的《工作场所心理韧性量表》（Workplace Resilience Inventory，简称为 WRI，2013），具有很好的信度和效度，已被验证是当前比较理想的两个职业韧性测评工具之一。但 WRI 的编制取样对象为英美多行业管理人员，而且题项较多（60题），本研究将在重点参考 WRI 的基础上，同时参考其他韧性量具条目，专门编制针对高校辅导员职业特点的测评工具，验证职业韧性自我调节过程模型。

量表编制工作主要分为三个阶段：

第一阶段　职业韧性的自我调节模型，从已发表的中英文相关量表和题项，针对我国高校的辅导员职业群体，构建量表的原始题项池，通过语义分析等技术，精简其题项，形成预测版量表。

第二阶段　使用预测版量表，实施调查取样，经过项目分析和探索性因素分析，精简其题项，形成正式版量表。

第三阶段　使用正式版量表，实施全国的大样本调查取样，经过验证性因素分析、信度分析和效度分析，验证正式版的结构与信效度，最终确定辅导员职业韧性的测评工具。

具体编制工作流程见示意图 3-1：

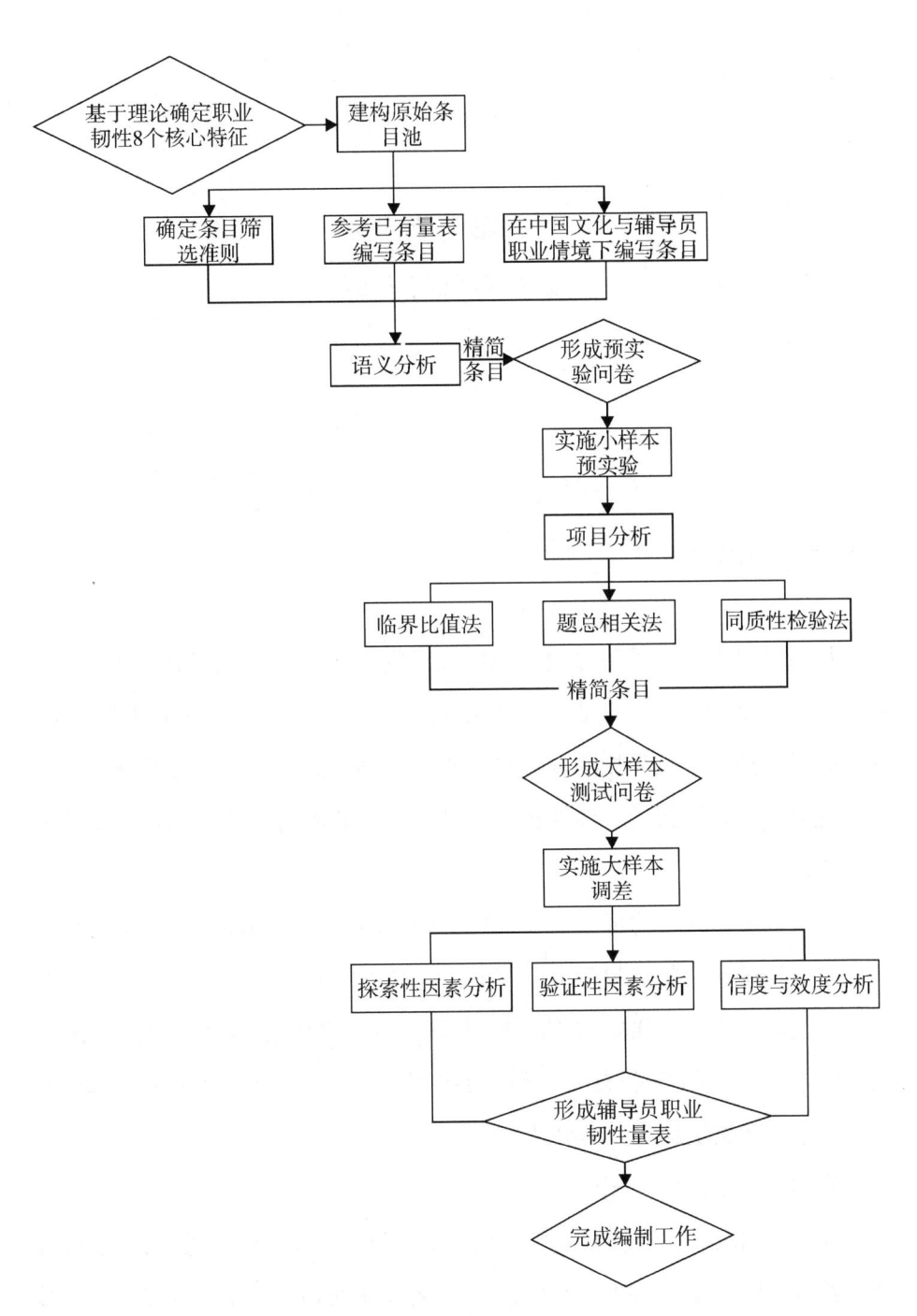

图 3-1　高校辅导员职业韧性量表的编制工作流程示意图

第一节
研究对象与工具

一、研究对象

所有被试选取均采用方便随机抽样原则。分两次从全国高校中抽取一线辅导员。每所高校的调查取样工作由一位联络员担任主试来组织施测，该联络员一般是受试学校的辅导员管理者。通过给主试人员提供统一的书面实施规范和电话指导，确保各个主试在问卷施测过程中的组织行为是科学、规范和一致的。

各校取样方式均为现场整群抽取，即在同一时间当场发放和回收纸质版问卷，每份问卷单独封存于信封中，内附"告辅导员书"（见附录1）和一份小礼品。整个取样周期历时10个月，共抽取被试1442（预测190+复测1252）个，有效样本1364（预测180+复测1184）个。各抽样样本的具体人口学分布情况详见以下分述。

样本1：用于项目分析

被试匿名填写高校辅导员职业韧性预测问卷（含79个题项）。取样涉及陕西省6所高校，包括一本类2所64名（陕西师范大学与西安电子科技大学），二本类3所73名（咸阳师范学院、陕西学前师范学院与西安文理学院），高职高专类1所42名（陕西交通职业技术学院），共发放初测问卷190份，回收率100%。

剔除数据缺失值大于10%的数据（8个）、剔除选项单一或明显有规律性的数据（2个）、剔除集中选择某个选项的频次接近或超过70%的数据或完全雷同的数据（0个），最终有效样本有180个，取样有效率为94.73%。

其中，男性73名（占41.5%），女性103名（占58.5%），信息缺失者4人；专职辅导员130名（占74.7%），兼职辅导员44名（占25.3%），信息缺失者6名；一本类64名（占35.8%），二本类73名（占40.8%），高职高专类42名（占23.5%），信息缺失者1名；来自部属院校64人（占35.8%），来自省属院校115人（占64.2%），信息缺失者1名；年龄在24—57岁之间，平均年龄为31.64±5.85岁；在职年限0.5—27年之间，平均年限4.20±14.69年。

对有效数据进行缺失值处理的办法：在含有缺失值的题项序列中，将序号为奇数的题项缺失值用"数列平均数法"来处理，将序号为偶数的题项缺失值用"点上线性趋势法"来处理。

样本2：用于探索性因素分析与验证性因素分析

被试匿名填写高校辅导员职业韧性量表（含32个题项）。依据方便随机抽样原则，在全国范围内按照行政区域进行西、中、东部地区分别抽样。取样的省（自治区、直辖市）级测试点共计11个，分别是宁夏、陕西、青海、重庆、河南、江苏、河北、北京、山东、广东、海南等，包含的取样院校有30余所。此次调查取样工作为时半年。

与样本1相同，通过熟人，以纸质问卷邮寄，并辅以电子邮件方式发放问卷。将问卷每份单独封存好邮寄给每所院校的施测者，研究者通过电话培训每位施测者，包括如何发放和回收问卷，如何念出和解释指导语等，然后由施测者以现场整群方式实施调查。

共发放问卷1252份，回收问卷1249个（3份空白问卷），回收率99.76%。剔除数据缺失值大于10%的被试32人、剔除选项单一或明显有规律性的被试4人、剔除集中选择某个选项的频次接近或超过70%的被试3人、剔除完全雷同的被试26人，最终有效样本有1184个，取样有效率为94.80%。

其中，男性598名（占52.5%），女性540名（占47.5%），信息缺失者46名；专职辅导员982名（占84.0%），兼职辅导员170名（占16.0%），信息缺失者122名；已婚689名（占61.5%），单身432名（占38.5%），信息缺失者63名；初级职称479名（占46.1%），中级职称467名（占45.0%），高级职称92名（占8.9%），信息缺失者146名；一本院校类有496名（占44.0%），二本院校类有511名（占45.4%），高职高专类有120名（占10.6%），信息缺失者57名；文科类院校有239名（占23.0%），理工类院校有455名（占43.8%），综合类院校有345名（占33.2%）。年龄在21—59岁之间，平均年龄为30.92±5.76岁；工作年限在0.5—35.0年之间，平均年限为4.59±3.94年。

对有效数据进行缺失值处理的办法同样本1。

用SPSS将1184个被试数据做随机化处理，分割为对等两份，每份含592个被试，分别用来做探索性因素分析与验证性因素分析。

样本3：用于校标关联效度分析

校标关联效度1（简易心理韧性量表）的调查取样：选取3个教育部高校辅导员培训基地和6所高校，结合现场整群取样方式与邮寄方式，共计发放问卷191份，回收有效问卷176份。其中，男性74名，女性98名；专职辅导员146名，兼职辅导员24名。年龄在25—58岁之间，平均年龄为33.00±5.95岁；工作年限在0.5—27.0年之间，平均年限4.20±4.33年。

校标关联效度 2（压力知觉量表）的调查取样同样本 1。

校标关联效度 3（压力知觉量表）的调查取样同样本 2。

样本 4：用于重测信度分析

在样本 2 中选取 50 人进行间隔 4 周的重测，获有效问卷 44 份。

二、研究工具

（一）自编高校辅导员职业韧性量表（预测版与复测版）

（二）校标关联效度检验工具一：简明心理韧性量表（The Brief Resilience Scale，BRS）

简明心理韧性量表（The Brief Resilience Scale，简称 BRS）是由史密斯等人（Smith et al.，2008）开发的测量工具，用于评估成人的心理韧性。在中国大学生群体中的信效度检验理想。该工具具有较高的测量学价值，是 Windle（2011）与 Pangallo（2014）非常认可的心理韧性测评量具[①]。

BRS 基于心理韧性的结果观，为单维结构，主要评估个体的韧性结局或表现，BRS 有 6 个题项，其中正向记分项目有 3 个（第 2、4、6 题），负向记分项目有 3 个（第 1、3、5 题）。基于专家鉴别反馈和语义分析，设计时删掉了条目"我通常能不费事地渡过职业中的困难时期。"

就 BRS 量表条目的语义分析来看，虽然表述的都是应对困难的能力和恢复能力，但所有条目均涉及对个体能动性（主体力量、主体控制力）的

---

①Windle（2011）与 Pangallo（2014）以严苛的测量学标准，先后对现有的心理韧性量表进行量化评估，分别评出 3 个和 4 个心理韧性量具，它们达到了可接受的测量学指标，其中《简明心理韧性量表》（BRS）均位列其中。

描述。因此非常适合作为校标工具，用来评估本研究所研制的《辅导员职业韧性量表》的校标关联效度[①]，因为后者测评的关键目标就是具有能动性的人的自我调节能力。

BRS 采用李克特五点计分制，让被试评估自身对各条目的认可程度，从"非常同意"到"非常不同意"，分别记为 5 分至 1 分，得分越高表示辅导员职业韧性的结果越积极。施测时，将条目表述根据辅导员工作情境进行了调整。本取样数据中的 5 条目 BRS 单维度结构模型拟合良好（CFI = 0.97，NFI = 0.92，IFI = 0.97，GFI = 0.97，RMSEA = 0.07，SRMR = 0.05），Cronbach α 系数是 0.67，克隆巴赫（Cronbach α）内在一致性系数为 0.604，分半系数为 0.638[②]。

（三）校标关联效度检验工具二：中文版压力知觉量表（the Chinese version of Perceived Stress Scale，CPSS）

压力知觉代表个体的一种紧张和失控的状态，通常是由生活中的各种刺激事件和不利因素对人造成的困惑、威胁或挑战。压力知觉是研制心理韧性量具时最常用的校标工具之一。

中文版知觉压力量表（CPSS）修订自英文版压力知觉量表（PSS），由杨廷忠于 2003 年修订。PSS 是 Cohen 等人于 1983 年编制，主要评估个体面对生活的不可预知、不可控制或超负荷时所知觉到的主观压力程度，共有 14 个条目，其中反向题项有 4、5、6、7、9、10、13，均采用里克特 5 点评分制。PSS 理论分值为 14—70 分，分值越高表明感知的压力越大。

[①] 校标关联效度（criterion-related validity），是指测量工具与外在校标间相关关系的程度。相关愈高，表明此量具的校标效度愈高。
[②] Cronbach α 系数和分半信度（Split-reliability）是最常用的内在信度检验法，内在信度是指量器能否测量单一概念且量器各个题项的内在一致性程度。

PSS 是目前国际上普遍接受和广泛应用的压力知觉测量工具,现已有多种语言版本,分为 PSS14 项、PSS10 项和 PSS 4 项等 3 种版本。Cohen 等人认为,虽然 PSS-14 和 PSS-10 都可以得到 2 个特征值大于 1 的因素,但这种结构与压力知觉测量的目的不相干,因此主张 PSS 的单维结构论。

杨廷忠修订的中文版知觉压力量表(CPSS),适合中国人的文化和国情,具有理想的信度和效度。CPSS 自评问卷共计 14 个题项,考察辅导员在最近一个月以来的压力知觉情况,采用 Likert 五点计分法,评估各条目发生的频率等级,从"总是这样"到"从未这样"分别记为 5 分至 1 分。本研究基于 PSS 的单维结构论,对中文版知觉压力量表 CPSS 数据采用计总处理,得分越高说明辅导员知觉到的压力越大。本研究中施测的中文版知觉压力量表数据的克隆巴赫(Cronbach α)内在一致性系数是 0.802,分半系数是 0.824。

将问卷施测于辅导员群体时,对各个题项进行的处理包括:①将压力情境由"生活"改为"工作";加上主语"我";②在不改变原意的前提下,将长句改为短句,尽可能将题项表述通俗化。这些处理包括将"常能掌握时间的安排方式"改为"我知道怎么安排自己的时间";将"发现自己无法处理所有自己必须做的事情"改为"面对自己必须做的事,我觉得无法全部搞定";将"一些无法预期的事情发生而感到心烦意乱"改为"因为一些无法预料的事情发生,我感到心烦意乱";将"经常想到有些事情是自己必须完成的"改为"我经常想到'有些事情是我必须完成的'"。

(四)校标关联效度检验工具三:组织公民行为量表(Organizational Citizenship Behavior Scale,OCB)

Britt 等人指出,确定职业韧性的校标因素是未来工业与组织心理学领域韧性研究和实践的重大议题之一,并建议选取关联校标时既应有健康类变量,还应纳入绩效类变量。研究依此择选出3个校标工具,其中,CPSS是研制韧性量具时最常用的健康类校标工具之一,而且其得分能显著负向预测CCRI的高低。BRS既具有优秀的测量学特点,且就语义分析而言,其所有条目的描述均涉及主体力量或主体控制等个体能动性,非常适合作为CCRI的校标工具。用OBC作为绩效校标工具,是因为学界对工作绩效的关注,已由任务绩效转向了关系绩效,而组织公民行为的实质类似于关系绩效,且与任务绩效关系密切。

OBC共6个条目,基于OCB两维度整合模型,包含个体层面的组织公民行为(OCB-I)与组织层面的组织公民行为(OCB-O)两个因子。考虑到文化适用性与简洁性,本研究OCB的具体条目还借鉴了Farh等与Aryee等人的研究,采用1(非常不同意)至5(非常同意)5点计分,得分越高说明组织公民行为水平越高。本取样数据中的OCB结构模型拟合良好($CFI=0.98$,$NFI=0.98$,$IFI=0.98$,$GFI=0.98$,$RMSEA=0.08$,$SRMR=0.03$),OCB总问卷与OCB-I、OCB-O的Cronbach α系数分别为0.83、0.84与0.70。

三、数据分析

使用SPSS18.0进行数据录入和整理。采用临界比值法、题总相关法与同质性检验法做项目分析;采用主成分分析和正交旋转法进行探索性因素分析对结构效度检验;采用Spearman相关分析进行效标关联效度检验;采用描述性统计分析进行内容效度分析。以组内相关系数(intraclass correlation coefficient,ICC)评价重测信度。使用LISREL8.80进行验证性因子分析。所有统计检验均为双侧检验,检验水准$\alpha=0.05$,$P<0.05$。

第二节
研制高校辅导员职业韧性量表

一、条目编制

第一步 基于理论确定辅导员职业韧性核心特征

依据职业韧性自我调节过程理论，借鉴英文版工作场所的心理韧性量表（WRI）结构，将辅导员职业韧性核心特征初步确定为8个：

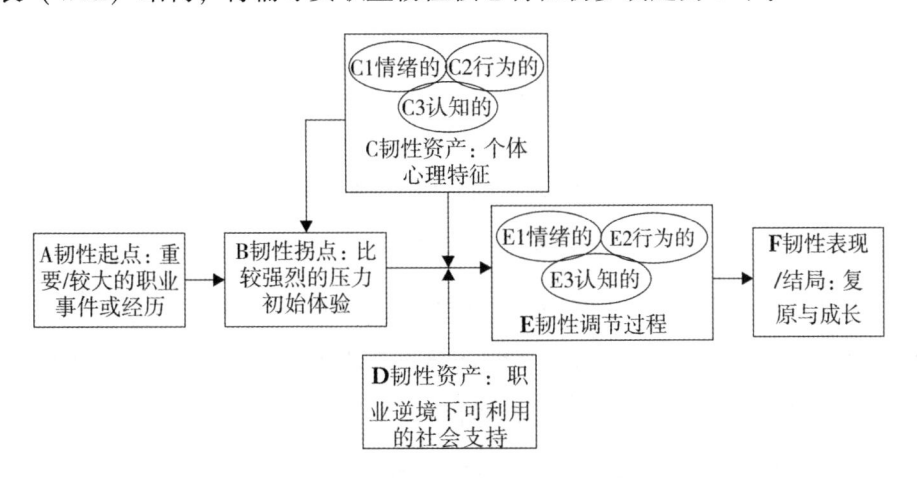

图 3-2 基于理论分析确定的高校辅导员职业韧性核心特征图

应激初反应（Initial Response，IR）：反映辅导员遭遇重大职业不利事件时的初始反应。整合了上图的"A起点"与"B拐点"两因素。题项表述比如"在刚遭遇重大的职业困境之时，我总感觉潜在的困难无处不在。"

情绪类韧性资产（Personal Characteristics-Affective，PC-A），反映辅导员在日常稳态（即非压力情境）下的情绪稳定性和自尊感。对应上图中的"C1个体情绪韧性特征"。题项表述比如"我能控制自己的情绪。"

行为类韧性资产（Personal Characteristics-Behavioral，PC-B），反映辅导员在日常稳态下的职业行动力与自控力。对应上图中的"C2个体行为韧性特征"。题项表述比如"我能专注地去完成任务。"

认知类韧性资产（Personal Characteristics-Cognitive，PC-C），反映辅导员在日常稳态下的理解力与理性水平。对应上图中的"C3个体认知韧性特征"。题项表述比如"我对抽象的观点往往很有兴趣。"

情绪自我调节过程（Self-Regulatory Processes-Affective，SRP-A），反映辅导员遭遇重大职业不利事件时的情绪自我调节能力。对应上图中的"E1情绪韧性调节过程"。题项表述比如"身处比较大的职业压力/逆境时，我极少沉溺放纵过。"

行为自我调节过程（Self-Regulatory Processes-Behavioral，SRP-B），反映辅导员遭遇重大职业不利事件时的行为自我调节能力。对应上图中的"E2行为韧性调节过程"。题项表述比如"身处比较大的职业压力/逆境时，即便工作太难干，我也会坚持不放弃。"

认知自我调节过程（Self-Regulatory Processes-Cognitive，SRP-C），反映辅导员遭遇重大职业不利事件时的认知自我调节能力。对应上图中的"E3认知韧性调节过程"。题项表述比如"身处比较大的职业压力/逆境时，无论我的感觉多么糟糕，都能往好处想。"

社会支持资源（Opportunities，Supports，& Resources，OSR），反映辅导员在压力情境下所拥有的高质量的社会支持资源。对应上图中的"D社会支持资源"。题项表述比如"当我泄气需要鼓励时，我知道去找谁。"

辅导员职业韧性核心特征中并未析出独立的韧性表现因子（对应上图中的F），主要有两点考量：第一，职业韧性自我调节理论基于韧性的过程观，主张以过程来诠释结果。第二，基于该理论的英文版量表亦没有析出韧性结果特征，为了使量具之间具有参照性，本研究将与英文版测量结构保持一致。

第二步　制定辅导员职业韧性条目编制指标

基于积极组织行为学理论（POB）与职业韧性过程观，在编制辅导员职业韧性问卷条目时，主要依据五个标准：

第一，符合本研究所界定的职业韧性概念，与职业韧性自我调节过程关系密切的心理特征。

第二，能促进工作绩效的心理特征。积极性是POB的精髓，与缺陷—疾病模式不同，后者充其量只能让组织和员工具备一些生存技能，而这些技能只能帮助减少错误事情的发生，并不能促进更有效地做正确的事情。因此，在职业韧性的条目筛选上，研究更看重那些与积极工作结果相关的特征，尤其首先关注那些能提升工作绩效的特征。积极性契合了金恩和罗斯坦的职业韧性自我调节理论的本质，即凸显人的主观能动性。

第三，具有（类）状态的心理特征。在个体特征的状态——特质这一连续体上，那些越接近状态端的特征，越容易受到影响，越容易被改变，反之亦然。但是要作为人力资源管理中的甄选工具来使用，所测量的不应该是那些极具可变性的个体状态，亦不应该是那些具有基因决定性的个体特质。虽然，用人格特质作为甄选工具是合法的，一旦考虑人力资源开发与绩效管理的经济性，即便是对那些非基因性的特质进行干预，在短期内也是极其困难，很难开发的。因此，基于POB理论，Luthans（2007）认为，员工的心理资本（其中包含职业韧性资本）应该是"类"状态的个体特征，即那些处在状态——特质连续体的中间地带，又略偏向于状态端，具有相对稳定性，且能通过微干预加以改变的个体特征。

第四，适用于工作人群，年龄在18岁及以上。

第五，符合我国高校辅导员工作情境。

第三步 编制目标题项，创建原始条目池

编制具体条目表述时，在重点参考WRI的基础上，还参考了2个英文版成人韧性工具、2个中文版成人韧性工具以及1个中文版情绪韧性工具。条目表述还要考量中华文化的韧性特征。

第一，借鉴Windle（2011）、Pangallo & Zibarras（2015）与Robertson等人（2015）的研究结果，共选取了3个具有较高测量学价值的英文版成人心理韧性工具，分别是：McLarnon & Rothstein研制的《工作场所心理韧性量表》（Workplace Resilience Inventory，简称WRI，2013）；Luthans开发的《心理资本量表PCQ》（Psychological Capital Questionnaire，简称PCQ，2007）；Smith等人开发的《简明心理韧性量表》(The Brief Resilience Scale，简称BRS，2008)。后两个工具直接采用中文检验版。

WRI为英文版，有知识产权保护，首先征得原创者的知情同意并签署使用授权书。然后邀请2名英美文学专业副教授、2名法学博士、2名心理学专业高校教师、1位公司职员和2名从业超5年的高校辅导员对原始题项池进行多轮的英汉互译，具体环节包括：①英译汉工作。本着客观、简洁和通俗的翻译原则，将英语版全部条目翻译为中文。翻译工作由3人独立完成，包括研究者本人、2位英美文学副教授、1位留英的心理学硕士。然后由研究者本人将3个翻译版本进行比对斟酌，形成中文译版。②中文译版校订工作。以简洁、通俗、无歧义为原则，由4人再次斟酌中文译版的文字表述，分别是2位法学博士、1位公司职员与1位心理学高校教师。然后由研究者本人根据反馈信息，斟酌修订确定中文初版。③中文初版回译工作。由 2 位专业人士将中文译版回译为英文，其中 1 位是英美文学副教授、1 位是留英的心理硕士。然后由研究者本人根据两个英文回译版，比对英文原版，反复斟酌修改，得到一个基本等值的中文版。

第二，参考了国内研制发表的具有较高信度和效度的韧性工具条目，其一是梁宝勇、程诚的《中国成年人心理弹性量表》（2012）；其二是李霞的《管理者职业弹性量表》（2011）；其三是张敏、卢家楣的《青少年情绪弹性问卷》（2011）。

最终编制的符合要求的原始条目池中共计 108 个题项（具体见附录 2）。

第四步　基于专家鉴定与语义分析来精简条目

Step 1：做条目编写质量的专家鉴定。

将 108 个原始条目编制成双向细目表，邀请 5 位心理学高校教师做专家鉴定，其中有 2 位副教授、1 位讲师与 2 位助教。通过电子邮件邀请每人完成《辅导员职业韧性条目编写质量检核表》（见附录 2）。

检核表涉及：职业韧性的操作性定义、条目属性［描述的是与工作情境相关的（类）状态个体特征，分为知、情、行三类］、条目语义质量（包括范围限定清楚、不含双重问题、不含抽象概念、不带倾向性、无须回忆太久、无不确切用词等 6 个检核条件）。具体描述如下：

①指导部分：

> 尊敬的专家：您好。
>
> 这是一个关于高校辅导员职业韧性量表编制的研究。以下测量条目是对辅导员职业韧性的描述，请您就条目的编写质量给予鉴定，并给出您宝贵的建议和意见。
>
> 对于您付出的时间和贡献的智慧，深表感谢！
>
> 研究者：＿＿＿＿＿＿
> ＿＿＿年＿月＿日

②对职业韧性的操作性定义，采用的是 King & Rothstein（2010）在职

业韧性自我调节过程模型中的阐述，即职业韧性意指历经重大的或长期的职业逆境时，个体自身及其环境中的保护性因素通过自我调节过程发生相互作用，从而使其快速复原乃至获得积极成长的一种职业心理过程。

③解释人的（类）状态特征："（类）状态的特征，与特质类特征相区分，是那些处在'状态'⟷'特质'连续体的中间地带，又略偏向于状态端，具有相对稳定性，且能通过微干预加以改变的个体特征。要改变人的特质类特征，需要理想的情境因素、特定的触发事件或深入的心理治疗；而改变（类）状态特征，可以通过相对简短的培训项目、在职活动或者高度聚焦的短期'微干预'来实现。"

专家鉴定共分为三个部分：第一部分，用李克特五级评分制来评价每个条目，5—1分别代表"非常同意""比较同意""不置可否""不太同意""极不同意"。第二部分，在条目语义质量检核上采用"是"与"否"评价法。第三部分，将条目按照认知、情绪、行为三个维度来分类。

最后的结果显示，5位专家的质量检核结果具有较高的一致性：肯定了原始条目的语义质量、肯定其与研究目标的相关性、肯定其描述的是个体的状态类特征，仅在3个条目上给出了建议或质疑性反馈，其中1个条目属于表述问题，2个条目在知—情—行归属上有歧义。研究者根据5位专家的反馈，进一步通过电话与专家本人商讨确认，对这3个条目进行了修改或删除，最终保留在原始题项池中的题项有106个，确保了条目表述的专家效度。

Step 2：通过两轮语义分析进一步精简条目。

第一轮精简工作，由研究者与五位专家中的两位完成。每人对原始题项池中106个题项进行语义分析，经反复讨论，将那些意义相近或重复的项目进行合并，重新修改那些不易理解或表述有歧义的项目，删除了那些语义表述重复的条目，最后确定出84个题项（见附录3）。其中个体情绪特征维度有 9 个项目、个体行为特征维度有 13 个项目、个体认知特征维度有 13 个项目、压力应对的初始反应维度有 6 个项目、社会支持资源维度有 5 个项目、情绪自我调节维度有 11 个项目、行为自我调节维度有 14 个项目、认知自我调节维度有 13 个项目。

第二轮精简工作，由研究者与 5 位专家中的其他 3 位完成。对上轮删减后的 84 项条目池再精简，依据研究对职业韧性 8 个维度的理论界定，保留或添加那些最能反映维度信息的条目，并尽可能地减少每个维度的题项数目。具体进行过程与第一轮一样。最后确定出 79 个题项（见附录 4）。其中个体情绪特征维度有 9 个项目、个体行为特征维度有 13 个项目、个体认知特征维度有 11 个项目、压力应对的初始反应维度有 7 个项目、社会支持资源维度有 7 个项目、情绪自我调节维度有 6 个项目、行为自我调节维度有 13 个项目、认知自我调节维度有 13 个项目。

Step 3：形成高校辅导员职业韧性预实验问卷，其构面与题项的关系如下图：

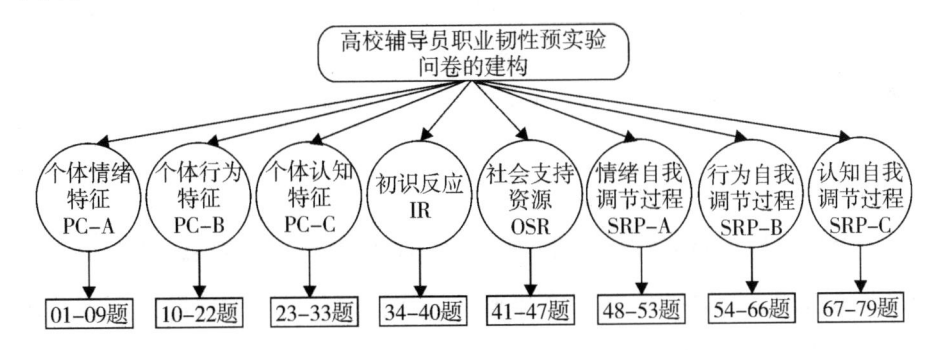

```
                    高校辅导员职业韧性预实验
                        问卷的建构
    ┌─────┬─────┬─────┬─────┬─────┬─────┬─────┬─────┐
  个体情绪  个体行为  个体认知  初识反应  社会支持  情绪自我  行为自我  认知自我
   特征     特征     特征      IR       资源     调节过程  调节过程  调节过程
  PC-A     PC-B    PC-C              OSR      SRP-A    SRP-B    SRP-C
    │       │       │       │         │         │         │         │
 01-09题 10-22题 23-33题 34-40题  41-47题  48-53题  54-66题  67-79题
```

图 3-3 高校辅导员职业韧性量具编制：预实验问卷的构面与题项分析图

二、项目分析

将 79 个题项的高校辅导员职业韧性问卷，加上指导语后，开展小样本

111

预实验。问卷为自评，让被试评估自身对各条目的认可程度。项目采用李克特五点记分制，5—1分，分别代表"非常同意""比较同意""不置可否""不太同意""非常不同意"，得分越高表示辅导员职业韧性度越高。指导语如下：

> 尊敬的辅导员老师：这项调查旨在了解我国高校辅导员的职业适应与发展状况。以下条目描述的是与工作压力有关的心理适应状态。大约需用时15分钟左右。调查为匿名。所有信息仅做研究使用，不会用作他途。答案没有对错好坏之分，您真实与客观的评价将决定研究结果的科学性。所有条目为单选。请在选项对应空格中打"√"。

回收后的数据情况见样本1，通过项目分析进一步精简条目。

项目分析的主要目的，就是检验所编制量表的各个题项是否可靠，通常以项目分析的结果为参照标准，筛选或修改题项。本研究项目分析主要采用3种方法：临界比值法、题总相关法、同质性检验法[①]（见表3-1）。

表3-1　量表项目分析的检验方法

题项	极端组比较	题项与总分的相关		同质性检验
	决断值	题项与总分相关	校正题项与总分相关	题项删除后的α值
判断准则	≥3.000	≥0.400	≥0.400	≤0.938

方法一：临界比值法

一个好测验的首要标准就是要有良好的区分度，即当某题项能够将高分组与低分组参与者的反应区分开来时，就意味着这个题项的区分度是理想的。临界比值（critical ratio，CR），也叫极端组比较法，是以量表总分前27%与后27%的差异比较，其差异值称为决断值。通常以独立样本t检验的t值来表示，t值愈高表示题目的鉴别度愈高。

采用临界比值法的项目分析共有6步：

[①] 吴明隆．问卷统计分析实务——SPSS操作与应用［M］．重庆：重庆大学出版社，2010.

第 1 步，求出量表总分；

第 2 步，量表总分高低排序；

第 3 步，找出高低分组上下 27% 处的临界分数；

第 4 步，依临界分数将量表得分分成两组；

第 5 步，求决断值；

第 6 步，鉴别未达标题项。

根据极端组比较法来删除题项的标准有 3 个：①决断值检验未达显著（即 $p>0.05$）的题项；②当临界比值的 t 统计量小于 3.000，表明该题项鉴别度较差；③当 t 统计量为负值时，表明该题项不具有鉴别性。

采用临界比值法对高校辅导员职业韧性预实验问卷的 79 个题项做项目分析的结果显示，鉴别度未达标的题项共有 6 个：①有 2 个题项检验的 t 统计量未达显著水平，其中第 34 题的 t 值为 0.376（$p>0.05$），第 36 题的 t 值为 0.223（$p>0.05$）。②第 62 题的 t 值为 $-7.726<0$。③t 统计量小于 3.000 的题项有 3 个，分别是第 26 题（$t=2.800$）、第 43 题（$t=2.743$）、第 59 题（$t=2.069$）。此轮法累计不达标频次有 6 次（具体见表 3-2）。

方法二：题总相关法

用相关分析法来检测每个题项与量表总分的相关程度，通常选择积差相关系数来表示。相关系数越高，表示题项与整体量表的同质性水平就越高，这就意味着所要测量的心理特质或潜在行为的接近度越高。如果题项与总分的相关系数未达显著，或低度相关（$r<0.400$），则表示该题项与整体量表的同质性不高，建议删除[1]。

结果显示，相关未达显著水平的题项有 2 个：第 34 题（$r=-0.150$，$p>0.05$）、第 36 题（$r=-0.116$，$p>0.05$）；第 62 题与量表总分的相关为负（$r=-0.478$，$p<0.01$）；低度相关（$r<0.400$）的项目有 10 个；第 10 题（r

---

[1] 吴明隆. 问卷统计分析实务——SPSS 操作与应用 [M]. 重庆：重庆大学出版社，2010.

=0.384，$p<0.01$）、第 12 题（$r=0.386$，$p<0.01$）、第 26 题（$r=0.211$，$p<0.01$）、第 30 题（$r=0.361$，$p<0.01$）、第 42 题（$r=0.306$，$p<0.01$）、第 43 题（$r=0.232$，$p<0.01$）、第 47 题（$r=0.380$，$p<0.01$）、第 48 题（$r=0.302$，$p<0.01$）、第 49 题（$r=0.191$，$p<0.05$）、第 59 题（$r=0.249$，$p<0.01$）。此轮累计不达标频次有 13 次（具体见表 3-2）。

方法三：同质性检验法

同质性检验先后采用两种方法进行，其一是信度检验，其二是因素分析[①]。

信度检验是项目分析的重要一环。此时信度检验的目的就是查看，当删除了某个题项后，量表整体的信度系数有什么变化。如果删除题项后，总量表的信度系数显著高于题项未删除之前的信度系数，这就表示所删除题项表示的心理属性与量表所要测量的心理属性很可能是不同的。简言之，所删除题项与量表中的其他题项是异质的，或者其同质性较低，应考虑删除。

结果显示，高校辅导员韧性预实验问卷的内部一致性α系数（Cronbach's Alpha）为0.938，表示 79 个题项的内部一致性佳（α指标值：大于等于 0.800），该量表的测量误差低。从项目整体统计量来看，有 2 个统计量需要关注，分别是修正的项目总相关和项目删除时的 Cronbach's Alpha 值。修正的项目总相关是该题项与量表总分（不含本题项）的积差相关，若为低度相关（$r<0.400$），则应考虑删除该题项；项目删除时的 Cronbach's Alpha 值是删掉该题项后的量表内部一致性[①]，若α值不减反增，表明该题项所测的心理特质与其余题项所测不同质，应考虑删除该题项。

结果在修正的项目总相关上，低度相关（$r<0.400$）的项目有：第 5 题

[①] 虽然本研究假设，职业韧性是一个二阶的因素构念，由于初测问卷的题项与因素关系尚未明朗，故在计算"项目删除时的 Cronbach's Alpha 值"时，仍以一阶因素构念来处理，计算不含删除题项的总量表的α值。

（$r=0.378$）、第 10 题（$r=0.346$）、第 22 题（$r=0.388$）、第 25 题（$r=0.393$）、第 26 题（$r=0.181$）、第 27 题（$r=0.383$）、第 30 题（$r=0.329$）、第 31 题（$r=0.392$）、第 34 题（$r=-0.051$）、第 36 题（$r=0.082$）、第 42 题（$r=0.355$）、第 43 题（$r=0.201$）、第 47 题（$r=0.356$）、第 48 题（$r=0.273$）、第 49 题（$r=0.160$）、第 58 题（$r=0.381$）、第 59 题（$r=0.222$）、第 62 题（$r=-0.505$）、第 63 题（$r=0.392$）、第 78 题（$r=0.393$）。在项目删除时的α值上，α值不减反增的项目有：第 34 题（α由 0.938 变为 0.939）、第 36 题（α由 0.938 变为 0.939）、第 62 题（α由 0.938 变为 0.941）。此轮累计不达标频次有 20 次（具体见表 3-2）。综上，采用临界比值法、题总相关法与信度检验法共删除 21 个不符合条件的题项。

表 3-2 辅导员职业韧性预测量表之删除题项的项目分析结果

题项	极端组比较 决断值	题项与总分的相关 题项与总分相关	题项与总分的相关 校正题项与总分相关	同质性检验 题项删除后的α值	未达指标数
Item 5	-	-	0.378	-	1
item 10	-	0.384	0.346	-	2
item 12	-	0.386	-	-	1
item 22	-	-	0.388	-	1
item 25	-	-	0.393	-	1
item 26	2.800	0.211	0.181	-	3
item 27	-	-	0.383	-	1
item 30	-	0.361	0.329	-	2
item 31	-	-	0.392	-	1
item 34	0.376	-0.150	-0.051	0.939	4
item 36	0.223	-0.116	0.082	0.939	4
item 42	-	0.386	0.355	-	2

续表

题项	极端组比较 决断值	题项与总分的相关 题项与总分相关	题项与总分的相关 校正题项与总分相关	同质性检验 题项删除后的α值	未达指标数
item 43	2.743	0.232	0.201	-	3
item 47	-	0.380	0.356	-	2
item 48	-	0.302	0.273	-	2
item 49	-	0.191	0.160	-	2
item 58	-	-	0.381	-	1
item 59	2.069	0.249	0.222	-	3
item 62	-7.726	-0.478	-0.505	0.941	4
item 63	-	-	0.392	-	1
item 78	-	-	0.393	-	1
题项保留判标准则	≥3.000	≥0.400	≥0.400	≤0.938	

然后再采用因素分析法继续做项目分析，进一步精简优化条目。因素分析过程是一个不断删减、调整题项，直到建构一个较为合理可接受的因素效度的过程。采用因素分析排除题项的标准有：①共同性（commonalities）低于0.20，共同性表示题项能解释共同心理特质或属性的变异量，共同性越高表明能测量到该心理特质的程度越多，反之可考虑删除；②因素负荷量（factor loading）在0.30以下，因素负荷量表示题项与共同心理特质的密切程度，负荷量越高说明该题项与总量表的关系越密切，反之则应考虑删除；③具有多重因素负荷的题项，且两个负荷量的差值小于0.2；④难以合理解释与因素关系的题项。此轮共删除不达标题项26个。

至此，采用三种方法历经四轮的项目分析后，共保留32个有效题项，由其形成高校辅导员职业韧性量表，展开全国性的大规模取样调查，进一步检验量具的信度与效度。具体流程见图3-4：

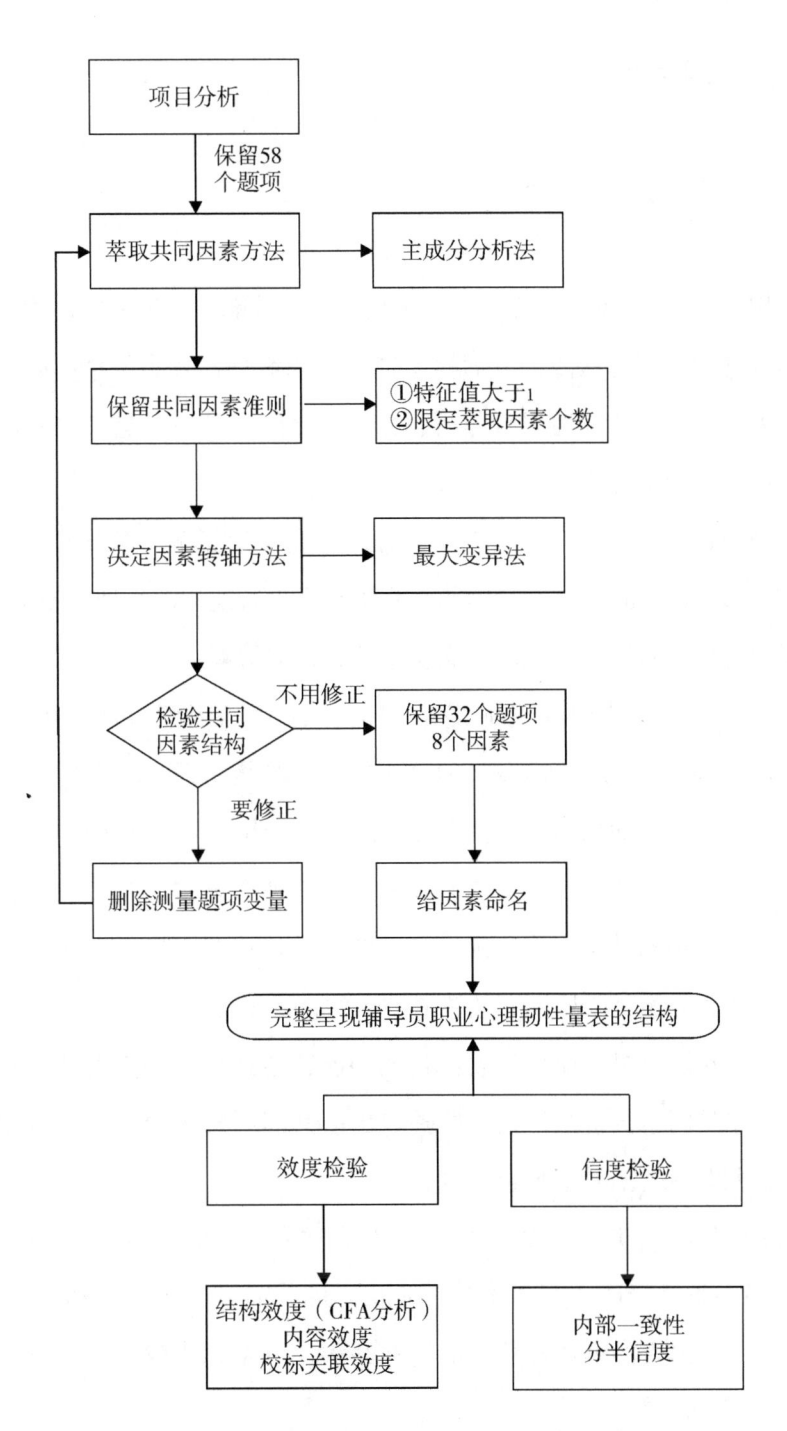

第三章
韧性工具：高校辅导员职业韧性量表编制

图 3-4　高校辅导员职业韧性量表的信度与效度分析流程图

三、结构效度

(一) 结构效度分析

结构效度（construct validity），是指测验分数能解释多少所欲测量的心理行为构念。本研究从四个方面检验辅导员职业韧性量表的结构效度——探索性因素分析、验证性因素分析、分量表之间以及与总量表之间的相关分析、项目区分度分析。

量表项目分析完后，为检验量表的结构效度就要做因素分析。结构效度（construct validity）是指量器能够测量到理论所建构的心理特质的程度，是根据理论构念对测验分数的意义所做的分析与解释。

统计上，检验结构效度的最常用的方法就是因素分析。因素分析（factor analysis），是以"量表"为分析单位，是将一系列较多的变量归纳为较少的变量，从而揭示这些变量之间潜在的结构（维度）的一种统计程序[1]。因素分析的主要目的，在于认定人的某种心理构念或特质，它根据数据分析时出现的共同因素，确定该构念的结构成分，然后再根据所抽取的共同因素，知悉量表所能有效测量的人的特质是什么。

因素分析除了具有简化问卷条目的功能，还具有检核量表结构效度的作用。理想的因素分析结果是，所抽取出的共同因素越少越好，而对心理构念的累积解释的变异量则越大越好。

因素分析有两类：一类是探索性因素分析（exploratory factor analysis，EFA），另一类是验证性因素分析（confirmatory factor analysis，CFA）。EFA主要用来探索因素的个数和数据的内在结构。CFA主要用于验证因素的个

---

[1] 甘怡群, 张轶文, 邹玲. 心理与行为科学统计 [M]. 北京: 北京大学出版社, 2005: 233.

数及其负荷。一个好的研究以 EFA 开始，以 CFA 结束。

研究基于全国大规模抽样调查数据（具体见样本 2），通过 SPSS 做随机化分组，用两套等份数据分别进行探索性因素分析与验证性因素分析。

1. 探索性因素分析

探索性因素分析中的"探索"之意，是指研究者可能要经过多次的因素分析程序，才能找到量表的最佳因素结构。在此结构中，各个因素是一个相对独立的有意义的构面。而每个构面内包含的题项，所能测得的人的某种潜在特质是十分相似的。量表与构面、题项之间的关系如图 3-5：

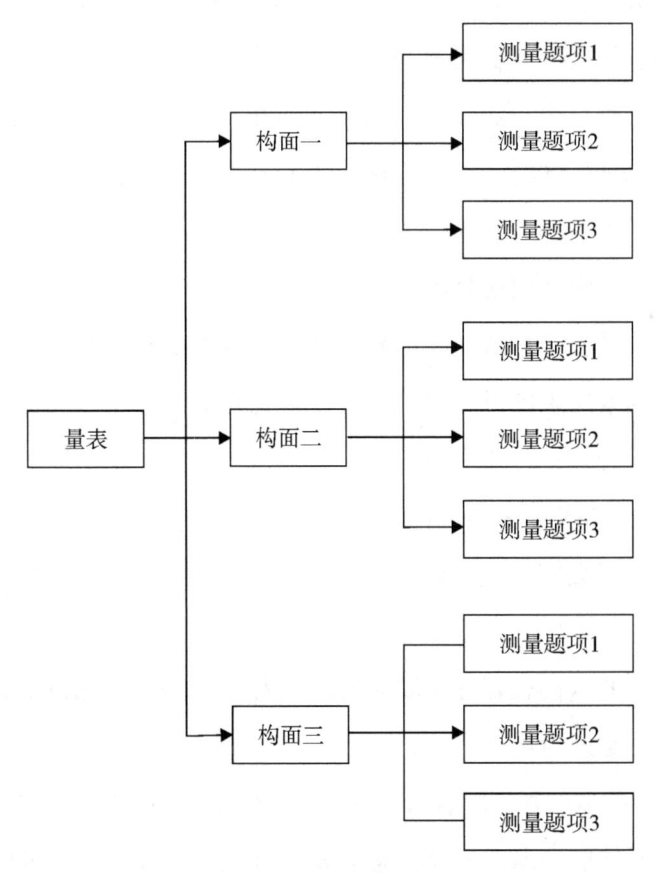

图 3-5　量表与构面、题项间的架构图

第一步　适切性检验

取样是否充足、是否适合做因素分析，可依据 2 个统计测度指标来判定。其一是 KMO (Kaiser-Meyer measure of sampling adequacy)。根据 Kaiser (1974) 观点，当 KMO 为 0.7—0.8 时，表明进行因素分析是适中的；当 KMO 为 0.8—0.9 时，表示因素分析适切性良好，当 KMO 在 0.9 以上时，表示因素分析适切性极佳。其二是巴特里特球面检验 (Bartlett's test of sphericity)，当巴特里特球面检验结果达到统计显著水平 ($p<0.05$) 时，球形假设被拒绝，表明量表的题项之间可能有共同因素存在，取样数据适合进行因素分析。

对项目分析后的《高校辅导员职业韧性量表（包含 32 个题项）》进行的适切性检验显示，KMO = 0.882，巴特里特球面检验值为 7170.661，自由度为 496 ($p=0.000$)，两个指标都表明本取样适合做因素分析，且适切性为良好。

第二步　探索性因素分析

EFA 的目的在于抽取共同因素，并确定因素的负荷量。本研究采用限定抽取共同因素法来确定高校辅导员职业韧性的因素个数，即依据职业韧性自我调节过程理论的 8 个韧性特征为抽取因素数。在抽取因素时采用主成分分析法 (principal components analysis, PCA)，在确定因素负荷矩阵时用方差最大化正交旋转法 (varimax)。二者均是探索性因素分析的最常用方法。

最终形成的《高校辅导员职业韧性量表》（具体见附录 6）的 8 个因素是有效的，这是因为：

第一，所抽取的每个因素的初始特征值符合 Kaiser 准则，即大于等于 1。

第二，所抽取的因素解释构念的累计方差百分比为 62.389%，单个因素方差解释率在 5.955% ~ 10.388%，均符合统计分析标准。根据 Hair 等人的观点，如果累积方差解释率在60%以上，且单个因素解释的方差百分比应在5%以上，表明因素分析结果相当理想、可靠。

第三，所抽取的因素至少包括3个及以上的题项（具体因素的条目数见表3-3）。

32个题项因素载荷矩阵具体见表3-3。

表3-3 高校辅导员职业韧性量表的题项因素载荷矩阵

项目编号	因素1	因素2	因素3	因素4	因素5	因素6	因素7	因素8
Item76	0.815							
Item77	0.797							
Item68	0.747							
Item74	0.651							
Item75	0.649							
Item44	0.491							
Item37		0.837						
Item38		0.809						
Item40		0.793						
Item35		0.691						
Item33			0.792					
Item32			0.775					
Item29			0.744					
Item28			0.695					
Item69				0.797				
Item71				0.761				
Item70				0.726				
Item72				0.482				
Item13					0.797			
Item18					0.794			
Item20					0.660			
Item11					0.492			
Item6						0.830		

续表

项目编号	因素1	因素2	因素3	因素4	因素5	因素6	因素7	因素8
Item8						0.796		
Item9						0.787		
Item21							0.763	
Item15							0.735	
Item56							0.707	
Item52								0.739
Item54								0.666
Item5								0.551
Item51								0.355

注：表中的项目编号对应于"高校辅导员职业韧性预测量表"中的编号。

因素初始特征值在1.149—7.797之间，转轴后的因素特征值在1.905—3.324之间，转轴前单个因素的方差解释率在3.690%~24.367%之间，转轴后单个因素的方差解释率在5.955%~10.388%之间，总量表的方差解释率为62.389%（见表3-4）。

表3-4 《辅导员职业韧性量表》探索性因素分析的共同性、特征值与方差解释率

因素	共同性	初始特征值	转轴后特征值	转轴后方差解释率（%）	转轴后累积方差解释率（%）
1	0.506~0.680	7.797	3.324	10.388	10.388
2	0.586~0.747	3.119	2.944	9.200	19.588
3	0.558~0.678	2.101	2.614	8.168	27.756
4	0.578~0.689	1.593	2.390	7.470	35.226
5	0.571~0.675	1.527	2.379	7.433	42.659
6	0.516~0.708	1.431	2.327	7.273	49.932
7	0.660~0.752	1.247	2.081	6.503	56.435
8	0.534~0.662	1.149	1.905	5.955	62.389

以上数据均表明，32个题项的高校辅导员职业韧性量表的探索性因素分析结果是理想的、可靠的。而且，该结果也验证了职业韧性自我调节过程理论的构想，与McLarnon & Rothstein 研制的《工作场所的心理韧性量表》（Workplace Resilience Inventory，简称WRI，2013）结构一致。

最终形成的《高校辅导员职业韧性量表》8个因素命名如下：

表3-5 高校辅导员职业韧性量表的因素命名及包括的题项编号

因素序号	因素命名（英文简称）	项目编号
1	应激初反应 IR	Item77 Item76 Item68 Item75 Item74 Item44
2	社会支持资源 OSR	Item38 Item37 Item40 Item35
3	个体认知特征 PC-C	Item33 Item32 Item29 Item28
4	认知自我调节过程 SRP-C	Item71 Item70 Item69 Item72
5	个体行为特征 PC-B	Item18 Item13 Item11 Item20
6	个体情绪特征 PC-A	Item6 Item8 Item9
7	行为自我调节过程 SRP-B	Item15 Item21 Item56
8	情绪自我调节过程 SRP-A	Item51 Item54 Item52 Item50

注：表中的项目编号对应于"高校辅导员职业韧性预测量表"中的编号。

其中，因素1有6个条目，测量辅导员遭遇重大职业不利事件时的初始反应，命名为"应激初反应"（Initial Response，IR）。即个体对创伤性职业事件和环境的压力应对的初始反应，包括对事件的解释与失调性反应，后者是指打破了人先前的心理功能状态和健康状态。

因素2有4个条目，测量辅导员对社会支持资源的利用度，命名为"社会支持资源"（Opportunities，Supports，& Resources，OSR）。OSR是个体可获得的一类人际支持和社会资源。该维度包括：从亲近的社会关系中（诸如家庭、重要他人、社区、职业人际关系等）获得的支持。

因素3有4个条目，测量辅导员的认知类韧性资产，命名为"个体认知特征"（Personal Characteristics-Cognitive，PC-C），给予人一致感或意义感。PC-C 是一种能给予人一致感或意义感的具有保护性价值的个性特征。该维度包括：主动学习并寻求新体验，积极检视自身经验，并能对其赋予意义感，心态开放且专注的个性特征。

因素 4 有 4 个条目，测量辅导员遭遇重大职业不利事件时的认知自我调节过程，命名为"认知自我调节过程"（Self-Regulatory Processes-Cognitive，SRP-C）。SRP-C 是理解和控制消极且无效的想法和思维模式的相关机制。包括出谋划策的过程、灵活性认知的过程（愿意妥协、考虑和接纳他人的观点）、以积极视角解读经验的过程以及尽量减少侵入性想法的过程等。

因素 5 有 4 个条目，测量辅导员的行为类韧性资产，命名为"个体行为特征"（Personal Characteristics-Behavioral，PC-B），给予人力量感或控制感。PC-B 是一种能给予人力量感或控制感的具有保护性意义的个性特征。该维度包括：自我效能、勤奋、自律，以及立志于挑战性目标，并竭力实现该目标，且有能力应对挑战的个性特征。

因素 6 有 3 个条目，测量辅导员的情绪类资产，命名为"个体情绪特征"（Personal Characteristics-Affective，PC-A），给予人健康的情绪和自尊感。PC-A 是一种能让人体验到健康情绪和自尊感的具有保护性意义的个性特征。该维度包括：有能力获得一种稳定的自我感和个人价值感；能够理性认识和理解自身的情绪；具有不被极端情绪所控制，或是不被其搅扰的能力。

因素 7 有 3 个条目，测量辅导员遭遇重大职业不利事件时的行为自我调节过程，命名为"行为自我调节过程"（Self-Regulatory Processes-Behavioral，SRP-B）。SRP-B 是控制和调节情绪的相关机制。包括基于感性的决策过程，对自身情绪情感状态的分析与调节过程。

因素 8 有 4 个条目，测量辅导员遭遇重大职业不利事件时的情绪自我调节过程，命名为"情绪自我调节过程"（Self-Regulatory Processes-Affective，SRP-A）。SRP-A 是理解和控制消极且无效行为的相关机制。包括控制冲动的过程、计划过程、自律过程和自我观察过程等。

2. 验证性因素分析

采用 LISREL8.80 对 592 个样本数据做验证性因素分析（confirmatory factor analysis，简称 CFA）。效度检验选择最大似然估计法（maximum likelihood，ML）。

依据职业韧性自我调节过程理论的 8 个核心特征设定一阶潜变量测量模型，即个体情绪特征、个体行为特征、个体认知特征、压力应对的初始反应、社会性支持资源、情绪自我调节过程、行为自我调节过程与认知自我调节过程，分别设定对应的测量条目，所分析模型的结果如下图 3-6 所示。

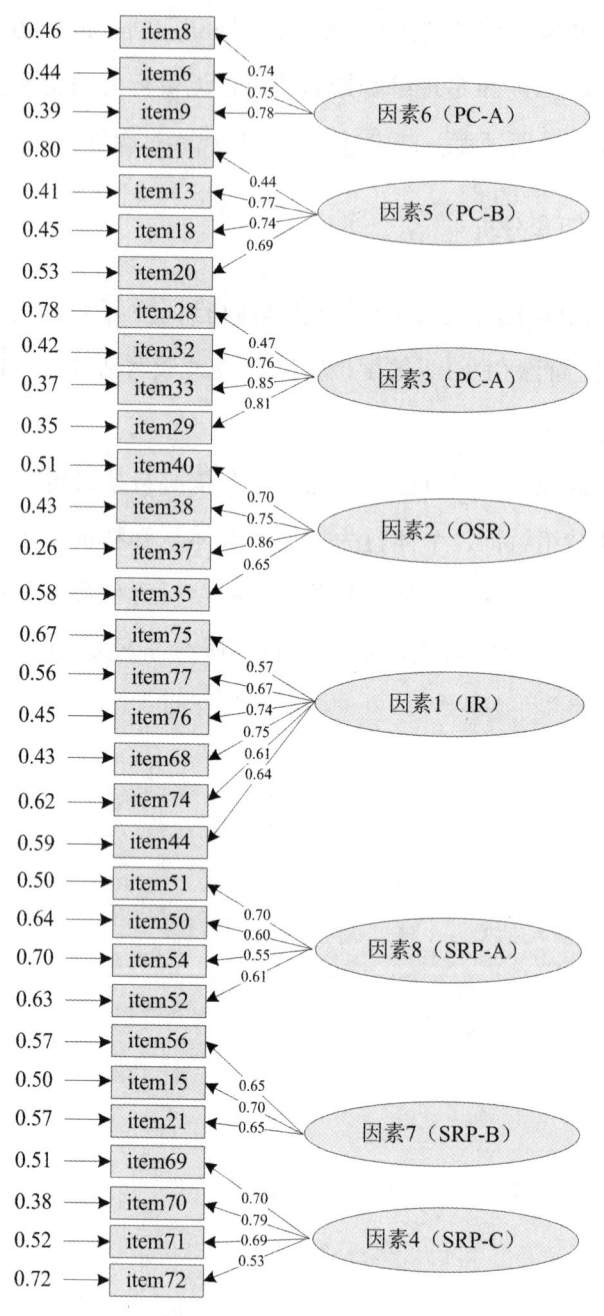

Chi-Square=921.390, df=436, x^2/df=3.26, P-value=0.000, RMSEA=0.043

注：表中的项目编号对应于"高校辅导员职业韧性预测量表"中的编号。

图 3-6　高校辅导员职业韧性量表的验证性因素分析模型

由上图可见，最终形成的一阶潜变量模型与职业韧性自我调节过程理论构想一致，各个条目在所属因子上的标准化负荷在 0.44—0.88 之间。为了检验量表结构模型的外在及内在品质，评估量表结构模型与观察资料的拟合程度，研究将从两方面来确认量表的结构效度——模型整体拟合度、内在结构拟合度。

（1）整体拟合度。

本研究采用 Hair 等人（1998）提出的三类指数，作为模型整体拟合情况的评价指标：绝对拟合指数（absolute fit measures）、相对拟合指数（relative fit measures）及简约拟合指数（parsimonious fit measures）。表 3-6 列出了各类指标的分析结果。

从绝对拟合指数来看，$\chi^2 = 921.39$，df = 436（$p<0.001$），GFI = 0.91、AGFI = 0.89，均达到了理想标准；RMSEA = 0.043，在良好拟合范围之中，表示残差量低，模型拟合良好。

从相对拟合指数来看，NFI、NNFI、CFI、IFI、RFI 等 5 个数值均已达到大于 0.90 的理想标准，说明模型整体表现相当优秀。从简约拟合指数来看，PNFI = 0.83 及 PGFI = 0.75，均达到大于 0.50 的理想标准[1]。

比较三类指标的理想标准与分析结果，显示模型整体拟合良好，说明研制的高校辅导员职业韧性量表具有理想的整体建构效度。

表 3-6　高校辅导员职业韧性量表的整体拟合度

拟合指数	理想标准	分析结果与解释
绝对拟合指数		
χ^2	$p > 0.05$（不显著）	$\chi^2 = 921.39$，$p = 0.00$，显著
GFI	> 0.90	0.91，良好拟合

---

[1] Steiger, J. H. Structural model evaluation and modification：An interval estimation approach [J]. Multivariate behavioral research，1990，25（2）：173-180.

续表

拟合指数	理想标准	分析结果与解释
AGFI	>0.90	0.89，合理拟合
RMSEA	<0.05（良好拟合） <0.08（合理拟合） <0.10（普通拟合）	0.043，良好拟合
相对拟合指数		
NFI	>0.90	0.95，良好拟合
NNFI	>0.90	0.97，良好拟合
CFI	>0.90	0.97，良好拟合
IFI	>0.90	0.97，良好拟合
RFI	>0.90	0.94，良好拟合
简约拟合指数		
PNFI	>0.50	0.83，良好拟合
PGFI	>0.50	0.75，良好拟合

（2）内在结构拟合度。

一般来说，观测变量在潜变量上的负荷较高，则表示模型质量好，观测变量与潜变量的关系可靠。根据表3-7，各观察变量对其各自潜变量的因素负荷量（λ），也就是完全标化估计值介于0.44—0.86之间，其中 SE 代表标准误，t 值均大于3.30，表示所有条目均达0.001的极其显著性水平，说明每个观测变量对相应潜变量的解释率较大，即量表的内在结构较为合理[1]。

将分析结果与模型整体拟合度和内在结构拟合度的指标相比较，结果显示，辅导员韧性量表具有良好的建构效度，亦即理论模型和实际观察资料有相当高的拟合度。

---

[1] 吴明隆. 结构方程模型[M]. 重庆大学出版社，2009.

表 3-7 高校辅导员职业韧性量表的
完全标准化参数估计及显著性检验摘要表

变量	λ	SE	t
PC-A			
Item8	0.74	0.04	18.79
Item6	0.77	0.04	19.11
Item9	0.78	0.04	20.18
PC-B			
Item11	0.44	0.04	10.25
Item13	0.77	0.04	19.56
Item18	0.74	0.04	18.85
Item20	0.69	0.04	17.16
PC-C			
Item28	0.47	0.04	11.21
Item32	0.76	0.04	20.56
Item33	0.85	0.04	24.15
Item29	0.81	0.04	22.35
OSR			
Item40	0.70	0.04	18.13
Item38	0.75	0.04	20.09
Item37	0.86	0.04	23.98
Item35	0.65	0.04	16.62
IR			
Item75	0.57	0.04	14.09
Item76	0.67	0.04	16.96
Item77	0.74	0.04	19.69
Item68	0.75	0.04	19.69
Item74	0.61	0.04	15.33
Item44	0.64	0.04	16.07
SRP-A			

续表

变量	λ	SE	t
Item51	0.70	0.04	17.35
Item50	0.60	0.04	14.41
Item54	0.55	0.04	12.81
Item52	0.61	0.04	14.56
SRP-B			
Item56	0.65	0.04	15.36
Item15	0.70	0.04	16.77
Item21	0.65	0.04	15.38
SRP-C			
Item69	0.70	0.04	17.72
Item70	0.79	0.04	20.57
Item71	0.69	0.04	17.36
Item72	0.53	0.04	12.61

注：表中的项目编号对应于"高校辅导员职业韧性预测量表"中的编号。

（3）分量表之间以及与总量表之间的相关分析。

采用 SPSS18.0 对样本 1 做相关分析，考察辅导员韧性量表的结构效度的指标——8 个分量表之间的相关系数、各个分量表与整个测验总分之间的相关系数。

鉴别量表结构效度的判断原则有 3 个：各分量表之间应呈中度显著正相关、各分量表于总量表之间呈中到高度显著正相关、各个分量表与总量表之间的相关系数应明显高于分量表之间的相关系数。

结果显示，各分量表之间应呈中度显著正相关（$p<0.001$），相关系数在 0.116—0.464 之间，表明分量表所代表的各因素之间既方向一致，又有所差异，不可互相替代；各分量表于总量表之间呈中到高度显著正相关（$p<0.001$），相关系数在 0.557—0.711 之间，明显高于各分量表之间的相关，表明各维度与总体概念一致（见表 3-8）。

表 3-8 《辅导员职业韧性量表》各分量表之间及与总测验的相关系数

分量表	PC-A	PC-B	PC-C	OSR	IR	SRP-A	SRP-B	SRP-C
PC-B	0.200***							
PC-C	0.373***	0.226***						
OSR	0.125***	0.368***	0.116***					
IR	0.368***	0.208***	0.335***	0.259***				
SRP-A	0.260***	0.448***	0.270***	0.407***	0.381***			
SRP-B	0.403***	0.291***	0.425***	0.206***	0.323***	0.328***		
SRP-C	0.234***	0.414***	0.265***	0.382***	0.262***	0.464***	0.301***	
CCRI 总	0.589***	0.580***	0.621***	0.557***	0.711***	0.675***	0.628***	0.626***

注：*** $p<0.001$。

(4) 项目区分度分析。

项目区分度分析主要采用 2 个测量指标来表示，其一是各个题项得分与分量表分数的相关系数，应达到中到高度的显著正相关；其二是各个题项的高分组与低分组之差应达到显著性水平。

采用 SPSS18.0 对样本 1 项目区分度检验，结果发现，各个题项与其所属的分量表之间都呈显著正相关（$p<0.001$），相关系数在 0.671—0.860 之间；所有题目在高分组上的得分与低分组上的得分有统计学差异，均达到 0.001 的显著水平。该结果表明，高校辅导员的职业韧性量表的 32 个题项，均具有较好的区分度（见表 3-9）。

表 3-9 高校辅导员职业韧性量表的各个分量表的项目区分度检验结果

	题项 1		题项 2		题项 3		题项 4		题项 5		题项 6	
	r	D 值	r	D 值	r	D 值	r	D 值	r	D 值	r	D 值
PC-A	0.842	1.08	0.850	1.18	0.860	1.21						
PC-B	0.671	0.84	0.804	0.77	0.790	0.78	0.736	0.71				
PC-C	0.692	0.96	0.839	1.21	0.845	1.29	0.810	1.15				

续表

	题项1		题项2		题项3		题项4		题项5		题项6	
	r	D值	r	D值	r	D值	r	D值	r	D值	r	D值
OSR	0.802	0.82	0.819	0.81	0.859	0.91	0.779	1.11				
IR	0.678	1.17	0.749	1.09	0.796	1.30	0.788	1.39	0.706	1.17	0.683	1.51
SRP-A	0.725	0.92	0.741	0.86	0.701	0.78	0.720	0.74				
SRP-B	0.794	1.10	0.819	1.15	0.793	1.12						
SRP-C	0.770	0.80	0.794	0.86	0.796	0.85	0.713	0.99				

注：所有 r 在 $p<0.001$（双尾）水平呈显著相关，对 D 值进行 t 检验均达到 0.001 显著水平。

最终形成的高校辅导员职业韧性量表（见附录6）的构面与题项的关系如图 3-7：

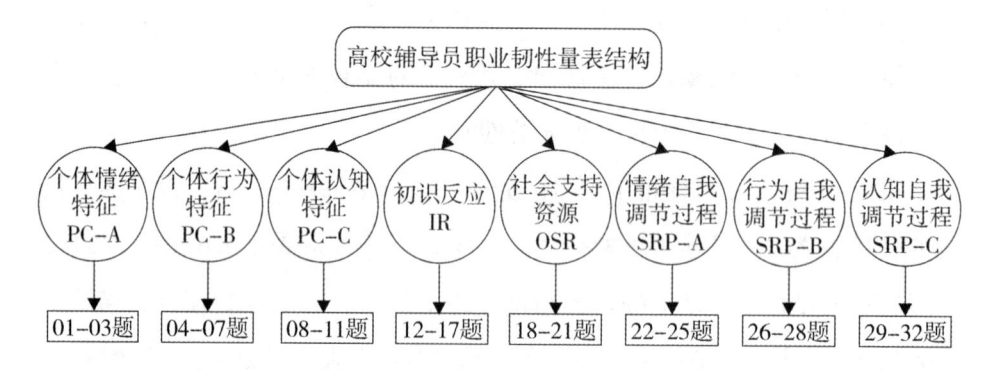

图 3-7 高校辅导员职业韧性量表的构面与题项分析图

（二）内容效度

效度是指测验结果而非量器本身的正确性或可靠性，有内在效度与外在效度之分。内在效度是指研究叙述的正确性与真实性；外在效度则研究推论的正确性。提高量器内在效度的原则是：准确清楚地解释理论、操作科学以减少误差、样本合宜且预防流失、排除无关变量以正本清源。

提高量器外在效度的原则是：解释分析应具有普遍性、客观性、中立性、合理性和真实性、对测量概念进行操作性定义、取样应有足够代表性、研究的情境要适切、观察具有普遍性、资料搜集客观且具多元性等（林生传，2002）。

效度无法实际测量，只能从现有信息作逻辑推论，或者从实证资料作统计检验分析。效度分析除了前面的结构效度分析之外，还有内容效度分析和校标关联效度分析。

内容效度（content validity），是指题项的适切性与代表性，即测验内容在多大程度上反映了所要测量的心理行为构念。根据 Windle 等人（2011）所界定的量表内容效度标准：研究清晰准确地描述了测量的目的、目标人群和相关概念，清晰准确地描述了条目筛选过程中的被试取样、调查者以及参与的专家。

本研究在辅导员韧性量表编制过程中，严格遵循心理量表编制的原则与程序，在文献分析、个案访谈、同行磋商等基础上初步确定问卷的基本框架和条目，请有关专家评定问卷理论结构的合理性和条目的代表性，经过多次试测，不断进行修改完善，最终确定了辅导员韧性量表测量条目。这一系列规范而细致的研究程序保证了辅导员韧性量表编制的内容效度。

对 1184 个样本的高校辅导员职业韧性量表之 32 个项目均值的分析结果显示（见表 3-10），32 个题项的均值与标准差均符合要求，题项平均数在 2.94—4.06 之间，没有趋于极端值的均值，且项目的变异也较大，说明辅导员韧性量表整体具有较好的内容效度。

表3-10 《辅导员职业韧性量表》内容效度评定的均值和标准差（$M\pm SD$）

因素	项目编号	$M\pm SD$	项目编号	$M\pm SD$
IR	Item75	3.38±1.00	Item68	3.11±1.05
	Item77	2.94±1.07	Item74	3.07±1.04
	Item76	3.02±1.02	Item44	3.50±1.00
OSR	Item40	3.72±0.85	Item37	3.90±0.83
	Item38	3.81±0.85	Item35	3.77±0.92
PC-B	Item11	3.77±0.81	Item18	3.94±0.76
	Item13	4.06±0.72	Item20	4.00±0.74
PC-C	Item28	3.00±0.96	Item33	3.39±1.00
	Item32	3.30±1.02	Item29	3.35±1.00
SRP-C	Item69	3.72±0.81	Item71	3.82±0.77
	Item70	3.99±0.73	Item72	3.93±0.84
SRP-A	Item51	3.86±0.71	Item54	3.89±0.76
	Item50	3.78±0.76	Item52	3.83±0.74
PC-A	Item8	3.29±0.97	Item9	3.19±0.99
	Item6	3.40±0.98		
SRP-B	Item56	3.60±0.94	Item21	3.64±0.91
	Item15	3.57±0.95		

注：表中的项目编号对应于"高校辅导员职业韧性预测量表"中的编号。

（三）校标关联效度检验

校标关联效度（criterion-related validity），表示测验与其外在校标之间的相关关系程度。相关愈高，表明此测验的校标效度愈高。本研究所选择的校标变量是心理韧性适应结果与压力知觉量具。

采用SPSS18.0软件对高校辅导员职业韧性量表的校标关联效度分析结果如下：

以压力知觉量表（CPSS）作为效标时，辅导员职业韧性量表的 8 个因素与 CPSS 总分均有显著负相关，相关系数 r 在 -0.24—0.58 之间（p<0.001），而且辅导员职业韧性量表的总分与 CPSS 总分亦有高度负相关，r=-0.71（p<0.001），达到了 Windle（2011）所提出的 0.70 理想校标效度（见表 3-11）。

以简易心理韧性量表（BRS）作为效标时，辅导员职业韧性量表的 8 个因素与 BRS 总分均有显著正相关，相关系数 r 在 0.20—0.54 之间（p<0.001），而且辅导员职业韧性量表的总分与 BRS 总分亦有高度正相关，r=0.61（p<0.001）（见表 3-11）。

以组织公民行为量表（OCB）作为效标时，辅导员职业韧性量表的 8 个因素与 OCB 总分均有显著正相关，相关系数 r 在 0.24~0.46 之间（p<0.001），而且辅导员职业韧性量表的总分与 OCB 总分亦有高度正相关，r=0.54（p<0.001）（见表 3-11）。

表 3-11　高校辅导员职业韧性量表及分量表的校标关联效度检验结果（r）

校标	CCRI总	PC-A	PC-B	PC-C	OSR	IR	SRP-A	SRP-B	SRP-C
CPSS	-0.71***	-0.43***	-0.31**	-0.24**	-0.34***	-0.58***	-0.47***	-0.47***	-0.51***
BRS	0.61***	0.39***	0.20**	0.20*	0.36***	0.54***	0.32***	0.34***	0.37***
OCB	0.54***	0.24***	0.45***	0.32***	0.32***	0.30***	0.46***	0.33***	0.37***

注：***$p<0.001$、**$p<0.01$、*$p<0.05$。

四、信度检验

因素分析完之后，要继续进行的是量表各层面与总量表的信度分析。信度是效度的必要条件，信度低的量器效度一定低，但信度高未必表明效度也高。

信度是一个量器再重复测量后产生相同的或高度相似的结果之能力，代表量器的稳定性与一致性。信度分析与项目分析不同，其主要目的在于检核总量表与分量表的可靠程度。

信度检验完全依据统计方法而得。对高校辅导员职业韧性量表的信度检验指标主要有三个：其一是总量表及各个分量表的内部一致性信度；其二是总量表及各个分量表的分半信度；其三是重测信度。

其中，内部一致性信度反映的是指量器能否测量单一概念以及各因素中题项之间的一致性程度，通常用Cronbach α系数来表示；分半信度是指测验在没有副本且只能实施一次的情况下，通常将测验题目分成对等的两半，根据各个被试在这两半测验中所得的分数，计算其相关系数，作为信度指标。分半法避免了测量对象在重测期间发生变化而导致的问题。通常对量表采用奇—偶分半法，分半信度的数据要根据斯布校正公式（Spearman-Brown formula）获取校正系数，当分量表中项目为奇数时，取分半不等长的校正值。α系数是内在一致性的函数，也是题项间相互关联程度的函数，是所有可能的分半系数的平均数。测验—再测验法是最常用的外在信度检验法，又称为重测法，就是把相同测验实施两次，其间隔开一个相对长的时间，通常用Spearman相关系数来表示；

判断信度系数指标的原则依据吴明隆（2010）提出的标准（表3-12）

表3-12 信度系数指标判断准则

内部一致性信度系数值	维度层面或构念	整个量表
0.50≤α系数<0.60	可以接受，应增列题项或修改语句	不理想，应重新编制或修订
0.60≤α系数<0.70	尚佳	勉强接受，最好增列题项或修改语句
0.70≤α系数<0.80	佳（信度高）	可以接受
0.80≤α系数<0.90	理想（甚佳，信度很高）	佳（信度高）
α系数≥0.90	非常理想（信度非常好）	非常理想（甚佳，信度很高）

信度检验采用 SPSS18.0 软件分析样本 2 的结果如下：

内部一致性信度：总量表的 Cronbach α 系数为 0.90，PC-A、PC-B、PC-C、OSR、IR、SRP-A、SRP-B 与 SRP-C 等 8 个因子的 Cronbach α 系数分别为 0.81、0.74、0.81、0.83、0.83、0.69、0.72、0.76（具体见表3-13）。

分半信度：总问卷的分半信度为 0.83，PC-A、PC-B、PC-C、OSR、IR、SRP-A、SRP-B 与 SRP-C 等 8 个因子的分半信度分别为 0.82、0.73、0.76、0.77、0.81、0.64、0.72、0.73（具体见表3-9）。

重测信度：总问卷的 ICC 为 0.97，PC-A、PC-B、PC-C、OSR、IR、SRP-A、SRP-B 与 SRP-C 等 8 个因子的 ICC 分别为 0.87、0.93、0.96、0.96、0.91、0.87、0.88、0.83。

以上三组信度检验结果表明，研制的高校辅导员韧性量表在结构模型上是稳定的、可靠的。

表 3-13 高校辅导员职业韧性量表的信度系数

维度	题项数（个）	α系数	分半信度
PC-A	3	0.809	0.818
PC-B	4	0.737	0.726
PC-C	4	0.809	0.761
IR	6	0.829	0.809
OSR	4	0.828	0.774
SRP-A	4	0.693	0.639
SRP-B	3	0.722	0.718
SRP-C	4	0.764	0.728
总量表	32	0.895	0.832

讨论与小结

本研究遵循自上而下的理论驱动式量具研制路径，以我国一线高校辅导员为被试开发的职业韧性量表，含 8 个因素 32 个题项，结构效度理想，与理论构想完全吻合，验证了 King 和 Rothstein 模型的科学性，表明高校辅导员职业韧性是一个多维心理构念。CCRI 与基于该理论模型建构的 60 个条目的英文版职业韧性量表（WRI）结构一致，而且更简洁。

一、CCRI 具有理想的信度与效度

《辅导员职业韧性量表》的编制遵循了自上而下的理论驱动思路，并且借鉴了国内外 17 余种韧性测量的相关工具，量表编制严格按照测量学和统计学等科学原理和编制流程，从最初确定的包含 108 个条目原始题项池，到包含 79 个条目的预测试问卷，经由项目分析与探索性因素分析（详见下面图 3-7：《辅导员职业韧性预测量表》因素分析：实际工作流程图），最后形成的正式问卷有八个因子 32 个条目。

在效度方面的检验，包括结构效度、内容效度和校标关联效度三种，其中，验证性因素分析结果表明，辅导员职业韧性的八个维度结构拟合良好，并且各维度之间处于中等程度的相关，说明《辅导员职业韧性量表》

的八个维度之间既相互独立，又有一定的关联。问卷编制过程中专家的鉴定工作确保了量表的内容效度。研究选取《简易心理韧性量表》和《压力知觉量表》两个信效度俱佳的校标工具，来衡量辅导员职业韧性量表的校标关联效度，这两种校标工具与《辅导员职业韧性量表》的八个因素均存在显著正相关，而且与量表总分的相关基本接近了 0.70 的理想校标效度。《辅导员职业韧性量表》八个因子对总量表的方差解释率高达 63.4%，所有这些测量学和统计学的指标都显示，研制的《辅导员职业韧性量表》具有很好的效度。

在信度方面，量表的内在一致性程度，以及分半信度均比较理想，基于全国取样的正式调查数据，信度系数在 0.693—0.829 之间，达到了团体施测通常所要求的 0.7 或以上的标准。说明《辅导员职业韧性量表》的结构模型是稳定的、可靠的。

二、CCRI 基于职业韧性的动态过程观

CCRI 诸因素之间并非简单的平行并置或清单式罗列，而是尝试在人—环境交互作用的动态视域下，揭示诸多韧性资源如何随时间迁延而被主体不断调用、整合和重塑，进而帮助其从工作场所的失望、失败或幻灭中重获身—心—灵平衡的心理过程。多项实证数据显示，相比基于特质论编制的职业韧性测评工具而言，基于工作场所的自我调节动态观所开发的量具，在预测韧性相关结果时的增值效度更好。

量表编制时，对所测量目标的心理结构的探讨，主要有两种方式。其一是理论驱动式，即从已有的相关理论出发，根据理论模型所建构的因素关系，自上而下来构建量表的因子或维度；其二是数据驱动式，通过施测大量的相关题项，或实施开放式调查，对所获取的数据做统计分析，从中

抽取那些最主要的影响因素，从而建构起量表的因子或维度。

学界在评价已有心理韧性量表的质量时，理论驱动是最重要的指标之一，而缺乏理论驱动也是职业韧性量表研制中最突出的问题所在。罗伯逊等人（Robertson et al., 2015）对2003至2014年间所发表的职业韧性干预研究的述评后指出，不论是对职业韧性本身的测量，还是对职业韧性干预效果的评估，基于理论驱动式的职业韧性测评工具都显得至关重要。然而，我们目前极其缺乏这样的量表，罗伯逊等人认为，在测量工具资源本身较少的职业韧性领域，仅有两个量表具有比较理想的适应性，一个是麦克拉农和罗思坦（McLarnon & Rothstein, 2013）研制的《工作场所中的心理韧性量表》（Workplace Resilience Inventory，简称WRI）。一个是温伍德等人（Winwood et al., 2013）开发的《工作韧性量表》（The Resilience at Work Scale，简称RAW）。

本研究在构建辅导员职业韧性量表的测量因子时，采用的就是理论驱动，基于金恩和罗斯坦于2010年提出的职业韧性自我调节模型。该模型在职业韧性理论研究领域具有前瞻性，它从跨学科视野，审视职业韧性构念，不仅仅只是从概念层面来理解之，而是将不同的概念、理论和路径加以整合，从多维立体视角建立起一个具有整合性的职业韧性解释模型。本研究依据该模型所编制的测量工具，能够确保其科学性和前沿性。

三、CCRI具有多维结构

多维性是理解职业韧性的最佳视角。CCRI最终构建了八个维度，包括压力应对的初始反应、社会性支持资源、个体情绪特征、个体行为特征、个体认知特征、情绪自我调节过程、行为自我调节过程、认知自我调节过程。该测量模型与职业韧性自我调节过程模型的理论构想完全吻合，验证了该职业韧性理论的科学性，证明了辅导员职业韧性是一个多维心理构念。

四、CCRI 整合了职业韧性的因素与过程资源

职业韧性是个体与环境之间一种复杂且动态的相互作用过程。面对逆境与压力，人的个性特征与应对过程构成了一个重要系统，只有依赖此系统，人才能获得有韧性的适应结果。King 和 Rothstein 的职业韧性自我调节模型，从多维立体视角，将影响个体职业韧性的保护性因素和保护性过程加以整合，尝试构建多维因素与过程之间的内在结构关系。

CCRI 证实了这一整合工作的科学性。CCRI 的八个维度，分别从个体水平和人—环境相互作用水平，刻画出辅导员在面对重要的职业逆境/压力时，所具有的情绪的、认知的和行为的特征，以及它们之间所具有的相互作用关系。其中，对辅导员的职业韧性具有保护性作用的个体因素有个体情绪特征、个体行为特征、个体认知特征、社会支持资源等四个方面；而情绪自我调节过程、行为自我调节过程、认知自我调节过程以及压力应对的初始反应等四个方面，则反映了辅导员职业韧性的过程性保护资源。正如金恩和罗斯坦所假设的那样，一个有韧性的职业者，在工作中表现出的情绪情感、认知思维与行为策略方面的静态与动态性特征，能够预测其职业韧性的高低，能预测其职业生涯中那些有韧性的适应结果，诸如职业生涯成功、工作绩效、职业认同、留职意愿、职业幸福感和心理健康等。

五、CCRI 凸显了职业逆境应对中的主体能动性

学者们认为，要理解职业韧性发生机制，应探查人与环境互动过程中的人的主动性。有关军人职业韧性的研究显示，凡涉及个体层面的保护因

素几乎都与自我调节有关。CCRI 能系统评估高校辅导员的五类自我调节性保护资源，即知情行三类自我调节过程、应激初反应和社会资源利用度，对辅导员职业韧性的方差解释率之和为 39.96%，占全部解释率的 63.01%。

相较于个体静态韧性资产而言，高校辅导员在自我调节类韧性资源上更具优势。使用配对样本 T 检验，考察知、情、行三类韧性资源在个体静态水平与人—环境动态水平上的均值差异，结果显示，人—环境水平上的韧性认知资源分与情绪资源分均显著高于个体在静态水平上的认知资产分（$t=24.21$，$p<0.001$）与情绪资产分（$t=21.63$，$p<0.001$）。

六、逆境体验是激发职业韧性的必要条件

一项涉及 2398 个样本的 4 年纵向研究表明，逆境的确是激发心理韧性的必要条件，是激活个体心理韧性的"起点"。Kumpfer 认为逆境遭遇是区分韧性式成功与顺境式成功的必要条件。韧性的保护性作用只有在应激达到一定水平时才能显现出来。乔红霞和俞国良运用实验研究法对照了高、低韧性组军人在不同应激水平下的情绪体验差异，发现只有在高应激时，高韧性组军人体验到的消极情绪才显著低于对照组。

但如何考量工作情境中的逆境却是个非常棘手的问题，因为人们对逆境的感知和体验存在很大的个体差异，而且不同类型的逆境会引发不同自我调节过程。因此，与其考量工作逆境，不如考量员工在应激之初的反应（IR）。本研究中的 IR 对辅导员职业韧性的方差解释率在 8 个因素中居首位，达到 10.91%，IR 得分与 BRS 总分高度正相关，与 CPSS 总分高度负相关，其相关强度均居 8 个因子之首。提示 IR 可能在预测辅导员的职业韧性时最敏感，Mclarnon 与 Rothstein 也认为 IR 对揭示职业韧性的发生机制更具实质性价值。

应激初反应对职业韧性的起效机制更多是启动了认知重评功能。重大职业应激源之所以是韧性重整的拐点或关键节点，是因为此时会激活人的自我反思活动和意义重建过程［1］。Coutu认为意义建构是韧性者搭建的一架桥———一架从当下困境通往未来美好生活的桥。当然，正如Seery等研究所揭示的一样，逆境体验并非越多越好，间歇性地接触短暂的逆境会助益于培养韧性。

七、善于获取社会支持是重要的自我调节资源

社会支持具有"社会治愈"力，通过为个体赋能来增强其职业韧性。CCRI考察个体对社会性资源的主动利用度，包括积极寻求倾听、同理与智力支持，通过获取人际支持增强自身的积极心态与自我控制，这些被证明是社会支持预测韧性的起效因素。

八、CCRI包括职业韧性两种结局

Britt等认为，厘清职业韧性能力/资源与职业韧性表现/结局，是应对当前韧性"研究竖井"现象的有益起点。快速复原是指遭遇逆境后个体的心理适应功能尽快地回复到逆境发生前的状态，但Denckla等人指出，仅以"回复"作为有韧性的表现是值得商榷的，倘若该个体一开始或原初的心理功能就是受损的，是非适应性的，那么逆境后即便回复至了该状态，亦不能反映其有韧性的本质。因此，职业韧性的自我调节过程模型将挫折后的成长纳入了韧性表现之中。但量表并未析出独立的韧性表现因子，而是通过过程来诠释结果。本研究选用BRS来评估辅导员的职业韧性结果，在全国施测的结果显示，BRS与CCRI总分为0.61的正相关，与CCRI的8

个因子均为显著中等程度正相关。

九、CCRI 兼具心理保健与绩效提升功能

Britt 等人指出，确定职业韧性的校标因素是未来工业与组织心理学领域韧性研究和实践的重大议题之一，并建议选取关联校标时既应有健康类变量，还应纳入绩效类变量。研究依此择选出 3 个校标工具，其中，CPSS 是研制韧性量具时最常用的健康类校标工具之一，而且其得分能显著负向预测 CCRI 的高低。BRS 既具有优秀的测量学特点，且就语义分析而言，其所有条目的描述均涉及主体力量或主体控制等个体能动性，非常适合作为 CCRI 的校标工具。用 OBC 作为绩效校标工具，是因为学界对工作绩效的关注，已由任务绩效转向了关系绩效，而组织公民行为的实质类似于关系绩效，且与任务绩效关系密切。

相关分析结果显示，CCRI 总分与 BRS 总分、OCB 总分均高度正相关，与 CPSS 总分显著负相关。表明 CCRI 的内容效度与构想一致，即高校辅导员的职业韧性水平可以有效反映其职业逆境后的心理复原力和生产力。

至此足见，CCRI 一方面将职业韧性重整的前提、过程与结果相整合，另一方面将辅导员的静态韧性资产与动态韧性过程相整合，这种动态的、以过程为导向的全息模型，既避免了学界惯有的将韧性诸因子"一视同仁"的测量驱动态势，又突出了个体的主体性与能动性，大大提升了 CCRI 作为评估高校辅导员形成性能力的工具效力。

综合而言，本研究所研制的《辅导员职业韧性量表》，达到了预期的研究目的，能够作为我国高校辅导员职业韧性的有效测评工具。

美中不足的是，CCRI 作为自陈式量表，与同类测验一样，也会存在社会赞许效应。本研究在测验设计时，仅在两次施测的问卷中设计了一个重

复题项来考察该问题，没有使用测谎量表或类似的校标量表。研究之如此设计，有如下考虑：其一，在问卷题项的编制之初，专门请专家鉴别原始题项池中各个题项的倾向性问题；其二，为防止疲劳效应，严格限制问卷题量；其三，将测谎量表放在问卷中显得有些突兀，降低了问卷的整体性；其四，问卷的发放和回收采用信封单独封存，每份问卷附带一个《告辅导员老师书》和一份小礼品，以此提高填答质量。当然，即便如此考虑，也难以完全消除自陈量表的社会赞许效应，这也是后续研究应进一步完善的地方。

未来，可采用纵向研究设计，利用时滞和多源数据更深入地探查 CCRI。亦可基于职业韧性的自我调节过程模型，尝试对辅导员群体展开干预研究，进一步检验 CCRI 的形成性评价效力。

第四章
韧性评估：新时代我国高校辅导员职业韧性调研

本研究基于全国大样本取样调查数据，针对高校辅导员发放《辅导员职业韧性量表》，探索当前我国高校辅导员的职业韧性发展现状。主要调查分析任务包括：我国高校辅导员职业韧性的总体发展水平如何？辅导员职业韧性的总分和八个维度分，在不同性别之间、学历之间和婚姻状态之间有没有显著性差异？辅导员的工作经验不同，是否会影响其职业韧性在总分和维度分上的差异？来自不同类型学校和不同层次学校的辅导员，职业韧性的总分和维度分上有没有显著的差异？

具体研究设计框架见示意图4-1。

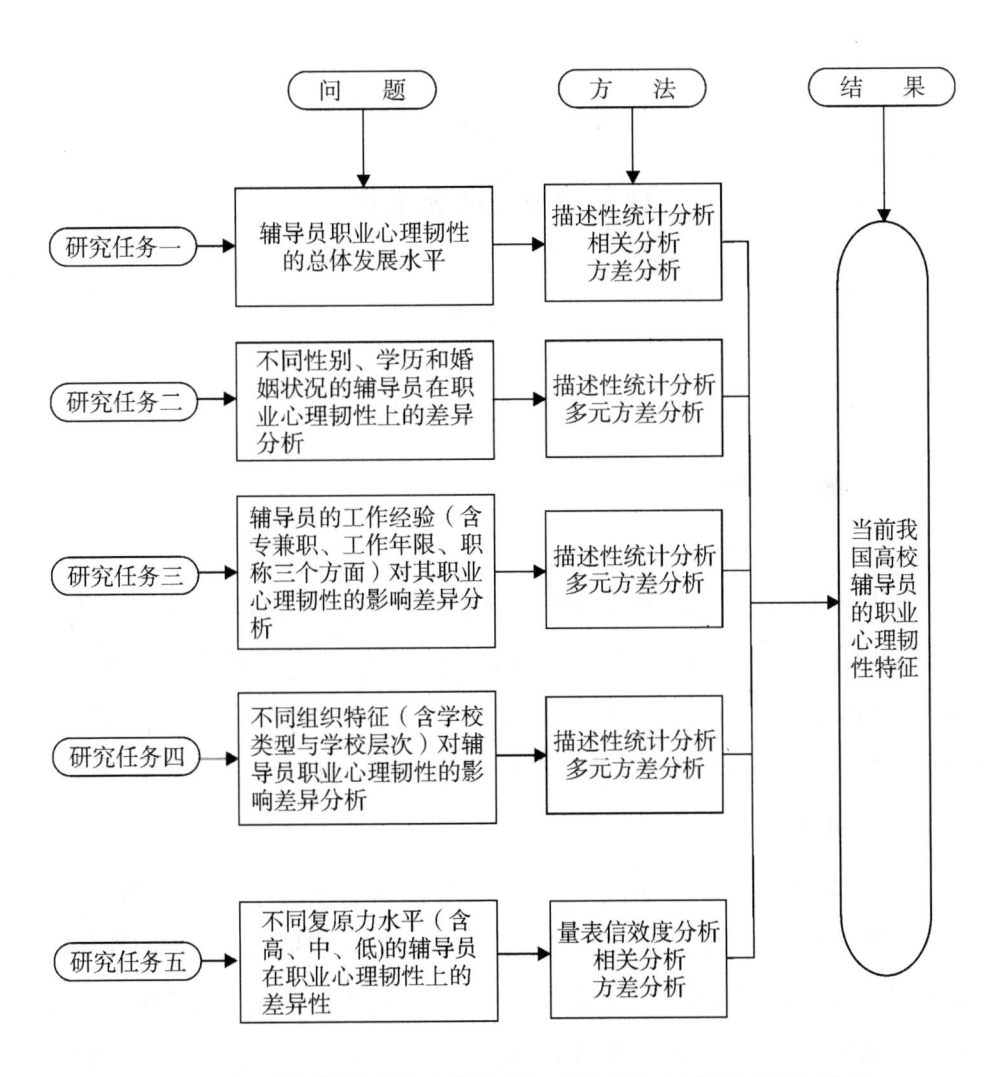

图 4-1 我国高校辅导员职业韧性的发展现状分析：研究设计框架示意图

第一节
研究对象与研究工具

一、研究对象

依据方便抽样原则，在全国范围内按照行政区域进行西、中、东部地区分别抽样。取样的省（自治区、直辖市）级测试点共计11个，分别是宁夏、陕西、青海、重庆、河南、江苏、河北、北京、山东、广东、海南等，包含的取样院校有30余所。通过熟人，以纸质问卷邮寄，并辅以电子邮件方式发放问卷。

本研究所涉及的被试范围较广，无法由研究者本人统一主持测试，因此将施测工作全部委托他人来完成。担任主试者一般是受试学校的辅导员管理者，通过给主试人员提供统一的书面实施规范，并给予电话指导。各校由主试组织，在同一时间集体发放，现场填答，自己封存，当场回收，来确保问卷调查过程的客观、一致性。为了提高数据回收的质量，问卷采用信封封存方式，每人一份，里面装有：1份《致辅导员老师书》（见附录2）、1份《辅导员职业心理现状调查问卷》和1份小礼物。

（一）取样一

此抽样数据同工具编制章的"正式测试样本"（详见第三章第一节）。针对《辅导员职业韧性量表》，共发放问卷1252份，回收问卷1249份（3份空白问卷），回收率99.76%，有效样本1184个，取样有效率为94.80%。

在工作年限的处理上，一方面依据教师专业成长发展理论，即以从业时间长短为指标，一个新手成为专家型教师，要历经不同的成长阶段，每个阶段的特点是有所变化的。另一方面，考虑到辅导员群体在从业最初几年的高流动性与高流失率特点，将辅导员从业年限划分为四个阶段，即"0—2年、2—5年、5—10年、10年以上"。本次取样在诸多人口学变量上的分布详见表4-1。

表4-1　样本一的辅导员人口学变量分布情况

人口学变量	类别	人数	百分比
性别	男	598	52.5
	女	540	47.5
专兼职	专职辅导员	892	84.0
	兼职辅导员	170	16.0
婚否	单身	432	38.5
	已婚	689	61.5
职称	助教	479	46.1
	讲师	467	45.0
	正/副教授	92	8.9
学历	本专科	259	23.9
	硕士研究生	777	71.7
	博士研究生	48	4.4

续表

人口学变量	类别	人数	百分比
从业年限	0—2 年	419	37.7
	2—5 年	360	32.4
	5—10 年	242	21.8
	10 年以上	91	8.2
学校层次	一本	496	44.0
	二本	511	45.4
	三本/高职高专	120	10.6
学校类型	文科类	239	23.0
	理工类	455	43.8
	综合类	345	33.2

（二）取样二

针对《辅导员心理复原力量表》，采用方便取样原则，在陕西省的高校中选取3所师范院校（2所二本、1所一本）、1所综合类大学（二本）、1所工科大学（一本）、1所高职高专学校，其中，一本院校2个，二本院校4个，"985""211"大学2所。共发放问卷191份，回收有效问卷176份，回收率92.1%。被试的人口学变量分布如下：男性74名（占57.0%），女性98名（占43.0%），信息缺失者4人；专职辅导员146名（占85.9%），兼职辅导员24名（占14.1%），信息缺失者6名；一本类63名（占35.8%），二本类73名（占41.5%），高职高专类40名（占22.7%）；年龄在25—58岁之间，平均年龄33±5.95岁；工作年限在0.5—27年之间，平均工作年限4.20±4.33年，详细信息见表4-2。

表 4-2　样本二的辅导员人口学变量的分布情况

人口学变量	类别	人数	百分比
性别	男	74	57.0
	女	54	43.0
专兼职	专职辅导员	146	85.9
	兼职辅导员	24	14.1
婚否	单身	56	32.9
	已婚	114	67.1
职称	初级职称	121	75.6
	中级职称	34	21.3
	高级职称	5	3.1
学校层次	一本类	63	35.8
	二本类	73	41.5
	高职高专类	40	22.7

二、研究工具

（一）《辅导员职业韧性量表》

采用自编的《高校辅导员职业韧性量表》（简称 CCRI）。CCRI 由 8 个维度 32 个题项构成，调查问卷中另含有人口学信息 7 个。CCRI 的 8 个因素分别是：辅导员的情绪特征维度（Personal Characteristics-Affective，PC-A）有 3 个条目，评估辅导员日常稳态下的情绪情感类韧性资源，PC-A 能给予人健康的情绪和自尊感；辅导员的行为特征维度（Personal Characteristics-Behavioral，PC-B）有 4 个条目，评估辅导员日常稳态下的行为管理类韧性资源，PC-B 能给予人力量感与控制感。辅导员的认知特征（Personal Characteristics-Cognitive，PC-C）维度有 4 个条目，评估辅导员日常稳态下的认知类韧性资源，PC-C 能给予人一致感与意义感；辅导员的应激初反应（Initial Response，IR）维度有 6 个条目，评估辅导员遭遇重大职业不利事件时的初始反应；辅导员的社会支持资源维度（Opportunities, Supports, & Resources，OSR）有 4 个条目，评估辅导员遭遇职业逆境时可获取和利用的人际支持质量；辅导员的情绪自我调节过程维度（Self-Regulatory Processes-Affective，SRP-A）有 4 个条目，测量辅导员遭遇重大职业不利事件时的情绪自我调节力；辅导员的行为自我调节过程维度（Self-Regulatory Processes-Behavioral，SRP-B）有 3 个条目，测量辅导员遭遇重大职业不利事件时的行为自我调节力；辅导员的认知自我调节过程维度（Self-Regulatory Processes-Cognitive，SRP-C）有 4 个条目，测量辅导员遭遇重大职业不利事件时的认知自我调节过程。

量表计分采用李克特五点计分制，让被试评估自身对各条目的认可程度，从"非常同意"到"非常不同意"，分别记为 5 分至 1 分，得分越高表示辅导员职业韧性水平越高。此次施测数据的信度系数尚佳，其中各维度的克隆巴赫（Cronbach α）内部一致性信度系数在 0.693—0.829 之间，总量表的克隆巴赫（Cronbach α）内部一致性信度系数为 0.895；各维度的分半信度系数在 0.639—0.818 之间，总量表的分半信度系数为 0.832。

（二）人口学信息调查

此部分包括性别、年龄、职称、婚姻状态、工作年限、学校类型、学校层次等，共计 7 个题项。

三、数据分析

采用 SPSS18.0 进行描述性统计分析、相关分析与方差分析等。采用 LISREL8.80 对量表做验证性因素分析。处理缺失值的办法：在含有缺失值的题项序列中，将序号为奇数的题项用"数列平均数法"处理缺失值，将序号为偶数的题项用"点上线性趋势法"处理缺失值。

第二节
新时代辅导员职业韧性的总体发展水平

表4-3是抽样辅导员在职业韧性总测验和8个分量表上的描述性统计量结果，包括极端值、平均值和标准差①。从表中数据看，目前在岗辅导员的整体职业韧性处于中等稍高点的水平。8个分量表的平均分数均高于3分，其中个体行为特征（PC-B）、社会性支持与资源（OSR）、情绪自我调节过程（SRP-A）、行为自我调节过程（SRP-B）与认知自我调节过程（SRP-C）的平均分数接近于4，说明辅导员对职业韧性的自我评价较高。当然，在自我主观评价时，难免有社会赞许效应的存在，被试会更倾向于高估自己，给自己评价高一些。

表4-3 辅导员职业韧性的描述性统计结果（均值与标准差）

分量表名称	最低分	最高分	平均数	标准差
PC-A	1.00	5.00	3.29	0.84
PC-B	1.80	5.00	3.94	0.57
PC-C	1.00	5.00	3.26	0.79
IR	1.00	5.00	3.17	0.76

---

① 描述性统计，又称为叙述统计，是将搜集的原始数据经过整理后变成有意义的信息或统计量。对量表类的连续变量数据进行描述性统计时，通常以极端值、平均值和标准差等统计量来表示。

续表

分量表名称	最低分	最高分	平均数	标准差
OSR	1.00	5.00	3.80	0.70
SRP-A	1.50	5.00	3.84	0.54
SRP-B	1.00	5.00	3.60	0.75
SRP-C	1.00	5.00	3.87	0.60
CCRI 总分	16.00	40.00	28.77	3.47

注：标准差是方差的平方根，是最常用的描述数据分布离散程度的差异量数。

使用配对样本 T 检验，考察认知的、情绪的、行为的职业韧性在个体水平与人—环境水平上的程度差异。结果显示，辅导员在人—环境水平上的认知特征均值（即认知自我调节过程的均分：3.87），显著高于在个体水平上的认知特征均值（即个体认知特征的均分：3.26）（$t=24.207$，$p<0.001$）。辅导员在人—环境水平上的情绪特征均值（即情绪自我调节过程的均分：3.84），显著高于在个体水平上的情绪特征均值（即个体情绪特征的均分：3.29）（$t=21.630$，$p<0.001$）。辅导员在人—环境水平上的行为特征均值（即行为自我调节过程的均分：3.60），显著低于在个体水平上的行为特征均值（即个体认知特征的均分：3.94）（$t=-14.786$，$p<0.001$）。

总体来看，辅导员在应对职业应激时，韧性资源水平稍高且均衡。数据显示，辅导员职业韧性的知情行三个维度，不论是在个体静态特征上，还是在自我调节动态过程上，总体发展水平中等略高些。该结果与贾晓灿等（2013）[①]研究一致，后者分析了 548 名高校教师的职业韧性现状，结果显示高校教师职业韧性状况较好，处于中等偏上水平。本研究还发现，辅导员所拥有的个体保护性资源中，自我调节过程的韧性资源更具优势。

[①] 贾晓灿，张涛等. 高校教师职业韧性现状分析[J]. 中国卫生事业管理，2013，12：940-943.

具体分析如下：

第一，在情绪韧性资源方面，辅导员具有较好的情绪控制策略，不容易被负性情绪所控制，而且当身处重要的职业压力/逆境之时，辅导员能基于事实比较理性地作出重要决定，能比较合理地安排自己的工作与生活，不容易感情用事和沉溺放纵自己。而且，辅导员还具有较高的情绪自我调节能力。情绪自我调节，指的是一个人对"情绪的内容、情绪何时发生、如何进行情绪体验和表达"施加影响的过程。该结果与程利等人（2009）的研究结果一致。

第二，个体面对职业中的重要压力事件时，怎么看待逆境，如何思考挫折，有怎样的信念系统等等，都显著影响着对压力的适应结果，这些构成了人认知方面的职业韧性特征。本研究的实证分析发现，辅导员职业韧性的认知特征明显，他们善于对自己的认知活动进行自我调节，倾向于使用意义建构策略，积极解读所遭遇的职业压力事件。该结果证实了前人的假设或观点：拉米雷斯（2007）与金恩等人（2003）一致认为，面对重要的职业压力事件与挫折经历，韧性者最基本最重要的能力就是理解与接纳，即有能力理解和释怀这些遭遇。寇图（Coutu, 2002）认为，意义建构是韧性者搭建的一架桥，一架从当下困境通往未来更美好生活的桥。韦克（Weick, 1995）认为，意义一旦被重构，个体就能够理解和解释逆境，这种建构过程不但获得了意义感，还会获得目的感，进而产生行动力。

第三，在行为韧性资源方面，辅导员的职业韧性具有明显的自我调节优势。在个体韧性特征方面，虽然辅导员的行为资源均分不及情绪和认知资源高，但也达到了中等偏上水平，而且在自我调节过程的得分上，辅导员的行为自我调节维度却明显高于情绪自我调节和认知自我调节。这些说明，在面对重要的职业压力/逆境时，辅导员善于自我调控，能以问题解决为导向，坚持设定高标准，将困难视为挑战并能专注于目标的达成，具有较高的自我效能感和力量感。

第四，面对重要的职业压力，辅导员的压力初始反应水平（IR）整体上中等偏低些，在 2.83±0.76 之间（注意：原计算办法为反向记分，得分越高，说明压力初始反应水平越低），说明辅导员在面对重要的职业应激事件时，通常体验到了中等程度的焦虑情绪。根据压力与问题解决的倒"U"关系来看，这种中等初始反应水平会更利于个体处理和应付职场中的压力事件。

第五，辅导员拥有较高的社会支持资源。人际关系具有情绪情感功能。不论是动机理论强调的人类的三个先天需要之一——人际联结，还是马斯洛提出的人的三种根本需要之一——人际归属感，都反映了个体积极地获取和利用社会支持的能力。本研究发现，面对重要的职业压力时，高校辅导员善于从自身的人际关系网络中，获取那些高质量的社会支持资源，该维度均分在 3.10—4.50 之间。该结果与李琼、吴丹丹（2014）和于肖楠、张建新（2005）的研究结果一致，于肖楠、张建新对压力下复原和成长的心理机制的研究综述发现，良好的沟通能力、人际关系和稳定的社会支持对维护心理韧性至关重要。李琼、吴丹丹采用自编的《中小学心理韧性问卷》，对 455 名中小学教师的职业韧性与人际信任关系的研究结果显示，来自学校领导的支持，以及对同事、家长与学生的信任度，这两种社会性资源对教师的心理韧性表现出非常显著的正面影响。

第三节
新时代辅导员职业韧性的人口学特点

一、不同性别、学历与婚姻状态的辅导员职业韧性特点

运用《辅导员职业韧性量表》，从性别（男、女）、学历（本科及以下、硕士及以上）、婚姻状态（已婚、单身）等三个人口学变量，对总测验及八个分量表进行多元方差分析。表4-4是用多元方差分析对设定的模型中各因素变量总体检验结果。

表4-4 多变量检验结果

效应	Wilks Λ	F	P
性别	0.967	4.407	0.000
婚否	0.969	4.118	0.000
学历	0.981	2.413	0.014
性别×婚否	0.994	0.704	0.688
性别×学历	0.995	0.662	0.725
婚否×学历	0.979	2.793	0.005
性别×婚否×学历	0.993	0.940	0.482

表中数据是 Wilks' Lambda（Λ）值检验结果，在四种多变量统计检验方法中，Wilks' Lambda最具强韧性，且使用的时间也较久，是最常用

的方法。Wilks∧值介于 0—1 之间，Wilks∧越小表示自变量对因变量的影响效果越容易达到显著，表中的 F 值，是由 Wilks∧换算得来的，F 值越大，表示自变量对因变量的影响效果越容易达到显著。从上表结果可见，设定的模型中包括三个变量：性别、学历与婚姻状态，这三个变量对各个职业韧性特征均有显著的影响（$p<0.05$）。而且，学历与婚姻状态两者之间的交互作用也具有统计学意义[①]。表 4-5 是辅导员职业韧性测验 8 个分量表分数及总分数在性别上的差异检验结果。

表 4-5　多元方差分析之性别组间效应检验结果（F）

效应	PC-A	PC-B	PC-C	IR	OSR	SRP-A	SRP-B	SRP-C	CCRI 总
性别	5.408*	0.385	7.347**	9.847**	8.111**	0.499	0.007	0.481	1.936

注：***$p<0.001$、**$p<0.01$、*$p<0.05$。

上表是关于辅导员的职业韧性特征在性别上的效应检验结果。由此可知，男、女辅导员在 PC-A（个体情绪特征）、PC-C（个体认知特征）、IR（应对压力的初始反应）、OSR（社会性支持与资源）等四个韧性特征上有显著差异。结合均值大小（见表 4-6）来看，男辅导员在面对重要的职业逆境/压力时，他们的应对初始反应要显著低于女辅导员。就韧性资源而言，男辅导员拥有更明显的情绪韧性特征和行为韧性特征，但在社会支持的获得和利用上，则明显不如女辅导员。除了这四个韧性因素之外，在其他的韧性分量表得分上，两性辅导员没有统计学差异，这种情况在职业韧性的总分上亦然。

结合辅导员职业韧性的总体发展水平与人口学差异来看，辅导员在面对重要的职业压力事件时，所获取的社会支持资源的可利用程度较高，这

[①] 所谓交互作用，是指一个自变量（比如学历）对因变量的影响效果在另一个自变量（比如婚姻状况）的每一个水平（单身或已婚）上是不一样的。此时单纯研究某个自变量的作用是没有意义的，必须分别在一个自变量的不同水平上研究另一个自变量的作用大小。

点与李琼、吴丹丹对北京市 455 名中小学教师心理韧性的研究结果一致。后者的研究结果显示，来自学校领导的支持和同事的信任，这种支持性工作条件能显著促进教师的心理韧性水平。

表 4-6　男女辅导员在职业韧性分量表及总测验上的均值（标准差）

性别	统计量	PC-A	PC-B	PC-C	IR	OSR	SRP-A	SRP-B	SRP-C	CCRI 总
女	均值	3.25	3.93	3.19	3.10	3.88	3.82	3.60	3.88	3.58
	标准差	0.80	0.52	0.80	0.74	0.66	0.51	0.72	0.59	0.41
男	均值	3.34	3.96	3.34	3.24	3.72	3.86	3.61	3.85	3.61
	标准差	0.86	0.60	0.78	0.76	0.74	0.56	0.78	0.62	0.43

由于学历与婚姻状态对职业韧性特征的影响存在交互作用（Wilks Λ = 0.979, F = 2.793, P<0.01），因此，单纯研究某个自变量的作用是没有意义的，必须分别在一个自变量的不同水平上研究另一个自变量的作用大小。也就是说，应该在学历的本专科水平与研究生水平上，分别来分析婚姻状态对职业韧性的影响作用；同时在已婚和单身这两个婚姻状态水平上，分别来分析学历对职业韧性的影响意义。简言之，当学历与婚姻状态存在交互作用时，需要对这两个自变量的单纯主要效果进行比较分析。

从表 4-7 的数据可见，对本专科学历的辅导员而言，婚姻状态仅对职业韧性的社会支持资源（OSR）分量表得分有显著影响，结合均值大小可获知，该群体中的已婚辅导员在经历职业逆境时，可利用的社会性支持资源要显著少于单身辅导员；而在研究生学历的辅导员群体中，婚姻状态不同，在职业韧性的六个分量表（包括个体情绪特征 PC-A、个体行为特征 PC-B、个体认知特征 PC-C、压力应对的初始反应 IR、社会支持资源 OSR、行为自我调节过程 SRP-B）及总测验的得分上均有显著差异。

结合均值大小可获知，该群体中的已婚辅导员在经历职业逆境时，他们的初始反应水平明显高于未婚辅导员群体，而且在五种韧性资源上的得分也显著低于单身辅导员群体,导致在职业韧性测验的总分上具有统计差异。

表4-7 不同学历水平的辅导员在婚姻状态上的职业韧性差异分析(均值±标准差)

韧性特征	婚否\学历	未婚	已婚	F
PC-A	本专科			0.074
	研究生	3.40±0.80	3.24±0.90	5.933*
PC-B	本专科			0.846
	研究生	4.05±0.50	3.92±0.58	10.406**
PC-C	本专科			0.041
	研究生	3.45±0.79	3.20±0.80	17.309***
IR	本专科			1.741
	研究生	3.29±0.75	3.14±0.78	6.897**
OSR	本专科	3.96±0.73	3.64±0.73	11.819***
	研究生	3.91±0.71	3.75±0.68	9.937**
SRP-A	本专科			0.768
	研究生			0.123
SRP-B	本专科			0.898
	研究生	3.67±0.72	3.53±0.79	6.111*
SRP-C	本专科			0.011
	研究生			1.358
CCRI总分	本专科			0.168
	研究生	3.69±0.42	3.56±0.45	16.198***

注:本表仅摘录具有差异显著性($*p<0.05$,$**p<0.01$,$***p<0.001$)的韧性条目

从表4-8的数据可见,对单身辅导员而言,学历不同,其职业韧性的个体行为特征PC-B、个体认知特征PC-C、压力应对的初始反应IR三个分量表的得分,以及总测验分数存在显著差异。结合均值大小可获知,具

有研究生学历的单身辅导员在经历职业逆境时，其应激性初始反应水平明显高于本专科学历的辅导员，而且在PC-B、PC-C这两种韧性资产上的得分和韧性测验的总分上亦显著高于本专科学历的辅导员；对已婚辅导员而言，学历对职业韧性特征的影响效应均不显著。

表4-8 不同婚姻状态的辅导员在学历水平上的职业韧性差异分析（均值±标准差）

韧性特征	学历 婚否	本专科	研究生	F
PC-A	未婚			1.561
	已婚			0.099
PC-B	未婚	3.87±0.58	4.05±0.50	10.656***
	已婚			0.093
PC-C	未婚	3.22±0.75	3.45±0.79	7.671**
	已婚			0.200
IR	未婚	3.05±0.69	3.29±0.75	9.288**
	已婚			0.145
OSR	未婚			0.378
	已婚			2.624
SRP-A	未婚			3.280
	已婚			0.290
SRP-B	未婚			0.312
	已婚			1.525
SRP-C	未婚			0.024
	已婚			0.746
CCRI总分	未婚	3.59±0.39	3.69±0.42	4.701*
	已婚			0.112

注：本表仅摘录具有差异显著性（*$p<0.05$，**$p<0.01$，***$p<0.001$）的韧性条目

二、工作经验对辅导员职业韧性的影响

研究选取了专兼职、职称和工作年限三个变量，作为反应工作经验的主要因素，运用多元方差分析，探讨工作经验对辅导员职业韧性的影响意义。研究运用《辅导员职业韧性量表》，从专兼职（专职、兼职）、职称（初级职称、中级职称、高级职称）、工作年限（0—2.0 年、2.1—5.0 年、5.1—10.0 年、10 年以上）等方面，对职业韧性的总测验及八个分量表得分进行多元方差分析。表 4-9 是用多元方差分析对设定的模型中各因素变量的总体检验结果。

表 4-9　多变量检验结果

效应	Wilks Λ	F	P
专兼职	0.967	1.947	0.013
职称	0.990	0.579	0.902
工作年限	0.978	0.828	0.704
专兼职×职称	0.992	0.463	0.964
专兼职×工作年限	0.984	0.596	0.939
职称×工作年限	0.971	0.563	0.994
专兼职×职称×工作年限	0.974	0.604	0.977

从上表结果可见，设定的模型中包括三个变量：专兼职、职称与工作年限。这三个变量的主要效果之多变量显著性检验均无显著影响，而且三者间的交互作用也未达到显著水平。接下来分别对三个因素和四种交互作用组合分别进行各个组间效应的检验（即单变量多元方差分析）。表 4-10 是辅导员职业韧性测验 8 个分量表分数及总分数在工作经验上的差异检验结果。

表4-10 多元方差分析之工作经验组间效应检验结果（F）

效应	PC-A	PC-B	PC-C	IR	OSR	SRP-A	SRP-B	SRP-C	CCRI总
专兼职	0.025	5.434*	0.293	0.682	3.020	7.430**	3.627	2.912	4.829*
职称	0.209	0.057	0.328	1.254	1.860	0.483	0.073	0.450	0.614
工作年限	0.430	0.213	0.896	0.684	1.122	0.406	2.551	1.130	1.280

注：**$p<0.01$、*$p<0.05$。

如表4-10所示，专职辅导员和兼职辅导员在个体行为特征PC-B、情绪自我调节过程SRP-A和总测验得分上有显著差异。结合均值大小（见表4-11）来看，专职辅导员老师拥有的韧性行为特征更明显，更善于进行情绪的自我调节，这使得专职辅导员的职业韧性总水平显著高于兼职辅导员。就职称与工作年限这两种工作经验因素而言，不论是在初级—中级—高级职称的辅导员之间，还是在四种不同的工作年限的辅导员之间，他们的职业韧性特征及其总水平的差别并没有统计学显著性。

表4-11 专/兼职辅导员在职业韧性分量表及总测验上的均值（标准差）

工作性质	统计量	PC-A	PC-B	PC-C	IR	OSR	SRP-A	SRP-B	SRP-C	CCRI总
专职	平均数	3.29	3.96	3.27	3.20	3.82	3.86	3.62	3.88	3.61
	标准差	0.85	0.57	0.79	0.77	0.71	0.54	0.76	0.61	0.44
兼职	平均数	3.37	3.84	3.29	3.09	3.68	3.73	3.58	3.77	3.54
	标准差	0.72	0.59	0.78	0.67	0.71	0.54	0.67	0.59	0.43

三、组织特征对辅导员职业韧性的影响

研究选取了学校类型与学校层次这两个组织特征变量，运用多元方差分析，探讨辅导员职业韧性在组织特征上的差异。运用《辅导员职业韧性

量表》，从学校类型（文科类、理工类和综合类）与学校层次（一本类、二本类、三本及高职高专类）两个方面，对辅导员职业韧性的总测验及八个分量表得分进行多元方差分析。表4-12是用多元方差分析对设定的模型中各因素变量总体检验结果。

表4-12 多变量检验结果

效应	Wilks Λ	F	P
学校类型	0.975	1.557	0.073
学校层次	0.970	1.915	0.016
学校类型×学校层次	0.961	1.225	0.179

从上表结果可见，设定的模型中包括两个自变量：学校类型与学校层次，只有学校层次的主要效果之多变量显著性检验达到显著性（$p=0.016<0.05$），而两种组织特征因素之间的交互作用未达到显著水平。接下来分别对学校类型和学校层次这两个因素，以及两者的交互作用分别进行各个组间效应的检验（即单变量多元方差分析）。表4-13是辅导员职业韧性测验8个分量表分数及总分数在组织特征上的差异检验结果。

表4-13 多元方差分析之组织特征组间效应检验结果（F）

效应	PC-A	PC-B	PC-C	IR	OSR	SRP-A	SRP-B	SRP-C	CCRI总
学校类型	1.658	2.384	0.450	0.729	3.092	0.342	0.212	0.692	0.675
学校层次	2.351	0.681	0.911	4.392*	1.166	0.569	2.849	1.446	1.656
类型×层次	0.285	0.976	0.171	0.940	2.225	0.076	1.331	1.031	0.235

注：*$p<0.05$。

如表4-13所示，不同层次学校的辅导员在压力应对的初始反应IR特征上的得分有显著差异（$p=0.013<0.05$），这意味着，在遭遇职业逆境时，一本、二本、三本/高职高专类学校的辅导员，在初始反应水平上具有明显

不同。由于学校层次有三个水平，所以不能直接按照三者的均值大小来判断孰高孰低，需要对这三组均值做多重比较分析。

结果显示（见表4-14），不同层次学校的辅导员在压力应对的初始反应IR特征上的差异，主要表现为一本类与二本类学校之间的差异（$p=0.001<0.01$），而在一本类与三本类之间（$p=0.516>0.05$）、二本类与三本类之间（$p=0.375>0.05$）并没有显著不同。也就是说，一本类学校的辅导员，在面对重要的职业逆境/压力时，他们的初始反应水平要显著高于二本类学校的辅导员。就学校类型而言，辅导员职业韧性水平并不因所在学校的文理科差异而有明显不同，而且这两种组织特征因素的交互作用亦不显著。

表4-14 不同层次学校的辅导员在职业韧性分量表及总测验上的均值(标准差)

学校层次	统计量	PC-A	PC-B	PC-C	IR	OSR	SRP-A	SRP-B	SRP-C	CCRI总
一本类	平均数	3.34	3.93	3.28	3.24	3.80	3.85	3.63	3.82	3.61
	标准差	0.83	0.57	0.76	0.75	0.71	0.55	0.71	0.61	0.43
二本类	平均数	3.23	3.95	3.26	3.08	3.80	3.81	3.50	3.88	3.56
	标准差	0.87	0.58	0.82	0.78	0.70	0.55	0.82	0.60	0.45
三本/高职专类	平均数	3.29	3.95	3.14	3.20	3.78	3.88	3.78	3.96	3.62
	标准差	0.75	0.51	0.81	0.71	0.72	0.49	0.60	0.57	0.41

讨论与小结

依据工作场所的自我调节韧性理论模型，我国高校辅导员的职业韧性资源可从日常稳态与职业逆境两方面来区分，前者包括知-情-行三类韧性特征资源，后者包括应激初始反应、知—情—行三类自我调节性韧性资源与可利用的社会支持资源等。

总体来看，当前我国高校辅导员的职业韧性整体上处于中等水平；相比日常稳态下的韧性特征资源，辅导员在职业逆境下的情绪与认知调节力有明显优势；辅导员的职业韧性具有显著的人口学特征，且在性别、学历、婚姻状态、工作经验与组织特征等因素上存在复杂交互作用。具体分析如下：

第一，辅导员在应对职业不良事件时，认为自身拥有中等稍高的职业韧性。辅导员的这种自我认知与高校教师群体一致，一项关于548名高校教师的职业韧性的研究调查认为，该职业群体的职业韧性处于中等偏上些水平。相比女性辅导员而言，男性辅导员在情绪韧性特征和认知韧性特征上更具优势。一方面他们更善于控制自己的消极情绪，不容易受不良情绪的影响；另一方面他们具有更高的职业目标与规划，倾向于将职业压力/逆境视为一种挑战或机遇，更善于做理性的反思自我。这点与我国男性所具有的内控性和问题应对风格一致，也与我国高校教师的职业韧性特点一致，即男教师有更明确的职业愿景，工作中表现出了更强的事业心和成就期待。

第二，学历与婚姻状态交互影响着辅导员的职业韧性。以往研究认为，已婚高校教师的职业韧性高于未婚者。而本研究却发现，若要审慎客观地理解婚姻对职业韧性的影响作用，很有必要纳入学历因素，要具体人群具体分析，未婚研究生辅导员的职业韧性水平就显著高于已婚研究生学历者。前者更善于控制自己的消极情绪，不易受消极情绪的影响，更倾向于将职业逆境视为一种挑战或机遇，善于理性思考和自我反思，多以问题解决为导向且有较高的自我效能感。

出现这种情况的可能原因是，婚姻对职业者的支持价值，关键取决于婚姻的质量而非有没有伴侣，其中婚龄就是一个重要的影响变量。对新婚者而言，结婚所带来的诸多生活改变，使得新婚成了一个非常大的应激源。而我国的高校辅导员群体多以应届毕业研究生为主，其入职年龄也恰逢适婚年龄，因此有相当比例的从业者，既是辅导员职业上的新手，亦是婚姻上的新人，面对职业环境和家庭化境的双重巨变，他们原有的社会性资源显得极其匮乏，婚姻对其而言不但构不成支持资源，反而变成了一个很大的压力源。与之相反，对于那些入职之后还未成家的辅导员而言，来自原生家庭和亲朋好友的社会资源，却能够给予其丰富且高质量的人际支持，使其在应对职业困境时有更稳定的情绪、更好的职业心态和更高效的应对策略。

第三，相比日常稳态下的韧性资源，辅导员所拥有的工作逆境下的自我调节类韧性资源更具优势。其中，辅导员的行为自我调节力明显高于情绪的与认知的自我调节力，表现为身处逆境时能以问题解决为导向，坚持设定高标准，能专注于目标的达成，具有较高的自我效能感和力量感。在情绪自我调节力方面，辅导员表现为身处不利职业事件时，能基于事实比较理性地作出重要决定，不容易感情用事，不太会沉溺放纵自己，而且能够合理平衡好自己的工作与生活等等。在认知自我调节力方面，他们善于调控自己的想法与认知，倾向于使用意义建构策略来积极解读所遭遇的职业压力事件，而意义一旦被重构，个体就能够理解甚至接纳逆境，这种建构过程不但获得了逆境的意义感，还会获得目的感，进而产生行动力。

第四，专职辅导员的情绪自我调节能力显著高于兼职辅导员。在职称、工作年限与专兼职等三种反映工作经验的人口学变量中，只有专兼职工作经历能有效区分辅导员职业韧性的高与低。毕竟专职辅导员因其担任的本职工作时间更长，承担的工作职责更多，牵涉的任务范围更广，因而要比兼职辅导员有更多的历练，亦积累了更丰富的工作经验，具有更高的辅导员职业动机，这些都能为专职辅导员应对不良职业事件时提供更好助力，使其更能从容面对逆境。

第五，不同层次学校的辅导员在遭遇不良职业事件时的应激初始反应有显著差异。相较于二本、三本或高职高专类学校，一本学校辅导员的应激初始反应要明显高些，而依据心理压力与问题解决效率的倒"U"关系来看，这种应激体验会更利于一本学校辅导员激活自身资源来应对压力。导致辅导员职业韧性在组织变量上的差异，很可能是因为一本学校的组织文化更重视辅导员的职业发展，因此通常能投入更多更优质的物质资源与主观支持，有研究曾表明，当学校组织文化越重视教师发展，中学体育教师的职业韧性就会越强。另外，一本学校辅导员在应对职业逆境过程中的消极体验也明显低于二本、三本/高职高专类学校的辅导员。原因可能是一本学校更强的职业吸引力和更严格的准入条件，使其拥有更多高素质的辅导员，加之一本学校能提供更多高质量的职后培训资源，这些都使得其从业者具备更好的压力适应性。

第六，高质量的社会支持是辅导员重要的职业韧性保护资源，而该资源受到了辅导员婚姻与学历的交互影响，即未婚辅导员的社会支持维度得分显著高于已婚辅导员，这种趋势不论是在研究生群体中，还是在本专科群体中均很明显。这再次印证了，稳定而良好的人际支持才是心理韧性至关重要的保护性因素。

基于以上特点，针对新时代高校辅导员的职业韧性干预建议是：

其一，新时代高校辅导员的职后培养与培训，亟待加强职业韧性。新时代的高校辅导员任重道艰，职业生涯充满压力与应激，亟需提升自身的职业韧性，来助其有效应对重大职业困境，获取职业上的快速发展与成功。国外多项有关职业韧性培训的研究表明，职业韧性可通过专门的培训干预获得显著提升。因此，培训作为我国高校辅导员专业化发展的重要途经之一，亟需开发职业韧性议题。

其二，培养新时代辅导员的职业韧性要扶"弱"固"强"。所谓扶"弱"，就是要加强辅导员的日常稳态下的韧性资源，增强职业逆境下的行为自我调节力以及在遭遇逆境时保持适度的应激初始反应水平等；所谓固"强"，就是要在接纳和肯定现有资源基础上，进一步增强辅导员应对重大职业不利事件时的认知自我调节力、情绪自我调节力以及获取和利用高质量社会支持资源的能力。

其三，设计新时代辅导员的职业韧性干预项目时，应审慎考量人口学因素。正如研究所揭示的，诸如性别、学历、婚姻、工作经验与学校层次等因素，都对辅导员的职业韧性产生着单独的或交互性影响。提示管理者在评估辅导员的职业抗压力时，以及设计相关的辅导员职业韧性干预项目时，要审慎地考量人口学因素，有针对性地开展工作。

第四节
不同复原力水平的辅导员职业韧性特点

一、复原力量表在辅导员群体中的适用性分析

对辅导员心理复原力的测量采用《简明心理韧性量表》。该量表由史密斯等人（Smith et al.，2008）开发，基于韧性的结果观，来评估成人的心理韧性水平。量表为单维度结构，共有6个题项，其中正向记分项目有3个（第2、4、6题），负向记分项目有3个（第1、3、5题）。施测时将条目表述根据辅导员工作情境进行了调整。采用李克特五点计分制，让被试评估自身对各条目的认可程度，从"非常同意"到"非常不同意"，分别记为5分至1分，得分越高表示辅导员的职业复原力水平越高。

复原力量表以心理韧性的结果说为理论根据，是测量成人复原力的理想工具之一，其英文版具有很好的信度与效度。中文翻译版亦具有较高的信效度。这里仅分析该问卷在本次研究中的信度与效度，其中信度分析主要采用内在一致性信度系数（克隆巴赫α系数）来评判，效度分析主要使用探索性因素分析（EFA）来检验。采用LISREL8.80做验证性因素分析（CFA），以最大似然估计法（maximum likelihood，ML）进行参数估计。结果见表4-15。

表4-15 复原力量表在辅导员群体中的信度与效度分析表

因素	项目内容	因素载荷
复原力	工作中发生了不好的事情，我很难马上复原。	0.797
	我一般需要很长时间才能克服工作中的挫折。	0.690
	要走出职业压力事件的影响，我觉得是件艰难的事情。	0.658
	工作中的艰难时期一旦结束，我能很快复原。	0.585
	我不用太长时间就能从职业压力事件中走出来。	0.539
EFA CFA 参数	累计可解释方差量（%）	43.55
	克隆巴赫α系数	0.67
	KMO值	0.70
	巴特里特球形检验（显著水平）	86.273（p<0.001）
	RMSEA[4]	0.07
	NNFI	0.94
	CFI	0.97
	CHI/df	1.54

注：1. 克隆巴赫α系数是内在一致性的函数，其值越大越好；2. 根据Kaiser（1974）观点，当KMO为0.7~0.8时，表明进行因素分析是适中的；当KMO为0.8—0.9时，表示因素分析适切性良好，当KMO在0.9以上时，表示因素分析适切性极佳；3. 巴特里特球形检验（Bartlett's test of sphericity）结果达到统计显著水平（p<0.05）时，球形假设被拒绝，表明量表的题项之间可能有共同因素存在，取样数据适合进行因素分析；4. 根据温忠麟等（2004）提出的4个优秀的拟合指数（fit measures）来检验结构方程模型的拟合优度，其中绝对拟合指数（absolute fit measures）使用RMSEA（当RMSEA<0.08为合理拟合），相对拟合指数（relative fit measures）为NNFI（当NNFI>0.90为合理拟合）与CFI（当CFI>0.90为合理拟合），CHI/df是卡方值除以自由度，其值越小越好。

复原力原始量表共有6个题项，在本研究的辅导员取样中的量表分析结果为单维度5个题项，删除了原第5题"我通常能不费事地度过职业中的困难时期"。这5个题项在探索性因素分析的结果下聚成了一个维度，各题项的因子值均在0.40以上，共解释变异量43.55%，内在一致性系数是可接受的。同时，该问卷的结构方程模型拟合优度指数，RMSEA、NNFI与CFI均落入合理拟合范围。以上指数说明5条目的复原力量表在辅导员群体中的测量是有效的。此次施测数据的克隆巴赫（Cronbach α）内在一致性系数是0.669，分半系数是0.670，说明测量工具在此次施测中的信度是理想的。

二、高、中、低复原力者的入组标准

《复原力量表》主要评估辅导员的韧性适应结果,《职业韧性量表》主要评估辅导员的韧性适应过程。那么不同复原力水平的人,他们的职业韧性有没有显著差异呢?针对这个问题,研究将被试的复原力总分划分为高、中、低三个水平,然后探讨三组辅导员在职业韧性总分和八个维度分上的差异。

具体分组办法是:将复原力总分按降序排序,取其前 30% 分为高复原力组、后 30% 分为低复原力组、中间 40% 分为中等复原力组,最终三组的辅导员分布情况见表 4-16。

表 4-16 高、中、低三种复原力水平的辅导员人数分布情况

组别	人数	百分比
低复原力组	62	35.2
中等复原力组	45	25.6
高复原力组	69	39.2
合　计	176	100.0

三、高、中、低复原力者的职业韧性特点

为了比较高复原力组、中等复原力组、低复原力组的辅导员在职业韧性上的差异,首先做单因子方差分析。结果显示(见表 4-17),三组复原力水平的辅导员在职业韧性八个分量表得分以及总测验得分上均存在显著性差异。至于到底是哪两组之间的差异具有统计学意义,还需要进行事后多重比较分析。

表 4-17　高、中、低复原力组的辅导员在职业韧性上的差异比较

职业韧性维度	高复原力组 均值	高复原力组 标准差	中等复原力组 均值	中等复原力组 标准差	低复原力组 均值	低复原力组 标准差	F	P
PC-A	3.66	0.57	3.31	0.76	3.11	0.79	10.876	0.000
PC-B	3.95	0.56	3.69	0.65	3.69	0.61	3.782	0.025
PC-C	3.70	0.72	3.29	0.51	3.04	0.74	3.957	0.021
IR	3.65	0.60	3.33	0.45	2.90	0.63	24.176	0.000
OSR	3.94	0.66	3.57	0.51	3.40	0.64	13.237	0.000
SRP-A	3.99	0.49	3.69	0.44	3.72	0.48	7.229	0.001
SRP-B	3.86	0.58	3.50	0.60	3.62	0.79	9.802	0.000
SRP-C	4.11	0.47	3.73	0.46	3.74	0.46	13.568	0.000
CCRI 总分	30.52	2.66	28.11	2.10	26.96	2.75	32.710	0.000

事后多重分析结果显示，辅导员的职业韧性总分与压力应对的初始反应 IR 因子得分，在三个复原力组之间两两差异均显著。三组辅导员的韧性总分和 IR 因子分比较结果具有一致性：高复原力组>中等复原力组>低复原力组。随着复原力水平的升高，辅导员的职业韧性总水平愈高，韧性特征愈明显。那些复原力水平愈高的辅导员，在遭遇重要的职业压力事件时，应激初始反应水平愈高，该特点符合应激与适应的倒"U"型规律，即适度的应激或焦虑状态才能让个体获得较佳的适应结果，而焦虑度太低或太高都会显著削弱人的适应性。三组辅导员的 IR 均值处在"2分"至"4分"之间，都在中等取值区间之内，当面对职业逆境时，那些应激初始反应水平越高的辅导员，他们解决问题的心理准备状态可能越好，越有可能获得较好的逆境适应结果，达到较佳的复原力状态。

高复原力组的社会支持资源 OSR、个体情绪特征 PC-A、个体行为特征 PC-B、情绪自我调节过程 SRP-A、情绪自我调节过程 SRP-B、情绪自

我调节过程 SRP-C 等 6 个因子的分数，显著高于中等复原力组和低复原力组，而这 6 个因子得分在中等复原力组和低复原力组之间的差异并没有统计学意义。另外，高复原力组的个体特征 PC-C 因子得分显著高于低复原力组，但与中等复原力组无异。这说明，具有高复原力的辅导员，在面对或身处重要的职业逆境时，他们的职业韧性资源最丰富。在个体层面上，他们拥有较高的情绪类和行为类的韧性资产。在人—环境相互作用层面上，他们亦具有完善的自我调节力资源，同时，他们还能获取最多最有效的社会支持。所有这些韧性资源最终促使高复原力的辅导员表现出鲜明的职业韧性特征。

讨论与小结

职业韧性是个体在遭遇重要的职业压力/逆境时，主动调节自己的所感、所思与所为，从而得以快速回复甚或愈挫弥坚的过程。因此，主动性、系统性与动态性是职业韧性的实质。本研究发现，辅导员的职业韧性是由认知的、情绪的、行为的三维保护性资源构成的一个系统的动态结构，该结构验证了职业韧性的自我调节模型。

本研究证实职业韧性的保护资源有三大类，即情绪情感类资源，让人获得价值感；认知类资源，让人获得一致感、意义感与希望感；行为策略类资源，让人获得力量感与效能感。这种三分法在学界已有先例，比如，贝纳德（Benard, 1991）将心理韧性成分划分为社会性能力（情绪情感类）、目标感与希望感（认知类）、问题解决策略与自主性（行为类）。无独有偶，拉米雷斯（Ramirez, 2007）将心理韧性分为三个维度，其中情绪情感维度包括积极的人际关系或社会支持、幽默感、宜人性或灵活性；认知维度包括自尊与高抱负；行为维度包括自我效能与自我决定。

本研究从实证视角也证实了辅导员的职业韧性的知情行三类保护性资源，既包括个体水平资源，也包括人—环境相互作用水平的资源。具体来讲，在个体层面，情绪控制力能给人提供一种健康的情绪状态，这反映了职业韧性的情绪维度；信念、世界观和抱负让人获得一种内在同一感，这反映了职业韧性的认知维度；自我效能和类似特征能给人一种力量感，这反映了职业韧性的行为维度。在人—环境层面，人际归属感与接纳感反映的是职业韧性的情绪维度；对自我和世界的了解反映了职业韧性的认知维度；努力付出或对有意义活动的贯注则反映了职业韧性的行为维度。职业韧性的知情行自我调节过程，亦可以从个体水平与人—环境水平来理解，最终情绪自我调节过程让人获得"我值得"的信念；认知的自我调节过程使人获得"我懂得"的信念；行为的自我调节过程使人获得"我做得"的信念。职业韧性的认知、情绪与行为特征，三者结合最终促使个体获得成功的职业路径、工作绩效、人际适应、心理健康乃至职业幸福感。

综上所述，辅导员具有较高且均衡的职业韧性资产，而且在面对重要的职业压力/逆境时，应激初始反应中等，且能够灵活有效地调节自身的韧性资产，从而能从逆境中迅速恢复甚至获得成长。这符合金恩和罗斯坦所描绘的：一个职业成功者的最核心特征，是善于对自身的情绪情感、认知思维和行为反应进行自我调控，它使个体能控制消极的情绪和想法，从羞愧、失望和幻灭中走出来，能指引个体灵活地调整目标与标准，适应工作中的局限与限制，能让个体在面对压力与逆境时，从毕生发展视野来决定什么该做，什么不该做。这种何时执着、何时迂回、何时放弃的灵活性就是自我调节能力的本质，亦是韧性的关键所在。金恩与罗斯坦认为，职业中的个体要想获得发展与成长，明智之举就是找到对职业目标的坚持、调整与舍弃间的平衡点。因此说，职业韧性的本质，就是一种矢志不渝与灵活变通的平衡过程。

第五章
韧性效能：职业韧性对高校辅导员工作适应的影响

高校辅导员的职业韧性，是指在经历重要的职业压力或逆境时，辅导员自身及其环境中的保护性因素，与其自我调节过程之间发生相互作用，从而使辅导员获得快速复原和积极成长的一种重要的职业心理素质。大量研究证实，员工的职业韧性与其良好的工作表现紧密相关，这些表现涉及员工的工作绩效、工作态度与心理健康等各个方面。本书基于大样本调查数据显示，目前我国高校辅导员职业韧性的总体发展水平良好，那么这种韧性态势，是否能助益于该职业群体积极适应当前的高工作压力？目前高校辅导员的工作适应现状如何？辅导员的职业韧性又是通过哪些主体性因素来影响其工作适应的？

本章将针对这些问题，进一步探讨高校辅导员职业韧性的影响意义和具体作用机制，通过整合更多的高校辅导员心理素质，来建构诸多变量之间的影响关系图，为培养我国高校辅导员的心理素质提供系统科学的理论指导。本章具体研究设计框架见下图5-1。

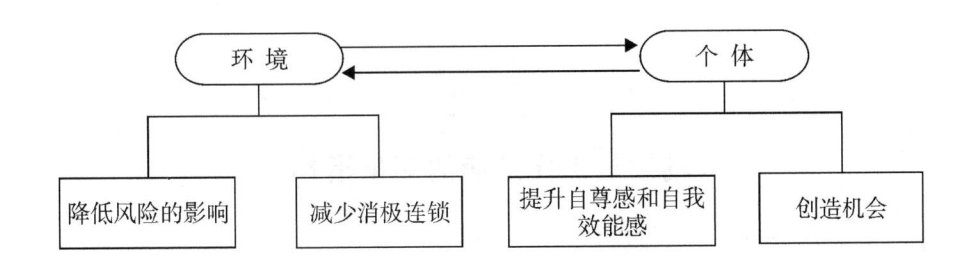

图 5-1　职业韧性对高校辅导员工作适应的影响：研究设计框架示意图

第一节
辅导员工作适应的测量指标

工作适应是人与环境相互作用，保持和谐一致的状态，既包括人对工作要求的客观满足，又包含个体与工作环境、工作要求的协调一致感和满足感。工作适应理论最先由戴维斯和劳夫奎斯特（Dawis & Lofquist，1968）提出，他们认为，工作适应是个体在与环境的相互作用中满足彼此需求的过程，由三个指标来衡量，即个体对工作环境的满意度、工作环境对个体的满意度以及工作持久性。

由于学术界对工作适应的操作性概念尚未达成一致，导致对工作适应的测量也未统一。不同学者多从自己研究的角度自编问卷，或者选择工作适应的结果变量作为测量指标。在众多测量工作适应的研究中，绩效、承诺和社会性适应是最主要成分。本研究将辅导员良好的工作适应状态描述为：高职业承诺、高关系绩效与低工作倦怠。也就是说，一个具有良好工作适应的高校辅导员，他对辅导员职业具有积极的态度与忠诚度，在工作中能够主动执行超越角色要求的且对组织绩效具有促进作用的行为，同时不存在工作倦怠的倾向。高校辅导员工作适应的三维指标解释如下：

一、高职业承诺

作为职业心理学研究的一个重要分支,职业承诺是"人们对待自己的专业或职业的态度。"描述了员工对专业或职业的态度与行为倾向。国外研究职业承诺始自20世纪80年代,迈耶与艾伦(Meyer & Allen,1993)首开教师职业承诺之先河,掀起了各行业员工职业承诺的研究热潮。我国学界于21世纪初才正式提出职业承诺的概念。目前,针对职业承诺的结构研究尚存争议,主要有单维、二维、三维及四维结构。目前最受学界认可的是布劳(Blau,1985)的单维度理论,该理论认为职业承诺只有单一的情感维度。情感承诺作为职业承诺的核心要素之一,也是国内外学界对职业承诺最有共识之处。布劳于1985年在借鉴了三个测量工具的基础上开发了单维度职业承诺量表。这三个工具分别是,用于测量承诺行为的专业承诺量表,用于测量职业热爱程度的职业取向量表,以及用于测量留职愿望的职业承诺量表。被证明有理想的信度和效度。

二、高工作绩效

近年来,学界对组织公民行为的研究兴趣持续升温,研究领域逐渐从组织行为学,扩展到诸如人力资源管理、营销管理、战略管理、领导科学等领域中。越来越多的学者将组织行为学的研究重点,由工作绩效的任务绩效成分转向关系绩效成分。

组织公民行为的实质类似于关系绩效,并且它与任务绩效关系密切。组织公民行为是指那些能够对组织社会中的任务绩效提供维持作用和增强作用的行为总和。它"在组织正式的薪酬体系中尚未得到明确或直接确认，但就整体而言有益于组织的绩效。"此种行为具有五大特点：一是工作角色之外的行为；二是完全认定为员工的自发行为，并非组织强迫所致；三是这种行为往往容易被忽视，具有不易察觉特性；四是对该行为缺乏正式的激励制度，没有直接奖励；五是有助于组织绩效的提高。组织公民行为有两大类，一类是帮助个人的行为，一类是帮助组织的行为。前者以个人为对象，偏向于人际利他，又称为人际促进（简称OCB-I）；后者以组织为对象，偏向于组织公益，又称为工作奉献（简称OCB-O）。

三、低工作倦怠

工作倦怠是个体不能有效地应对职业压力，而产生的一种长期性反应。1974年，弗罗伊登伯格（Freudenberger）首次使用"倦怠"描述心理咨询行业从业者的一种耗竭状态，认为倦怠是由于过量的精力、能力和资源需求而导致的一种崩溃、耗竭状态。工作倦怠是一个多维概念，包括情绪衰竭、犬儒主义和低成就感。其中，①情绪衰竭，反映了工作倦怠的压力维度，是个体感到自己的情绪资源和认知资源被过度透支与耗尽，感觉过度疲劳，缺乏工作动力，有挫折感、紧张感，甚至出现害怕工作的情况。②犬儒主义，又译为讥诮态度、情感疏离、消极怠慢等，这是个体对"情绪衰竭"的应对，是指个体以消极、否定或麻木不仁的态度对待工作，以应对耗竭。表现为对工作不及以前热心投入，很被动地完成自己分内的工作，怀疑工作的意义等。③低成就感，反应工作倦怠的自我评价维度，亦是情绪衰竭产生的后果，表现为个体低估或否定工作的意义和自我的效能，感觉不到工作的成就感，怀疑自身工作对组织的贡献率。根据此三维理论所研制的工作倦怠量表——MBI-GS（Maslach Burnout Inventory-General Survey），是目前国际上通用的测量工具，现被广泛应用于多种职业人群。

第二节
研究对象与研究工具

一、研究对象

依据方便抽样原则,在全国范围内按照行政区域进行西、中、东部地区分别抽样。取样的省(自治区、直辖市)级测试点共计11个,分别是宁夏、陕西、青海、重庆、河南、江苏、河北、北京、山东、广东、海南等,包含的取样院校有30余所。通过熟人,以纸质问卷邮寄,并辅以电子邮件方式发放问卷。共发放问卷1188份,回收问卷1188份,回收率100%。有效样本1107个,取样有效率为93.18%。对有效数据进行缺失值处理的办法同预测试。被试的人口学变量分布情况如下表5-1。其中,取自"985"院校的辅导员有73人,"211"院校的辅导员有190人,另有128人的单位既属于"985",又属于"211"。被试年龄在21—59岁之间,平均年龄为30.68±5.65岁;工作年限在0.5—35.0年之间,平均工龄为4.45±3.89年,

表 5-1　辅导员有效样本的人口学变量分布情况

人口学变量	类别	人数	百分比
性别	男	559	52.1
	女	513	47.9
专兼职	专职辅导员	845	84.4
	兼职辅导员	156	15.6
婚否	单身	420	39.9
	已婚	632	60.1
职称	初级职称	463	47.5
	中级职称	428	43.9
	高级职称	84	8.6
学历	本专科	256	23.1
	硕士研究生	774	71.9
	博士研究生	47	4.4
学校层次	一本	382	49.9
	二本	458	47.9
	三本/高职高专	117	12.2
学校类型	文科类	239	23.0
	理工类	455	43.8
	综合类	345	33.2

二、研究工具

研究问卷由四部分构成：①辅导员职业韧性调查部分；②辅导员工作适应性调查部分（包含职业承诺、工作倦怠和组织公民行为三个子量表）；③职业韧性影响工作适应的中间变量调查部分（包含职业认同与心理承诺两个子量表）；④人口学信息调查部分。共计77个题项。

第五章
韧性效能：职业韧性对高校辅导员工作适应的影响

(一)《高校辅导员职业韧性量表》

辅导员职业韧性测评采用自编的《辅导员职业韧性量表》。量表有八个维度32个题项，具体信息详见第四章第一节调查工具（一）。

(二)《高校辅导员工作适应性问卷》

对辅导员工作适应性的测评，选取三个指标，其中用《职业承诺量表》测量辅导员的职业承诺水平；用《组织公民行为量表》测量辅导员的关系绩效水平；用《工作倦怠量表》测量辅导员的工作倦怠情况。具体情况如下：

1.《职业承诺量表》，采用布劳等人（Blau, et al., 1985）编制的单维度职业承诺量表，该量表中文版由翁清雄和席酉民（2010）翻译修订完成，同时借鉴了龙立荣与李霞（2004）编制的《中小学教师职业承诺量表》中的情感承诺维度题项，去掉了布劳量表中的两个与经济承诺有关的项目："只要报酬相同，在不在目前的职业领域工作是无所谓的"与"只要个人经济不紧张，我很愿意继续从事现在的职业"，最终形成的《辅导员职业承诺量表》共有四个题项。然后根据辅导员工作情境，对这四个条目的文字进行了调整与修改，采用李克特五点计分制，让被试评估自身对各条目的认可程度，从"非常同意"到"非常不同意"，分别记为5分至1分，得分越高表示辅导员的职业承诺水平越高。

《职业承诺量表》在本次辅导员群体施测中的适用性情况，见表5-2中的信度和效度的分析结果。信度分析主要采用内在一致性信度系数（克隆巴赫α系数）来评判，效度分析主要使用探索性因素分析（CFA）来检验。采用 LISREL8.80 做验证性因素分析，以最大似然估计法（maximum likelihood，ML）进行参数估计。

表 5-2 辅导员职业承诺量表的信效度分析表

因素	项目内容	因素载荷
职业承诺	我很喜欢现在这份职业。	0.836
	现在从事的这份职业值得终身追求。	0.828
	目前从事的职业很理想，我不愿意放弃。	0.819
	我经常花时间阅读一些与职业相关的东西。	0.533
EFA CFA 参数	累计可解释方差量（%）	58.45
	克隆巴赫α系数[1]	0.75
	KMO 值[2]	0.76
	巴特里特球形检验（显著水平）[3]	1258.09（p<0.001）
	RMSEA[4]	0.00
	NNFI	1.00
	CFI	1.00
	CHI/df	0.21

注：1. 克隆巴赫α系数，是内在一致性的函数，其值越大越好，当 $0.70 \leq \alpha$ 系数 < 0.80 时，说明量表信度是可接受的，当 $0.80 \leq \alpha$ 系数 < 0.90 时，说明量表信度佳，当 α 系数 ≥ 0.90 时，说明量表信度非常理想；2. 根据 Kaiser（1974）观点，当 KMO 为 0.7—0.8 时，表明进行因素分析是适中的；当 KMO 为 0.8—0.9 时，表示因素分析适切性良好，当 KMO 在 0.9 以上时，表示因素分析适切性极佳；3. 巴特里特球形检验（Bartlett's test of sphericity）结果达到统计显著水平（$p<0.05$）时，球形假设被拒绝，表明量表的题项之间可能有共同因素存在，取样数据适合进行因素分析；4. 根据温忠麟等（2004）提出的 4 个优秀的拟合指数（fit measures）来检验结构方程模型的拟合优度，其中绝对拟合指数（absolute fit measures）使用 RMSEA（当 RMSEA<0.10 时为普通拟合，RMSEA<0.08 时为合理拟合），相对拟合指数（relative fit measures）为 NNFI（当 NNFI > 0.90 为合理拟合）与 CFI（当 CFI > 0.90 为合理拟合），CHI/df 是卡方值除以自由度，其值越小越好。

如表 5-2 所示，职业承诺量表的 4 个题项，在探索性因素分析的结果下聚成了一个维度，各题项的因子值均在 0.40 以上，共解释了 58.45% 的变异量，内在一致性系数 0.75，表明量表的信度理想。同时，该问卷的结构方程模型拟合结果中，RMSEA、NNFI 与 CFI 等拟合指数非常理想。以上指数说明该量表在辅导员群体中的测量是有效的。

2.《组织公民行为量表》（简称 OBC），依据威廉姆斯与安德森（Williams & Anderson，1991）等人提出的整合模型，从个体层面与组织层面分别测量辅导员的组织公民行为，即 OCB-I 与 OCB-O。考虑到量表的文化适用性，研究使用的测量条目主要参考 Farh 于 1997 年在中国台湾文化背景下编制的 20 项 OCB 量表，以及于 2004 年在中国大陆文化背景下修订的 32 项 OCB 量表，国内学者郭晓薇（2004）将英文版 32 项量表翻译并修订为 30 个条目，同时借鉴 Aryee 等人（Aryee, Budhwar & Chen, 2002）的问卷设计，最终形成的 OCB-I 与 OCB-O 各有 3 个条目。采用李克特五点计分制，让被试评估自身对各条目的认可程度，从"非常同意"到"非常不同意"，分别记为 5 分至 1 分，得分越高说明组织公民行为水平越高。

《组织公民行为量表》在本次辅导员群体施测中的适用性情况，见下表 5-3 中的信度和效度的分析结果。

表 5-3 辅导员组织公民行为量表的信效度分析表

因素	项目内容	因素载荷
个人倾向的 OBC	我愿意配合同事工作，并与之交流沟通。	0.876
	当同事的工作负荷过重时，我愿意提供协助。	0.823
	我愿意帮助同事解决与工作相关的问题。	0.808
组织倾向的 OBC	我不介意承担新的或有挑战的工作任务。	0.820
	我会主动提出改善部门工作的建议。	0.777
	当工作有需要时，我会主动加班加点干好事情。	0.503
EFA CFA 参数	累计可解释方差量（%）	70.80
	克隆巴赫α系数[1]	0.83
	KMO 值[2]	0.85
	巴特里特球形检验（显著水平）[3]	2806.02（$p<0.001$）
	RMSEA[4]	0.087
	NNFI	0.97
	CFI	0.98
	CHI/df	9.58

注：同表 5-2

如表5-3所示,组织公民行为量表的6个题项,在探索性因素分析的结果下聚成了两个维度,各题项的因子值均在0.40以上,共解释了70.80%的变异量,内在一致性系数0.83,表明量表的信度甚佳。同时,该问卷的结构方程模型拟合优度指数,$RMSEA = 0.087$,基本接近合理拟合,落入小于0.10的普通拟合范围,NNFI与CFI均为合理拟合。以上指数说明该量表在辅导员群体中的测量是有效的。

3.《工作倦怠量表》,采用的是MBI-GS量表的中文版(Maslach Burnout Inventory-General Survey)[1]。MBI-GS有15个题项,3个维度,即情绪衰竭(5题)、犬儒主义(4题)和低成就感(6题)。中文量表由国内学者李超平修订。考虑到低成就感因子与心理授权量表测量的低胜任能力因子本质很相似,都是对个体自我效能感等的测量,故本研究仅选取工作倦怠量表的情绪衰竭和犬儒主义两个因子,共计9个题项。对低成就感的测量,采用心理授权量表的胜任力因子3个题项,并对其反向计分。12个项目均采用李克特五点计分制,让被试评估自身对各条目的认可程度,从"非常同意"到"非常不同意",分别记为5分至1分,得分越高说明辅导员的工作倦怠程度越高。

《工作倦怠量表》在本次辅导员群体施测中的适用性情况,见下表5-4中的信度和效度的分析结果。

---

[1] Schaufeli W, Leiter M P, Maslach C, et al. MBI-General Survey [M]. Palo Alto, CA: Consulting Psychologists Press, 1996.

表 5-4　辅导员工作倦怠量表的信效度分析表

因素	项目内容	因素载荷
犬儒主义	我怀疑自己所做工作的意义。	0.803
	我对工作不像以前那样热心了。	0.803
	我对自己在工作上有无贡献越来越不关心。	0.768
	我对所从事的工作越来越不感兴趣。	0.863
情绪衰竭	一天工作下来，我感到精疲力竭。	0.835
	工作让我感到身心俱疲。	0.775
	工作让我觉得压力很大。	0.753
	早晨起床不得不去面对一天的工作时，我感觉很累。	0.713
	工作让我有快要崩溃的感觉。	0.511
低成就感	我对自己完成工作的能力很有信心。（反向记分）	0.775
	我相信自己有能力干好工作上的各项事情。（反向记分）	0.746
	我掌握了完成工作所需要的各项技能。（反向记分）	0.744
EFA CFA 参数	累计可解释方差量（%） 克隆巴赫α系数[1] KMO 值[2] 巴特里特球形检验（显著水平）[3] *RMSEA*[4] *NNFI* *CFI* *CHI/df*	67.73 0.86 0.88 5061.39（$p<0.001$） 0.07 0.96 0.97 7.61

如表 5-4 所示，工作倦怠量表的 12 个题项，在探索性因素分析的结果下聚成了三个维度，各题项的因子值均在 0.40 以上，共解释了 67.73% 的变异量，内在一致性系数 0.86，表明量表的信度甚佳。同时，该问卷的结构方程模型拟合优度指数 *RMSEA* = 0.07，落入小于 0.08 的合理拟合范围，*NNFI* 与 *CFI* 均为合理拟合。以上指数说明该量表在辅导员群体中的测量是有效的。

（三）《辅导员职业认同量表》

本研究使用的《辅导员职业认同量表》，整合了朱伏平的高校教师职业认同量表（2012）与魏淑华的中小学职业认同量表（2008，2012），主要测量辅导员职业认同的认知与情感成分，同时，在认知方面增加了对职业价值观的评估。这是因为，职业认同是个体对其所从事职业的肯定性评价，其实质是一种自我分类，这种分类是以职业为标准来进行的。辅导员职业的合法性在我国才刚刚被确立，社会上要形成和建立对辅导员职业的价值观可能尚需时日，但这点直接影响着辅导员的职业认同程度。基于此，本研究问卷中加入了"职业价值观"这一因素，从魏淑华（2008）量表中选取了1个题项，即"我觉得辅导员是社会分工中很重要的职业之一"。如此形成的辅导员职业认同问卷共有4个题项，采用利克特五分等级量表，从"非常不同意"到"非常同意"，分别计为1—5分，得分越高表示个体的职业认同程度越高。

《职业认同量表》在本次辅导员群体施测中的适用性情况，见下表5-5中的信度和效度的分析结果。

表5-5 辅导员职业认同量表的信效度分析表

因素	项目内容	因素载荷
职业认同	我为自己是一名辅导员老师而自豪。	0.858
	我很愿意跟别人提及我是一名辅导员老师。	0.807
	从事辅导员职业能实现我的人生价值。	0.805
	我觉得辅导员是社会分工中很重要的职业之一。	0.624

续表

因素	项目内容	因素载荷
EFA CFA 参数	累计可解释方差量（%）	60.64
	克隆巴赫α系数[1]	0.78
	KMO 值[2]	0.76
	巴特里特球形检验（显著水平）[3]	1370.443（p<0.001）
	RMSEA[4]	0.00
	NNFI	1.00
	CFI	1.00
	CHI/df	1.09

注：同表 5-2。

如表 5-5 所示，职业认同量表的 4 个题项，在探索性因素分析的结果下聚成了一个维度，各题项的因子值均在 0.40 以上，共解释变异量 60.64%，说明共同因素是可靠的。内在一致性系数为 0.78，表明量表信度佳。同时，该问卷的结构方程模型拟合结果中，*RMSEA*、*NNFI* 与 *CFI* 等拟合指数非常理想。以上有关探索性因素分析与验证性因素分析的指数说明，职业认同量表在辅导员群体中的测量是有效的。

（四）《辅导员心理授权量表》

本研究采用的《辅导员心理授权量表》，借鉴李超平（2006）的"企业员工心理授权量表"与王瑞文（2014）的"高校教师心理授权量表"，这两个工具依据的都是 Spreizer 所建构的 4 维度认知评价授权模型。心理授权量表的中文译版具有较高的信度与效度。《辅导员心理授权量表》共有 4 个维度 12 个题项，分别是工作意义（3 题）、胜任能力（3 题）、工作自主性（3 题）和影响力（3 题）。采用利克特五分等级量表，从"非常不同意"到"非常同意"，分别计为 1—5 分，得分越高表示个体的心理授权体验越高。

《心理授权量表》在本次辅导员群体施测中的适用性情况，见下表5-6中的信度和效度的分析结果。

表5-6 辅导员心理授权问卷的信效度分析表

因素	项目内容	因素载荷
工作意义	我所做的工作对我而言很有意义。	0.765
	我的工作对我来说非常重要。	0.763
	工作上所做的事情对我个人来说非常有意义。	0.705
影响力	我对发生在本部门的事情有重大的影响。	0.816
	我对发生在本部门的事情能起到很大的控制作用。	0.798
	我对发生在本部门的事情的影响很大。	0.774
工作自主性	怎么干我的工作，这由我自己决定。	0.824
	在如何完成工作上，我有很大的决定权。	0.814
	在决定怎么完成我的工作上，我有很大的自主权。	0.625
工作胜任力	我掌握了完成工作所需要的各项技能。	0.805
	我相信自己有能力干好工作上的各项事情。	0.688
	我对自己完成工作的能力很有信心。	0.614
EFA CFA 参数	累计可解释方差量（%）	67.73
	克隆巴赫α系数[1]	0.844
	KMO值[2]	0.852
	巴特里特球形检验（显著水平）[3]	4390.67（$p<0.001$）
	RMSEA[4]	0.074
	NNFI	0.95
	CFI	0.97
	CHI/df	7.10

注：同表5-2。

如表5-6所示，心理授权问卷的12个题项，在探索性因素分析的结果下聚成了4个维度，各题项的因子值均在0.40以上，共解释变异量67.73%，说明共同因素是可靠的。内在一致性系数为0.844，非常理想。

同时，该问卷的结构方程模型拟合优度指数 $RMSEA = 0.074$，落入小于 0.08 的良好拟合范围，$NNFI$ 与 CFI 为合理拟合。以上有关探索性因素分析与验证性因素分析的指数说明，心理授权问卷在辅导员群体中的测量是有效的。

三、数据分析

采用 SPSS18.0 对量表做探索性因素分析和其他信度分析，对数据做描述性分析、相关分析、方差分析与回归分析。采用 LISREL8.80 对量表做验证性因素分析，做结构方程模型分析。处理缺失值的办法：在含有缺失值的题项序列中，将序号为奇数的题项用"数列平均数法"处理缺失值，将序号为偶数的题项用"点上线性趋势法"处理缺失值。

第三节
职业韧性对辅导员工作适应的影响

一、辅导员工作适应的现状分析

表5-7是抽样辅导员在三种工作适应因子上的描述性统计量结果，包括极端值、平均值和标准差。从表中数据看，目前在岗辅导员的职业承诺和组织公民行为均值在3.59—4.01之间，总体水平中等偏高，组织公民行为的两个分量表的平均分数等于或高于4分，说明辅导员对其职业的态度和行为倾向是积极的，离职意愿较低，而且在职业中拥有较高的关系绩效，善于发出人际合作的促进行为，并对组织主动尽责与奉献。另一方面，辅导员群体的工作倦怠总体水平不高，不论是情绪衰竭程度，还是对待工作的消极态度较低，对自身成就感的评价则处于较高水平（注：测量的是"低成就感"）。

表5-7 辅导员工作适应力的描述性统计结果（均值与标准差）

分量表名称	最低分	最高分	平均数	标准差
职业承诺	1.00	5.00	3.59	0.67
组织公民行为（总）	1.67	5.00	4.01	0.53
个人倾向的OBC	1.67	5.00	4.06	0.55

续表

分量表名称	最低分	最高分	平均数	标准差
组织倾向的 OBC	1.33	5.00	3.91	0.63
工作倦怠（总）	1.00	3.83	1.34	0.53
倦怠因子1：情绪衰竭	1.00	4.00	1.58	0.67
倦怠因子2：犬儒主义	1.00	4.00	1.22	0.81
倦怠因子3：低成就感	1.00	4.00	1.21	0.56

总体来看，目前在岗辅导员的工作适应力水平是中等偏上的，他们有较高的职业承诺、较低的工作倦怠，在工作中有比较好的社会适应性，总体特征是高承诺—高绩效—低倦怠的。

二、辅导员职业韧性与工作适应的相关分析

相关分析是度量两个及以上变量之间关系密切程度的统计方法。当相关系数值为正时，表示变量间为正相关，两者的变化方向是一致的；当相关系数值为负时，表示变量间为负相关，两者的变化方向相反。相关系数值介于-1至+1之间，绝对值越大，表明变量间的关联性越强。在推论统计中，不能单从相关系数绝对值大小来判断两个变量间的相关是否达到显著，必须结合显著性检验的概率值 P 来判断，只有当 $P<0.05$ 时，才表明相关系数的显著性不是偶然造成的，才具有统计学意义。

从表5-8可见，辅导员的职业韧性总分、因子分与职业承诺的相关是正向的，相关系数在0.101—0.394之间，且相关的显著性均具有统计学意义，说明职业韧性与职业承诺之间具有方向一致的共变关系，辅导员在一个心理特征上的水平越高，在另一个心理特征上的水平也会随之升高。

表 5-8　职业韧性与辅导员工作适应力的皮尔逊（Pearson）相关分析结果

变量	职业承诺	组织公民行为	工作倦怠	情绪衰竭	犬儒主义	低效能感
PC-A	0.124***	0.241***	-0.309***	-0.219***	-0.311***	-0.163***
PC-B	0.331***	0.446***	-0.442***	-0.227***	-0.380***	-0.431***
PC-C	0.220***	0.316***	-0.319***	-0.203***	-0.293***	-0.236***
OSR	0.325***	0.315***	-0.399***	-0.300***	-0.329***	-0.299***
IR	0.283***	0.296***	-0.511***	-0.462***	-0.385***	-0.339***
SRP-A	0.341***	0.460***	-0.483***	-0.308***	-0.358***	-0.483***
SRP-B	0.101**	0.333***	-0.352***	-0.210***	-0.345***	-0.250***
SRP-C	0.349***	0.374***	-0.427***	-0.292***	-0.365***	-0.333***
CCRI 总分	0.394***	0.535***	-0.632***	-0.438***	-0.544***	-0.481***

注：*** $p<0.001$、** $p<0.01$、* $p<0.05$。

另一方面，相关结果显示，辅导员的职业韧性与工作倦怠是显著的负相关关系，也就是说，那些职业韧性水平越高的辅导员，他们的工作倦怠水平反而越低，所体验到的情绪衰竭程度越低，对工作的消极态度和消极行为倾向越不明显，越倾向于拥有较高的工作成就感。

三、辅导员职业韧性对工作适应的直接影响

回归分析和相关分析这两种统计分析，都是度量两个及以上变量之间的关系。因此，确定变量之间是否存在着关系，是二者的共同起点。其研究目的的差异在于，相关分析度量的是变量之间关系的密切程度。回归分析则是确定变量间可能存在的数量关系，并找出一种能表达变量依存关系的合适的数学模型。因此，回归分析和相关分析是相辅相成的，当相关分析显示出变量之间具有紧密的作用关系时，就可以进一步通过回归分析获取这种关系作用的回归模型以及推算值，进而知道自变量（本书指辅导员

的职业韧性）对因变量（本书指辅导员的工作适应三维指标）的解释力，从而对变量进行有效控制。

对人的研究领域中，更多的情况是，两个变量的关系可能只是呈现一种直线趋势，而非完全的直线关系。犹如下面这幅散点图所表示的，X 与 Y 的关系不是直线，但这些散点的分布有明显的直线趋势。X 与 Y 的对应关系可以使用一条直线表示，这条直线的数学形式就是：Y = a+bX，这就是回归方程，代表 X 与 Y 的线性关系。其中 X 是自变量，亦称预测变量；Y 是因变量；a 是个常数，表示该直线在 Y 轴上的截距，b 也是个常数，表示该直线的斜率，叫作 Y 对 X 的回归系数。本研究的目的，旨在描述和解释辅导员的职业韧性对职业承诺、工作倦怠和组织公民行为的影响作用。这就需要使用回归分析，通过找出回归方程，来简洁说明一组自变量（职业韧性的 8 个因子）与因变量（3 个工作适应力因子）之间的关系。因此，具体的回归分析如下：

（一）职业韧性对职业承诺的解释力分析

将职业韧性的 8 个因子作为自变量，职业承诺作为因变量，建立回归方程，有 1107 个有效样本纳入此次回归分析。

从回归模型摘要表（表 5-9）中得知，职业韧性的 8 个因子与职业承诺的多元相关系数是 0.487（R），决定系数是 0.237（R^2），表示 8 个预测变量一共可以解释"职业承诺"23.7% 的变异量。F 值 = 42.633，显著性检验的 p 值为 0.000，小于 0.001 的显著水平。表示回归模型整体解释变异量达到显著水平，回归方程式中至少有一个回归系数不等于 0，或者说至少有一个预测变量会达到显著水平，而至于是哪些回归系数达到了显著，还要从回归系数摘要表中相关统计量来判断。

表 5-9　辅导员职业承诺对职业韧性的回归模型摘要表

R	R 平方	调整后的 R 平方	估计的标准误	F 检验	显著性
0.487	0.237	0.231	0.591	42.633	0.000

从回归系数摘要表（表 5-10）中得知，8 个预测变量的 TOL 在 0.610—0.748 之间，大于检测标准 0.10，VIF 在 1.337—1.638 之间，小于检测标准 10，说明 8 个自变量间不存在多元共线性问题。

职业承诺对 8 个预测变量的非标准化回归系数在 -0.026 至 0.182 之间（B），非标准化回归系数通常用于以回归方程式来估计样本的预测值，但因为包含常数项，因此无法比较预测变量之间谁对因变量的重要性更大，而标准化回归系数因为已经去除单位的影响，因此可以作为自变量间解释力的比较。

表 5-10　辅导员职业承诺对职业韧性的回归系数摘要表

模型	非标准化系数 B	标准差	标准化系数 β	t	显著性	多元共线性统计量 TOL	VIF
（常数）	0.982	0.160		6.149	0.000		
PC-A	-0.026	0.025	-0.033	-1.075	0.283	0.735	1.360
PC-B	0.182	0.038	0.152	4.836	0.000	0.701	1.426
PC-C	0.100	0.026	0.118	3.830	0.000	0.727	1.375
OSR	0.137	0.029	0.143	4.696	0.000	0.748	1.337
IR	0.132	0.028	0.148	4.776	0.000	0.722	1.384
SRP-A	0.124	0.042	0.100	2.963	0.003	0.610	1.638
SRP-B	-0.126	0.028	-0.141	-4.442	0.000	0.690	1.449
SRP-C	0.179	0.035	0.161	5.042	0.000	0.678	1.475

注：多元共线性，即数学上的线性相依，是指在回归模型中预测变量本身之间有很高的相关。如果共线性高，回归所估计的参数值的变异量就会变得很大，造成回归分析的情境困扰，导致被选入回归模型的预测变量的回归系数无法解释的矛盾现象。常用的共线性评鉴指标有容忍度（TOL）和方差膨胀因子（VIF），当 TOL>0.10，VIF<10 时，表明预测变量之间不存在多元共线性问题。

在表5-10中，8个预测变量的标准化回归系数在-0.033至0.161之间，从绝对值大小来判断预测变量对因变量的影响力大小，排序关系是：

SRP-C（16.1%）>PC-B（15.2%）>IR（14.8%）>OSR（14.3%）>SRP-B（14.1%）>PC-C（11.8%）>SRP-A（10.0%）>PC-A（3.3%）。

由此得到的标准化回归方程式是：

职业承诺=0.161×SRP-C+0.152×PC-B+0.148×IR+0.143×OSR-0.141×SRP-B+0.118×PC-C+0.100×SRP-A-0.033×PC-A。

由此可见，除了个体情绪特征之外，其余7个职业韧性因子的回归系数显著性检验 t 值达到了显著性水平，其绝对值在2.963至5.042之间。只有个体情绪特征PC-A因子的回归系数不显著，说明个体情绪特征对职业承诺的负向影响作用不明显。在削弱辅导员职业承诺的自变量中，行为自我调节过程SRP-B的预测力具有明显作用。

职业韧性因子对职业承诺的预测力中，排在前三位的韧性因子是：认知自我调节过程SRP-C，对职业承诺的解释量占到了16.1%；个体行为特征PC-B，对职业承诺的解释量占到了15.2%；压力应对的初始反应IR，对职业承诺的解释量占到了14.8%。其中，职业韧性的自我调节过程对职业承诺的解释量占到了40.2%，说明过程性保护因素对辅导员的职业承诺具有较高的预测效力。提示，可以通过干预辅导员的压力自我调节资源，来提升其在职业逆境中的职业承诺。

（二）职业韧性对组织公民行为的解释力分析

将职业韧性的8个因子作为自变量，组织公民行为作为因变量，建立回归方程，有1107个有效样本纳入此次回归分析。详细统计结果如下：

从回归模型摘要表（表5-11）中得知，职业韧性的8个因子与组织公民行为的多元相关系数是0.576（R），决定系数是0.332（R^2），表示8个预测变量一共可以解释"组织公民行为"33.2%的变异量。F值=68.231，是对这个变异量显著性的检验结果，p值为0.000，达到了$p<0.001$的显著水平，说明该回归模型的整体解释变异量是显著的，意味着在这个回归方程式中，至少有一个预测变量达到了显著水平，而此回归系数到底是谁，还要从回归系数摘要表中相关统计量来判断。

表5-11 辅导员组织公民行为对职业韧性的回归模型摘要表

R	R平方	调整后的R平方	估计的标准误	F检验	显著性
0.576	0.332	0.327	0.436	68.231	0.000

从回归系数摘要表（表5-12）中得知，8个预测变量的TOL在0.610-0.748之间，大于检测标准0.10，VIF在1.337-1.638之间，小于检测标准10，说明8个自变量间不存在多元共线性问题。

表5-12 辅导员组织公民行为对职业韧性的回归系数摘要表

模型	非标准化系数 B	标准差	标准化系数 β	t	显著性	多元共线性统计量 TOL	VIF
（常量）	1.311	0.118		11.117	0.000		
PC-A	0.008	0.018	0.013	0.459	0.646	0.735	1.360
PC-B	0.212	0.028	0.225	7.641	0.000	0.701	1.426
PC-C	0.076	0.019	0.114	3.930	0.000	0.727	1.375
OSR	0.052	0.022	0.068	2.392	0.017	0.748	1.337
IR	0.035	0.020	0.049	1.700	0.090	0.722	1.384
SRP-A	0.203	0.031	0.207	6.573	0.000	0.610	1.638
SRP-B	0.064	0.021	0.091	3.059	0.002	0.690	1.449
SRP-C	0.072	0.026	0.082	2.740	0.006	0.678	1.475

组织公民行为对8个预测变量的非标准化回归系数在0.008至0.212之间（B），标准化回归系数在0.013至0.225之间，从绝对值大小来判断

预测变量对因变量的影响力大小，排序关系是：

PC-B（22.5%）>SRP-A（20.7%）>PC-C（11.4%）>SRP-B（9.1%）>SRP-C（8.2%）>OSR（6.8%）>IR（4.9%）>PC-A（1.3%）。

由此得到的标准化回归方程式是：

组织公民行为=0.225×PC-B+0.207×SRP-A+0.114×PC-C+0.091×SRP-B+0.082×SRP-C+0.068×OSR+0.049×IR+0.013×PC-A。

职业韧性的因子中，有6个因子的回归系数的显著性检验 t 值达到了显著性水平，在2.392至7.641之间，均为正数，说明它们都对组织公民行为有正向的影响，回归系数不显著的预测变量是个体情绪特征PC-A因子、压力应对的初始反应IR因子，显著性检验 t 值分别为0.459与1.700，说明这两个职业韧性的因子对组织公民行为的预测作用不明显。

职业韧性因子对组织公民行为的预测力中，排在前三位的韧性因子是：个体行为特征PC-B，对组织公民行为的解释量占到了22.5%；情绪自我调节过程SRP-A，对组织公民行为的解释量占到了20.7%；个体认知特征PC-C，对组织公民行为的解释量占到了11.4%。其中，职业韧性的自我调节过程对组织公民行为的解释量占到了38%，说明过程性保护因素对辅导员的组织公民行为具有较高的预测效力。提示，可以通过干预辅导员的压力自我调节资源，来提升其在职业逆境中的组织公民行为。

(三) 职业韧性对工作倦怠的解释力分析

以辅导员职业韧性的8个因子为自变量，辅导员工作倦怠为因变量建立回归方程，有1107个有效样本纳入此次回归分析。详细统计结果如下：

从回归模型摘要表（表5-13）中得知，职业韧性的8个因子与工作倦怠的多元相关系数是0.669（R），决定系数是0.447（R^2），表示8个预测变量一共可以解释"工作倦怠"44.7%的变异量。F 值是 111.117，是对这个变异量显著性的检验结果，p 值为 0.000，达到了 $p<0.001$ 的显著水平，说明该回归模型的整体解释变异量是显著的，意味着在这个回归方程式中，至少有一个预测变量达到了显著水平，而此回归系数到底是谁，还要从回归系数摘要表中相关统计量来判断。

表 5-13　辅导员工作倦怠对职业韧性的回归模型摘要表

R	R 平方	调整后的 R 平方	估计的标准误	F 检验	显著性
0.669	0.447	0.443	1.187	111.117	0.000

从回归系数摘要表（表 5-14）中得知，8 个预测变量的 TOL 在 0.610—0.748 之间，大于检测标准 0.10，VIF 在 1.337—1.638 之间，小于检测标准 10，说明 8 个自变量间不存在多元共线性问题。

表 5-14　辅导员工作倦怠对职业韧性的回归系数摘要表

模型	非标准化系数 B	标准差	标准化系数 β	t	显著性	多元共线性统计量 TOL	VIF
（常量）	12.816	0.321		39.918	0.000		
PC-A	-0.068	0.049	-0.036	-1.380	0.168	0.735	1.360
PC-B	-0.510	0.075	-0.181	-6.762	0.000	0.701	1.426
PC-C	-0.102	0.052	-0.051	-1.953	0.051	0.727	1.375
OSR	-0.291	0.059	-0.129	-4.964	0.000	0.748	1.337
IR	-0.634	0.055	-0.302	-11.455	0.000	0.722	1.384
SRP-A	-0.385	0.084	-0.131	-4.576	0.000	0.610	1.638
SRP-B	-0.118	0.057	-0.056	-2.062	0.039	0.690	1.449
SRP-C	-0.312	0.071	-0.119	-4.376	0.000	0.678	1.475

工作倦怠对 8 个预测变量的非标准化回归系数在 -0.068 至 -0.102 之间（B），标准化回归系数在 -0.036 至 -0.302 之间，从绝对值大小来判断预测变量对因变量的影响力大小，排序关系是：

IR（30.2%）>SRP-A（13.1%）>OSR（12.9%）>PC-B（18.1%）>SRP-C（11.9%）>SRP-B（5.6%）>PC-C（5.1%）>PC-A（3.6%）

由此得到的标准化回归方程式是：

工作倦怠= 0.302×IR-0.131×SRP-A-0.129×OSR-0.181×PC-B-0.119×SRP-C -0.056×SRP-B -0.051×PC-C-0.036×PC-A。

职业韧性因子中，有6个因子的回归系数的显著性检验 t 值达到了显著性水平，在-11.455 至-2.062 之间，均为负数，说明职业韧性的这6个因子对工作倦怠都有削弱作用。回归系数不显著的预测变量是个体情绪特征因子 PC-A 和个体认知特征因子 PC-C，显著性检验 t 值分别为-1.380 与-1.953，说明这两个韧性因子对辅导员工作倦怠的保健作用不明显。

职业韧性因子对辅导员工作倦怠的预测力中，排在前三位的韧性因子是：对压力应对的初始反应 IR，该韧性因子对辅导员工作倦怠的解释量占到了30.2%；情绪自我调节过程 SRP-A，对辅导员工作倦怠的解释量占到了13.1%；社会支持资源 OSR，对辅导员工作倦怠的解释量占到了12.9%。其中，职业韧性的自我调节过程对辅导员工作倦怠的解释量占到了25.6%，说明过程性保护因素对辅导员工作倦怠具有较高的预测效力。提示，可以通过干预辅导员的压力自我调节资源，来改善其工作倦怠。

讨论与小结

从均值来看，目前在岗辅导员的工作适应力水平是中等偏上的，他们有较高的职业承诺、较低的工作倦怠，在工作中有比较好的社会适应性，总体特征是高承诺—高绩效—低倦怠的。本研究分析了影响辅导员工作适应力的因素，结果显示，职业韧性与职业承诺、组织公民行为显著正相关，与工作倦怠是显著的负相关关系。表明，职业韧性与工作适应具有显著的共变关系。该结果与 Brigid 等人（2007）对护士的职业韧性研究结果一致，后者发现高韧性护士在工作适应上要明显高于低韧性护士。而且 Harland 等（2005）与 Luthans 等（2005，2007）研究亦显示，即心理韧性与工作场所中的绩效及生产效率显著相关。Riolli & Savicki（2003）与李华芳、刘春琴、厉萍（2015）等的研究揭示，员工的职业韧性对其工作倦怠有明显的缓解作用。Shin 等人（2012）、Winwood 等人（2013）以及李宗波（2010）的研究先后证实——员工的职业韧性对他们的组织变革承诺、工作承诺和情感承诺有显著的正向预测作用。

说明辅导员的职业态度和行为倾向是积极的，离职意愿较低，而且在职业中拥有较高的关系绩效，善于发出人际合作的促进行为，并对组织主动尽责与奉献。而且那些职业韧性水平越高的辅导员，他们的工作倦怠水平反而越低，所体验到的情绪衰竭程度越低，对工作的消极态度和行为倾向越不明显，越倾向于拥有较高的工作成就感。

进一步的回归分析结果显示，职业韧性能解释职业承诺23.7%的变异量，能解释组织公民行为33.2%的变异量，能解释工作倦怠44.7%的变异量。其中，在预测工作适应之承诺维度（即职业承诺）时，3种自我调节过程因子的解释量达到40.1%、3种个体韧性特征因子的解释量达到30.3%、应激初始反应因子的解释量达到14.8%、社会支持资源因子的解释量达到14.3%。在预测工作适应之绩效维度（即组织公民行为）时，3种自我调节过程因子的解释量达到38.0%、3种个体韧性特征因子的解释量达到35.2%、应激初始反应因子的解释量达到4.9%、社会支持资源因子的解释量达到6.8%。在预测工作适应之倦怠维度（即工作倦怠）时，3种自我调节过程因子的解释量达到30.6%、3种个体韧性特征因子的解释量达到26.8%、应激初始反应因子的解释量达到30.2%、社会支持资源因子的解释量达到12.9%。

由此可见，自我调节过程变量是影响辅导员工作适应力的最主要因素，其中对职业承诺的解释率高达四成有余，对组织公民行为的解释率达到了38.0%，对工作倦怠的解释率亦超过三成。提示，组织在培养辅导员的工作适应力时，应着力加强其应对职业压力/逆境的自我调节能力，从认知、情绪和行为维度，三位一体地全方位来设计干预项目，是确保训练有效性的抓手。同时，在针对辅导员工作倦怠的保健时，要尤其重视时机问题，本研究发现，辅导员职业韧性的应激初始反应因子能解释三成有余的工作倦怠，提示倦怠干预要趁早，而且要加强辅导员对应激的情绪管理能力。

第四节
辅导员职业韧性影响工作适应的路径

从前面研究得知,职业韧性是影响辅导员工作适应能力的重要预测变量,但仅仅明确这一点,并不足以揭示职业韧性是如何影响其工作适应性的,而该问题所关注的焦点就是两者之间的作用机制,即辅导员的职业韧性可能通过哪些因素来怎样影响其工作适应性?弄清楚具体的影响路径,既能帮助我们清楚地区分辅导员工作适应的近端影响因素与远端影响因素,还能帮助我们更深入地把握各种因素之间的制衡关系,在辅导员的相关培训培养中,才能更好地整合各方资源与优势,最大化地开发和提升辅导员对工作的适应能力,进而促进辅导员队伍在专业化和职业化上的发展。

一、变量选取:依据与建模技术

(一) 影响变量的选取依据

在构建职业韧性对辅导员工作适应的影响路径模型时,本文将针对我国高校辅导员队伍的现状,依据辅导员职业化、专业化的能力建设标准和目标,以及积极组织行为学对心理品质的筛选标准,选取具有主体性和能动性的职业心理能力，作为职业韧性与工作适应关系的中间影响变量。最终选定的影响变量是职业认同与心理授权。

1. 影响变量选取依据

第一，辅导员职业认同是稳定辅导员队伍，提升辅导员对职业的认同感、归属感和价值感的关键，亦是《高校辅导员职业能力标准（暂行）》（2014）建设的初衷，即"进一步增强辅导员职业的社会认同，提升辅导员职业地位和职业公信力，增强广大师生和全社会对辅导员工作的职业认同。"

第二，心理授权是辅导员对自身的工作角色、信念与组织之间关系的认识，这种认知是职业自我效能感的动机成分，是与管理授权相对的一种授权。我国历来重视对高校辅导员的管理授权，从2006年出台《普通高等学校辅导员队伍建设规定》（简称"教育部24号令"），到2013年制定的《普通高等学校辅导员培训规划（2013—2017年）》期间，国家教育主管部门、各级教育行政管理部门和各高校，通过各种政策的、制度的、人力的和财力的干预，对高校辅导员赋予了越来越多的权利，但是研究者发现，只有员工感受到了或体验到了"被授权"，管理授权才具有提升组织效能和管理效能的功能，反之，如果员工没有体验到"被授权"，这时那些有关管理授权的干预与实施就不太可能会转换成绩效。因此，是员工对组织和管理的各种授权措施的感知，而不是授权措施本身决定着授权的程度。这种"被授权"的体验，就是心理授权。论文选择心理授权视角，探索辅导员自身的认知资源是如何影响他们成功应对那些重要的职业发展时刻的，从而为我国的高校辅导员培训提供一条更具效益的干预视角。

第三，职业认同与心理授权都与工作绩效密切相关，是当前组织和管理领域的人力资源开发热点；

第四，职业认同与心理授权都是积极的职业心理品质，具有心理资本价值；

第五，职业认同与心理授权对组织成员个体而言，都是比较稳定同时又具有可塑性和发展性的心理品质。

2. 影响变量选取的实证依据

（1）职业认同与职业韧性、工作适应的相关研究。

认同，是认同主体与认同对象的"同一""一致"或"协调"，认同对象可以是自我，可以是自己的某些特征（比如社会角色等），也可以是自己欣赏、接纳的他人或事物。职业认同的概念，由社会认同理论发展而来，出现于20世纪中叶，表示个体对于其职业的一种肯定性评价，它与特定职业特征相联系，具有主体建构性和动态性。教师对其职业的心理认同，是教师对其职业的爱与责任的基础心理特质。国内外对教师职业认同的研究都处于起步阶段。英文文献将教师职业认同作为单独领域来研究，是近20年的事情，而国内（包括台湾地区）则是在近10年之内才有所涉及，有关高校教师的职业认同研究还停留在一个较初始的阶段，实证研究不多且局限在描述性分析水平，缺乏研究深度。

目前有关教师职业认同的概念有多种，解释的侧重点亦不同。有的侧重于揭示教师职业认同诸维度的差异或张力，有的侧重于揭示教师职业认同的动态性，有的侧重于揭示教师职业认同的形成过程。分歧中的共识是：第一，职业认同是动态的，永远处在重建和磋商中，会依职业情境、个体因素及职业应激事件而改变，是教师与其职业环境持续相互作用的结果，是教师的个体经验与其所处的社会环境、文化环境和制度环境之间相互作用的结果。第二，职业认同是一种单维心理构念，并从职业情感反映了职业认同的本质。因此，本研究将辅导员的职业认同界定为，是对辅导员职业的喜欢程度以及继续留任当前职业的愿望。

由于职业认同概念多样且不同，致使职业认同结构的理论建构也有较大分歧，目前比较有影响的是单维度、双维度、三维度和四维度说。主要有以下两种视角：一种为理论构建根据的是教师职业认同的心理发生过程，或者是心理成分，这方面比较有代表性的研究如布劳（1988）、魏淑华（2008）、孙利和佐斌（2010）；另一种为理论建构根据的是教师职业认同的对象，这方面比较有代表性的研究如克雷默与霍夫曼（Kremer 和 Hofman，1981）、于慧慧（2006）。孙利和佐斌研制的《教师职业认同量表》，从三个维度来揭示教师职业认同的特征——职业认知、职业情感与职业价值。魏淑华、宋广文等开发的《教师职业认同量表》，从四个维度来揭示教师职业认同的特征——职业价值观、角色价值观、职业归属感和职业行为倾向。对比这两个量表，针对的都是我国的中小学教师群体，都具有比较理想的信度和效度，但在维度数量、内涵与解释上差异较大。魏淑华量表的维度中，职业价值观与角色价值观反映了教师的职业认知倾向，职业归属感反映了教师的职业情感倾向，而职业行为倾向的本质与组织公民行为相似。而孙利问卷的维度中，职业认知维度与魏淑华的职业行为倾向维度相对应，职业价值维度对应于魏淑华的职业价值观维度与角色价值观维度，并没有职业归属感这一因素。朱伏平（2012）对我国高校教师职业认同的界定沿用了魏淑华（2008）的概念，测量工具以单维度职业认同理论为依据，这个工具综合了 Blau（1988）、Meyer、Allan、Smith（1993）、汤国杰（2011）和魏淑华（2008）等人的研究，最终形成了一个包含 6 个题项的职业认同工具，针对高校教师群体使用的信效度理想。

已有研究结果显示，职业认同与工作适应关系密切，主要体现在工作绩效、工作态度与职业健康等方面。那些具有高职业认同的辅导员，对辅导员职业拥有积极的情绪和情感、强烈的职业归属感、积极的职业价值观、正确的职业行为倾向,能够全身心地投入工作,态度积极,热情饱满,主动奉献,工作绩效高。①在职业认同与工作绩效的关系方面,穆桂斌等(2012)调查了国内5所综合性大学的144位教师,研究大学教师的人格特质、职业认同与工作绩效的关系,结果显示,大学教师的职业认同与其教学绩效、工作绩效有明显的正相关关系,而且大学教师的职业认同在外倾性与教学绩效之间起到调节性作用。②在职业认同与工作态度的关系方面,魏淑华(2008)与严玉梅(2008)的研究均表明,教师职业认同能正向预测教师的工作满意度,能负向预测教师的离职意向。韩效辉(2010)的研究指出,当教师的职业认同与自我认同出现不一致时,容易产生离职动机和行为。王璐与高鹏(2011)针对300多名注册会计师实施问卷调查,研究结果表明,注册会计师的职业认同显著影响其建言行为。③在职业认同与职业健康的关系方面,韩效辉(2010)的研究指出,教师职业认同与其心理健康之间存在高度的相关关系,当教师的职业认同与自我认同不一致时,他们体验到的焦虑、痛苦等消极心理情绪往往较高,进而导致职业耗竭。王璐与高鹏(2011)的研究显示,教师职业认同与工作倦怠相互影响,而且两者之间是一种负相关,教师越是认同其职业,就越少体验到工作倦怠。汤国杰(2009)的研究也表明,职业认同会影响普通高校体育教师的工作倦怠。赵岩(2014)以高校辅导员为对象,研究其职业认同、职业自我概念和工作倦怠的关系,结果表明,高校辅导员的职业认同与工作倦怠之间具有明显的正相关关系,职业认同对工作倦怠具有较好的预测作用。

纵观影响教师职业认同的诸多因素,尚无研究探讨职业韧性对职业认同的影响意义。既然职业认同是动态的,永远处在重建和磋商中,它会依职业情境、个体因素及职业应激事件而改变,而且教师对职业的认同,是教师的个体经验与其所处的社会—文化—制度环境之间相互作用的结果,加之教师在职业生涯中的经历与体验等从业因素是其职业认同的重要因素,由此可以推断，教师的职业韧性应该对其职业认同有重要的影响价值，尤其在面对重要或重大的职业应激事件时，个体的认知、情绪与行为等韧性资产、自我调节过程和社会支持等韧性资源，以及已有的职业压力体验和积极适应结果等，诸如此类的个体特征、体验与经历因素，应该对教师的职业认同起到直接或间接的影响。据此可以假设，辅导员的职业韧性对其职业认同应该具有积极的促进作用，很可能中介着职业韧性对工作适应的影响路径，这个假设就是本研究将验证的任务之一。

（2）心理授权与职业韧性、工作适应的相关研究。

心理授权的概念最早由康格等人（Conger & Kanungo，1988）提出，是授权研究视角之一，另一个研究视角是管理授权（见下图5-2）。20世纪80年代末期，心理授权研究兴起，众多学者认为心理授权才是提升组织效能与管理效能的关键。心理授权就是组织通过一系列措施，增强员工自我效能感的过程，其实质是自我效能的动机成分。高心理授权感的教师，在工作中具有自我决定性，对自己的教学技能、教学思想和影响力更有信心。

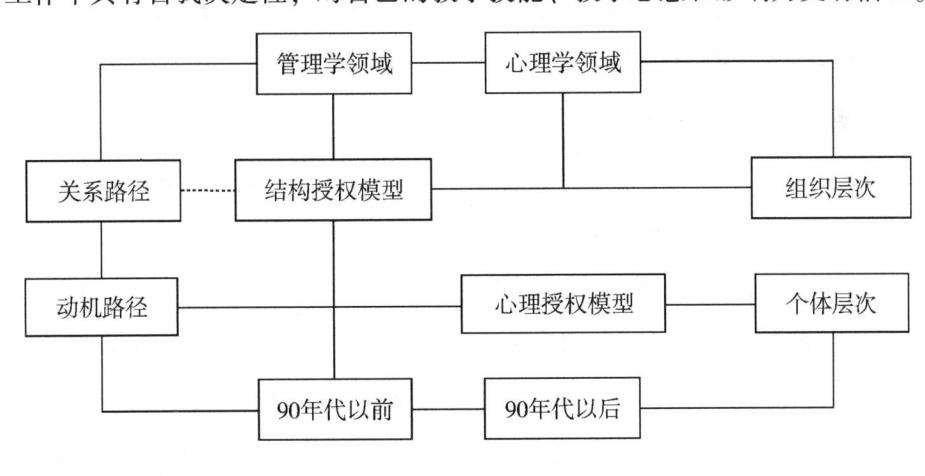

图 5-2 授权模型

康格认为，倘若员工没有感到被授权，管理授权的干预与实施则不一定会转换成积极的绩效结果。教师在管理授权下有可能参与学校政策的制定,但这种参与不一定是受其内部动机驱动,也不一定是以提高自己的专业职责为目的。与管理授权相比,心理授权更强调个体"被授权"的体验,它重点考察个体对自身的工作角色、信念与组织之间关系的认识,其核心思想在于提高员工对授权的认知进而激发其内在工作动机。因此,是员工对授权措施的感知,而不是授权措施本身决定着授权的程度。

授权理论从自我效能感授权模型,经过认知评价授权模型,发展到当前备受认可的思布瑞泽的心理授权模型(Spreizer,1992;如图5-3所示)。该模型认为,个体的内在动机是心理授权的核心元素,这种内在动机主要源于四方面的任务评价——工作意义、工作胜任力、个体选择性和个体影响力。思布瑞泽心理授权模型尤其关注员工达成这些任务评价的认知过程,并且在认知评价授权模型的基础上,进一步明确了心理授权的4维度结构,即工作意义、工作胜任力、自我决定(亦译为工作自主性)与影响力。并于1995年基于该4维结构,针对工作环境开发了一个包含12个题项的测量工具,并验证了量表的信度与效度,目前该量表已被普遍认同和应用。

思布瑞泽心理授权的4维度结构:其一,工作意义。它是心理授权的"发动机",一个人根据自己的价值体系与标准,认识工作的目标和价值。工作意义反映了一个人的工作角色要求、工作行为与他的信念、价值观相互吻合的程度。组织中的员工如果能够发现工作或职业对他的意义,那么这位员工在完成组织目标时,就更愿意使用组织赋予他的自主权,而且会把他的注意力始终聚焦于组织的目标上。其二,胜任能力。这是一种与自我效能感类似的心理能力,是一个人对自身能否顺利完成工作的认知。其三,自我决定。这是一个人控制、选择或自主决策自己工作行为和工作过程的能力。自我决定反映了一个人对其工作活动的控制能力,自我决定水平高的员工,将自己看成是工作的主体而非被动的执行者。其四,影响力。反映了一个人对组织战略与行政管理的影响程度。具有工作影响力的员工,

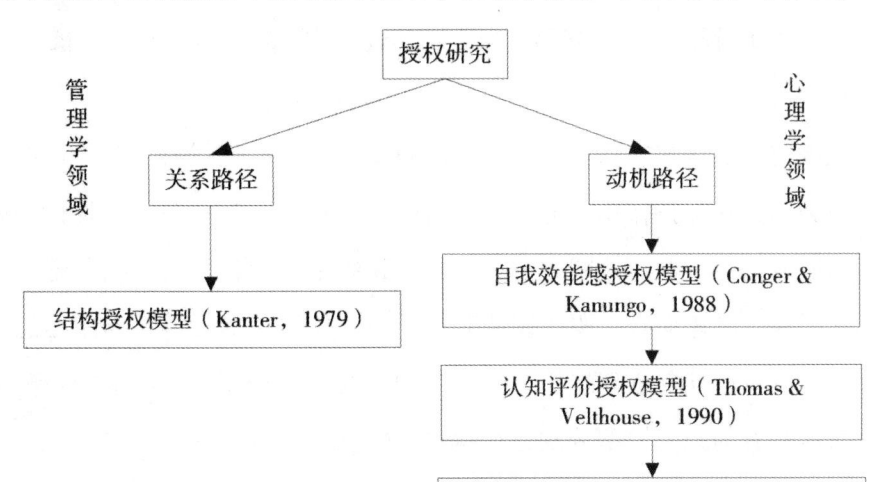

倾向于把自己看成是环境的能动主体，并能积极参与组织决策与管理。

图 5-3　心理授权概念的形成

国外研究心理授权与工作适应的成果较多，主要涉及员工的心理健康、工作态度与工作绩效等方面。研究表明，具有高心理授权感的员工，在工作中更具有韧性、主动性和创造性，其职业承诺、工作满意度和心理健康水平更高，有更多的组织公民行为，能为组织带来更高的工作绩效等。国内在这方面起步较晚，最早始于李超平等人（2006），他们第一次修订了思布瑞泽的心理授权量表的中文版。自 2011 年起，对特定群体的心理授权日益增多，以知识型员工为主，包括中小学和高校教师、中小学校长、企业领导以及服务性行业员工等，研究重点探讨心理授权的中介作用及其影响结果。既然心理授权的核心元素是个体的内在动机，是组织通过一系列措施，增强员工自我效能感的过程，而且员工的心理授权积极影响着与工作适应相关的承诺、倦怠与绩效，那么个体对组织或管理所授权的感知水平，很可能会调节着职业认同对职业韧性——工作适应的中介性影响路径，该假设就是本研究将验证的任务之二。

（二）建模技术：有调节的中介效应模型

根据前面的文献回顾，职业韧性、职业认同与心理授权对辅导员的工作适应力都具有保护作用。但是，本研究令人更感兴趣的是，三种保护因子——职业韧性、职业认同与心理授权，到底是如何具体地影响着辅导员的工作适应？具体而言，职业韧性对辅导员工作适应的促进性作用是怎么发生的？职业认同与心理授权在这个过程中起什么作用？下面就四种变量之间可能具有的关系模型分别进行探讨，包括累加效应模型、中介效应模型、调节效应模型和有调节的中介模型四种。

1. 累加效应模型

累加效应模型（additive effect model）最简洁。该模型假设，两种保护因素 X_1、X_2，在控制了对方的情况下都会对因变量（又称为效果变量）Y 产生保护作用，而且这种影响是彼此独立的。在本研究中，对辅导员工作适应具有保护性作用的变量有三个——职业心理韧性 X_1、职业认同 X_2 与心理授权 X_3，对这三种促进因素而言，在控制了另外两个的情况下，第三个因素都会对辅导员的工作适应力产生保护作用（见图 5-4a）。累加模型中的保护因素对工作适应力的影响是彼此独立的。然而事实却是，一个人的心理与行为发展，通常是多种因素相互交织影响的结果。在多变量的心理和行为研究中，除了考虑自变量 X 对因变量 Y 的影响外，还涉及中介变量 W（mediator）和调节变量 U（moderator）两个重要的统计概念。相对于自变量和因变量而言，中介变量和调节变量都是第三者，它们都与回归分析有关。在中介效应模型中，呈现了职业韧性对辅导员工作适应力的作用路径——重点解释怎样起作用的问题。在调节效应模型中，呈现了职业韧性影响辅导员工作适应力的条件——重点解释何时起作用的问题。

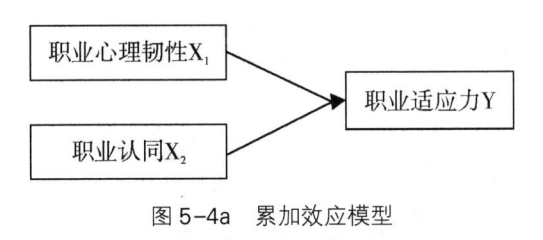

图 5-4a　累加效应模型

2. 中介效应模型

在中介效应模型（mediation effectmodel）中，自变量 X 有可能在直接影响因变量 Y 的同时，还通过第三个变量 W，对 Y 产生间接的影响。如果 X 通过影响 W 来影响 Y，这时称 W 为中介变量。这种有中介变量的模型如图 5-4b。在本研究中，职业心理韧性 X 可能既直接影响辅导员工作适应力 Y，又可能通过职业认同 W 对工作适应力 Y 产生间接的影响。

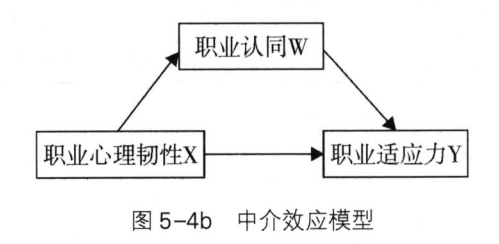

图 5-4b　中介效应模型

3. 调节效应模型

在调节效应模型（moderation effect model）中，自变量 X 对因变量 Y 的保护作用的大小，可能因第三个变量水平 U 的不同而不同。如果 Y 与 X 的关系是 U 的函数，这时称 U 为调节变量。意味着 Y 与 X 的关系受到 U 的影响。这种有调节变量的模型图见 5-4c。调节变量 U 影响因变量 Y 和自变量 X 之间关系的方向（正向或负向）与强弱。在本研究中，职业心理韧性 X 对辅导员工作适应力 Y 的直接影响作用，可能受到了辅导员心理授权水

平高低 U 的调节。

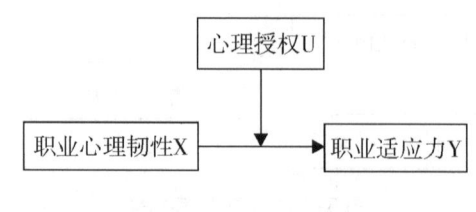

图 5-4c　调节效应模型

中介变量与调节变量是两个很容易混淆的概念,其区别主要表现在以下几个方面（见表 5-15）。

表 5-15　中介变量与调节变量的比较

	中介变量 W	调节变量 U
研究目的	X 如何影响 Y	X 何时影响 Y 或何时影响较大
什么情况下考虑	X 对 Y 的影响较强且稳定	X 对 Y 的影响时强时弱
该变量的功能	代表一种机制,X 通过 W 影响 Y	U 影响 X 与 Y 之间关系的方向（正或负）与强弱
与 X、Y 的关系	W 与 X、Y 的相关都显著	U 与 X、Y 的相关可以显著或不显著

4. 有调节的中介模型

在有调节的中介模型（moderated mediation model）中,既有中介变量 W,又有调节变量 U。这就意味着,自变量 X 通过中介变量 W 对因变量 Y 产生影响,而中介过程受到调节变量 U 的调节。Edwards 和 Lambert（2007）按中介过程的前半路径、后半路径、直接路径是否受到调节,组合出 8 种模型,并将这些模型分成两类：只调节间接效应的模型、同时调节间接效应和直接效应的模型。对于只调节间接效应（这里指中介效应）的模型,又分为 3 个基本模型：调节中介过程前半路径的模型（见图 5-5a）、调节中介过程后半路径的模型（见图 5-5b）、调节中介过程前后路径的模型（见图 5-5c）。有调节的中介模型,其研究目的在于考虑自变量对因变量的作用机制，即中介作用何时较强、何时较弱。有调节的中介模型，能比较深入地揭示自变量对因变量的作用机制，一方面能阐明自变量是怎样对因变量起作用的——通过中介变量影响因变量，另一方面又能揭示这种中介作用在何时程度更大——即调节变量如何调节中介过程。

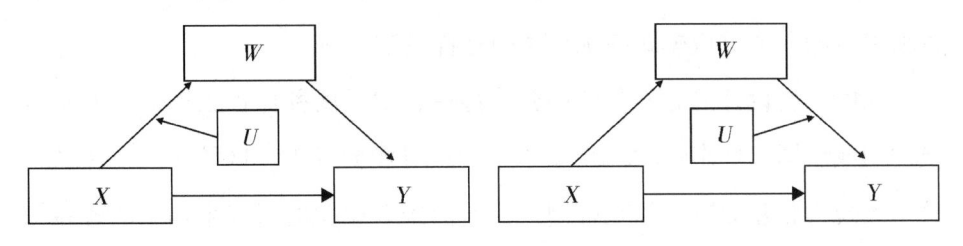

图 5-5a 调节了中介过程前半路径

图 5-5b 调节了中介过程后半路径

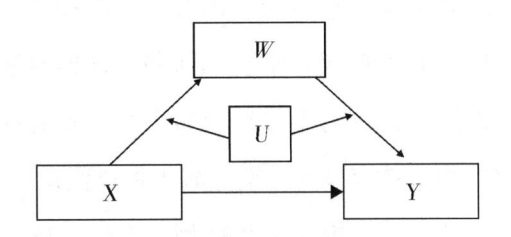

图 5-5c 调节了中介过程前后路径

本文将依据有调节的中介效应模型，来建构高校辅导员的职业韧性、职业认同、心理授权对工作适应的影响路径图。在这个有调节的中介模型中，预测变量 X（职业韧性）和调节变量 U（心理授权）对中介变量 W（职业认同）而言都是保护性因素，它们之间可能存在交互作用。对此，研究者描述了两种交互作用模式，一种是增强型交互作用（enhancing interactions），另一种是对抗型交互作用（antagonistic interactions）。在增强型交互作用中，X（预测变量）和 U（调节变量）对 Y（结果变量）的影响效应在方向上是相同的，它们同时增强或削弱了 Y，而且 X 和 U 对 Y 的影响发生了交互作用，交互项的方向亦相同。此时，如果 U（调节变量）得分越高，X（预测变量）对 Y（效果变量）的效应就越大；在对抗型交互作用中，X（预测变量）和 U（调节变量）对 Y（结果变量）的影响效应在方向上是相同的，而且 X 和 U 对 Y 的影响发生了交互作用，只是交互项的方向相反。（本研究中，交互项的系数 $a_3 = -0.022$，与 a_1、a_3 的方向相反），此时调节变量 U 得分高时，预测变量 X 对效果变量 Y 的效应更小。这两种假说所隐含的调节效应模式在统计学中是普遍存在的。

在本文所设计的有调节的中介模型中，如果两种保护因子同时对辅导员的职业认同产生影响时，交互作用就有可能会发生，这种交互作用的模式会表现为相互促进或相互抑制。目前尚未有相关的研究来揭示心理授权在职业韧性与职业认同之间的调节模式，而揭示这三者间的调节作用关系，将会极大地促进对辅导员工作适应力的内在机制的探知力。鉴于此，本研究将探讨辅导员不同的心理授权水平会如何调节他们对职业的认同，这种调节作用在辅导员的职业韧性与工作适应力中是否具有中介效应，进而探索辅导员心理授权的调节效应模式，究竟属于促进假说，还是排除假说？

基于以上理论述评，结合影响关系模型，本研究的目的是：探索辅导员的职业认同（W）是怎样影响着职业韧性（X）与工作适应力（即高承诺—高关系绩效—低倦怠状态）（Y）的关系，并且进一步探讨职业认同（W）的这种影响受到心理授权（U）怎样的调节，进而揭示辅导员职业韧性影响工作适应的内在工作路径。因此，本研究的基本假设是：辅导员职业韧性（X）通过职业认同（W）影响工作适应力（Y）的中介过程，受到了心理授权（U）水平的调节。

预期成果贡献主要有三个：①明晰辅导员职业韧性和工作适应性之间的作用路径；②揭示两者之间的关系是否因为个体的职业认同和心理授权水平不同而有所差异；③整合分析辅导员的职业认同与心理授权，在辅导员职业韧性与工作适应性之间的调节作用和中介作用，并验证有调节的中介模型。

二、统计验证：有调节的中介模型

（一）共同方法偏差检验

所谓共同方法偏差，指因为同样的数据来源、同样的测量环境、同样的项目语境以及项目本身特征，或者是同样的评分者，这些因素造成了预测变量与校标变量之间出现了一种人为性的共变关系。可见，共同方法偏差属于一种系统误差，这种现象广泛存在于社会行为科学研究中，尤其是在问卷法的研究中。共同方法偏差这种人为的共变关系，对研究结果有严重的混淆影响，而且对研究结论有潜在的误导。

控制共同方法偏差的办法有程序控制与统计控制两种。程序控制是指研究者在研究设计与测量过程中采取的控制措施。包括：①平衡测量项目的顺序效应以及改进量表项目；②将测量的时间、空间和方法等影响要素之间做分离性处理；③采用被试匿名法来降低其对测量目的的猜度动机；④从不同来源来测量研究的预测变量和结果变量等。控制共同方法偏差的首选办法是程序控制，这种设计直接针对的是共同方法偏差的来源。其次是统计控制，这是在数据分析时对共同方法偏差的控制办法。Harman 单因素检验法是最常用的统计控制，Harman 单因素检验法假设，在共同方法偏差比较突出时，对数据的因素分析结果就会出现以下两种情况——或者是单独析出了一个因子，或者是在诸多析出的因子中，某个因子解释了大部分变量的变异。

按照此假设，倘若因素分析的结果只有一个特征值大于 1 的因子（这就表示只有一个因子），且该因子对总体变异的解释量超过 40%（这表示该因子对总体变异的解释量太高了），这时就有理由认为共同方法偏差比较严重，这时就要停止基于该结果所做的任何进一步的推论。

本研究中，首先通过程序控制来减少共同方法偏差，包括改进量表项目、调整测量项目顺序、在不同时间地点取样、实测者不同以及匿名调查等等。其次采用 Harman 单因素检验法进行共同方法偏差的检验，结果表明，特征值大于 1 的因子共析出了 16 个，且第一个因子解释的变异量为 16.04%，小于 40% 的临界值，说明共同方法偏差不明显。

（二）各变量的均值、标准差及相关关系

相关分析是度量两个及以上变量之间关系密切程度的统计方法。相关系数值介于 -1 至 +1 之间，绝对值越大，表明变量间的关联性越强。在推论统计中，不能单从相关系数绝对值大小来判断两个变量间的相关是否达到显著，必须结合显著性检验的概率值 P 来判断，只有当 $P<0.05$ 时，才表明相关系数的显著性不是偶然造成的，才具有统计学意义。

表 5-16 各变量的均值、标准差和相关系数

变量	均值	标准差	1	2	3	4	5	6	7	8
1.性别[a]	0.52	0.50	—							
2.年龄	30.68	5.65	0.096**	—						
3.工作年限	4.45	3.89	0.093**	0.693***	—					
4.学历[b]	0.76	0.43	0.14	−0.003	−0.016	—				
5.婚姻现状[c]	0.60	0.49	0.072*	0.528***	0.427***	0.142***				
6.职业韧性 X	11.24	1.38	0.034	−0.076*	−0.070*	0.014	−0.108***	1		
7.心理授权 U	3.79	0.67	0.039	−0.029	0.025	0.066*	−0.020	0.466***	1	
8.职业认同 W	3.60	0.44	0.026	−0.110***	−0.081**	0.004	−0.119***	0.481***	0.519***	1
9.工作适应 Y	3.56	0.51	0.002	−0.064*	−0.026	0.016	−0.088**	0.641***	0.691***	0.707***

注：$N=1107$。性别、教育和婚姻均为虚拟变量，a 女生=0，男生=1，均值表示男生所占比例；b 专科本科学历=0，研究生学历=1，均值表示研究生所占比例；c 单身=0，已婚=1，均值表示已婚者所占比例。* $p<0.05$，** $p<0.01$，*** $p<0.001$（双尾检验）。

从表 5-16 可见，辅导员的职业韧性、职业认同、心理授权与工作适应之间的两两相关均达到显著性水平，而且都是正向相关，说明四者之间具有方向一致的公变关系，辅导员在一个心理特征上的水平越高，在另一个心理特征上的水平也会随之升高。在辅导员的五种人口学变量中，性别与四个职业心理变量的相关均不显著，但年龄、婚姻状态与职业韧性、职业认同和工作适应的相关显著，且均为负相关。说明年龄越大的高校辅导员和已婚的高校辅导员，在职业韧性、职业认同和工作适应上的水平反而越低。此外，从相关表中显示的是，辅导员的受教育程度越高，其心理授权的水平越高。

（三）有调节的中介模型之统计检验

为了避免多重共线性的出现，首先对所有预测变量做标准化处理（即均值为零）。然后将自变量、中介变量和调节变量的 Z 分数相乘，产生交互作用项 UX 和 UW 的分数。根据温忠麟、叶宝娟（2014）和 Hayes（2013）的观点，在检验有调节的中介模型时，需要估计 3 个回归方程的参数。本研究中构建的 3 个方程如下：

$$Y = c_0 + c_1 X + c_2 X + c_3 UX + e_1 \quad (1)$$

$$W = a_0 + a_1 X + a_2 X + a_3 UX + e_2 \quad (2)$$

$$Y = c_0' + c_1' X + c_2' U + b_1 UX + e_3 \quad (3)$$

方程 1 估计调节变量（心理授权）对自变量（职业韧性）与因变量（工作适应力）之间关系的调节效应；方程 2 估计调节变量（心理授权）对自变量（职业韧性）与中介变量（职业认同）之间关系的调节效应；方程 3 估计调节变量（心理授权）对中介变量（职业认同）与因变量（工作适应力）之间关系的调节效应，以及自变量（职业韧性）对因变量（工作适应力）残余效应的调节效应。

数据分析时，在每个方程中对所有预测变量进行了标准化处理，并对年龄、受教育程度、婚姻和工作年限等变量进行控制，虽然性别与职业韧性、心理授权、职业认同和工作适应的相关均不显著，相关系数在 0.002—0.039 之间（$p>0.05$），但考虑到以往研究结果的争议性，为了保守起见，本书对性别变量依然进行了控制。所有预测变量方差膨胀因子（VIF）数值均不高于 1.37，低于评判指标值 10，因此不存在多重共线性问题。

本研究分七步来检验有调节的中介模型：即职业韧性（X）通过职业认同（W）影响工作适应力（Y）的中介过程，是否受到了心理授权（U）的调节。

第 1 步，对预测变量和校标变量做标准化处理。然后将自变量、中介变量和调节变量的 Z 分数相乘，产生交互作用项 UX 和 UW 的分数。在多元回归分析中，对性别、年龄、工作年限、受教育程度和婚姻状况等人口学变量进行控制。统计时分别将性别、受教育程度和婚姻等三个类别变量，转化为虚拟变量[①]。

第 2 步，对回归方程（1）的参数进行估计（见表 5-17）。结果显示，方程（1）整体上显著，$F=196.935$（$P<0.001$）。其中，多元相关系数（R）为 0.786，决定系数（R^2）为 0.618，调整后的 R^2 为 0.615，表示 8 个预测变量总共可解释校标变量（工作适应力，Y）61.5%的变异量。上述 8 个预测变量的方差膨胀系数值（VIF）在 1.009—2.205 之间，低于评判指标值 10，表示进入回归方程式的预测变量之间不存在多重共线性[②]问题。

[①] 类别变量转化为虚拟变量，是将类别变量（n 个水平）转换为 $n-1$ 个二分变量，二分变量水平数值为 0 和 1。本研究中关于性别、教育和婚姻等虚拟变量的赋值，见表 1 的注释。
[②] 多重共线性关系（multicollinearity）：是指预测变量（又称自变量）彼此之间没有高度的相关关系。通常用方差膨胀因子（variance inflation fator，简称为 VIF）表述。VIF 值越小，表示预测变量之间的共线性愈不明显，通常以 VIF 小于 10 作为评判多重共线性的指标。

表 5-17 职业韧性、心理授权预测工作适应力的回归分析

预测变量	未标准化回归系数 B^i	标准误 SE	标准化回归系数 β^{ii}	方差膨胀系数 VIF
1. 性别[a]	-0.063	0.040	-0.031	1.018
2. 年龄	0.003	0.005	0.017	2.205
3. 工作年限	-0.004	0.007	-0.015	1.964
4. 教育[b]	-0.025	0.047	-0.010	1.036
5. 婚姻[c]	-0.037	0.048	-0.018	1.447
6. 职业韧性 X	0.404	0.022	0.406*** (c_1)	1.302
7. 心理授权 U	0.507	0.022	0.509*** (c_2)	1.294
8. 职业韧性 $U\times X$	-0.005	0.015	-0.006 (c_3)	1.009

注：i 未标准化的回归系数包含常数项，无法比较预测变量的相对重要性。ii 标准化系数已去除了单位的影响，因此可以作为预测变量间解释力的比较。a 女生=0，男生=1，均值表示男生所占比例；b 专科本科学历=0，研究生学历=1，均值表示研究生所占比例；c 单身=0，已婚=1，均值表示已婚者所占比例。*$p<0.05$，**$p<0.01$，***$p<0.001$（双尾检验）。

如表 5-17 所示，辅导员的职业韧性（X）对工作适应力（Y）的正向预测效应显著（$c_1=0.406$，$t=17.984$，$p<0.001$），辅导员的心理授权水平（U）对工作适应力（Y）的正向预测效应显著（$c_2=0.509$，$t=22.612$，$p<0.001$）。而职业韧性与心理授权的交互项（UX），对工作适应力（Y）的负向预测作用是不显著的（$c_3=-0.006$，$t=-0.300$，$p=0.764$）。c_3 不显著，说明在不考虑中介效应的时候，职业韧性（X）对工作适应力（Y）的直接效应没有受到心理授权（U）的调节。

第 3 步，对回归方程（2）的参数进行估计（见表 5-18）。结果显示，方程（2）整体上显著，$F=68.266$（$P<0.001$）。其中，多元相关系数（R）为 0.599，决定系数（R^2）为 0.359，调整后的 R^2 为 0.354，表示 8 个预测变量总共可解释校标变量（职业认同，W）35.4%的变异量。上述 8 个预测变量的方差膨胀系数值在 1.009—2.205 之间，低于评判指标值 10，表示进入回归方程式的预测变量之间不存在多重共线性问题。

表 5-18 职业韧性、心理授权预测职业认同的回归分析

预测变量	未标准化回归系数 B^i	标准误 SE	标准化回归系数 $β^{ii}$	方差膨胀系数 VIF
1. 性别[a]	0.042	0.052	0.021	1.018
2. 年龄	−0.005	0.007	−0.029	2.205
3. 工作年限	−0.010	0.009	−0.039	1.964
4. 教育[b]	−0.030	0.062	−0.013	1.036
5. 婚姻[c]	−0.091	0.064	−0.044	1.447
6. 职业韧性 X	0.294	0.030	0.290*** (a_1)	1.302
7. 心理授权 U	0.393	0.030	0.389*** (a_2)	1.294
8. 职业韧性 U×X	−0.017	0.020	−0.022 (a_3)	1.009

注：同表 5-17。

如表 5-18 所示，辅导员的职业韧性（X）对职业认同（Y）的正向预测效应显著（$a_1 = 0.290$，$t = 9.917$，$p < 0.001$），辅导员的心理授权水平（U）对职业认同（Y）的正向预测效应显著（$a_2 = 0.389$，$t = 13.321$，$p < 0.001$）。而职业韧性与心理授权的交互项（UX），对职业认同（Y）的负向预测作用是不显著的（$a_3 = -0.022$，$t = -0.861$，$p = 0.389$）。

第 4 步，对回归方程（3）的参数进行估计（见表 5-19）。结果显示，方程（3）整体上显著，$F = 265.521$（$P < 0.001$）。其中，多元相关系数（R）为 0.843，决定系数（R^2）为 0.711，调整后的 R^2 为 0.708，表示 9 个预测变量总共可解释校标变量（工作适应力，Y）70.8%的变异量。上述 9 个预测变量的方差膨胀系数值在 1.021—2.207 之间，低于评判指标值 10，表示进入回归方程式的预测变量之间不存在多重共线性问题。

表5-19 职业韧性、心理授权、职业认同预测工作适应力的回归分析

预测变量	未标准化回归系数 B^i	标准误 SE	标准化回归系数 β^{ii}	方差膨胀系数 VIF
1. 性别[a]	-0.085	0.035	-0.043	1.021
2. 年龄	0.005	0.005	0.026	2.207
3. 工作年限	0.000	0.006	0.002	1.969
4. 教育[b]	-0.014	0.041	-0.006	1.035
5. 婚姻[c]	-0.005	0.042	-0.002	1.450
6. 职业韧性 X	0.294	0.021	0.296 *** (c_1')	1.434
7. 心理授权 U	0.359	0.021	0.360 *** (c_2')	1.533
8. 职业认同 W	0.379	0.021	0.385 *** (b_1)	1.601
9. $U \times W$	0.038	0.015	0.046 ** (b_2)	1.035

注：同表5-17。

如表5-19所示，辅导员的职业韧性（X）对工作适应力（Y）的正向预测效应显著（$c_1'=0.296$，$t=14.319$，$p<0.001$），辅导员的心理授权水平（U）对工作适应力（Y）的正向预测效应显著（$c_2'=0.360$，$t=16.880$，$p<0.001$），职业认同（W）对工作适应力（Y）的正向预测效应显著（$b_1=0.385$，$t=14.319$，$p<0.001$），职业认同与心理授权的交互项（UW），对工作适应力（Y）的正向预测作用是显著的（$b_2=0.046$，$t=0.966$，$p<0.01$）。

第5步，根据有调节的中介模型应具备的两个条件，来检验中介效应是否随调节变量的变化而变化。这两个条件是：

条件一：在方程（1）中，预测变量 X 对校标变量 Y 的总效应（c_1）显著；

条件二：在方程（2）和（3）中，预测变量 X 对中介变量 W 的效应（a_1）显著，中介变量 W 与调节变量 U 对校标变量 Y 的交互效应（b_2）显著，和/或预测变量 X 与调节变量 U 对中介变量 W 的交互效应（a_3）显著，中介变量 W 对校标变量 Y 的总效应（b_1）显著。

简单地说，如果 $a_1 \neq 0$（显著表示为不等于）且 $b_2 \neq 0$，或者是 $a_3 \neq 0$ 且 $b_1 \neq 0$，或者是 $a_3 \neq 0$ 且 $b_2 \neq 0$，至少有一组成立，就说明中介效应受到了调节，即有调节的中介模型成立。本研究中，a_1 显著（$a_1 = 0.290$, $t = 9.917$, $p<0.001$）且 b_2 显著（$b_2 = 0.046$, $t = 0.966$, $p<0.01$），说明有调节的中介模型成立，即辅导员的职业韧性通过职业认同的中介过程，影响着辅导员的工作适应力，而且该中介过程还受到了辅导员心理授权水平的调节。在该模型中，只有中介效应的后半路径受到了心理授权的调节，模型见图5-6。在该模型中，中介效应就等于中介路径上两个路径系数的成绩 $\{a_1(b_1+b_2U)\}$。

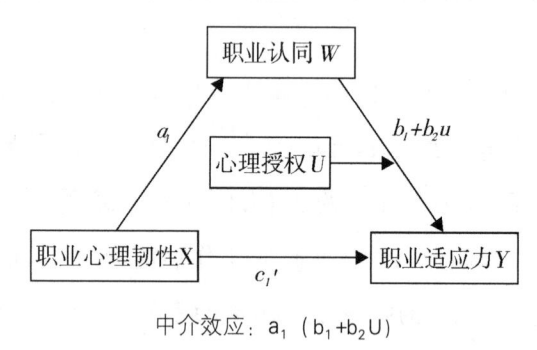

图5-6 职业韧性对辅导员工作适应力的有调节的中介模型（中介效应）

第6步，依据以上获得的参数，绘制的有调节中介模型如图5-7。通过这些估计的参数，能计算出中介效应，即辅导员的职业韧性对工作适应力有调节的中介效应是 $0.290\times(0.385+0.046)$。当 U 取均值时，中介效应为0.117（即 0.290×0.385）；当 U 取均值以上一个标准差时，中介效应为0.125 [即 $0.290\times(0.385+0.046)$]；当 U 取均值以下一个标准差时，中介效应为0.098 [即 $0.290\times(0.385-0.046)$]。而职业韧性对工作适应力的总效应为0.641（即 X 对 Y 的直线回归系数），如此，当 U 取值分别为 -1、0、1 时，中介效应分别占了总效应的 15.3%、18.3%、19.5%。

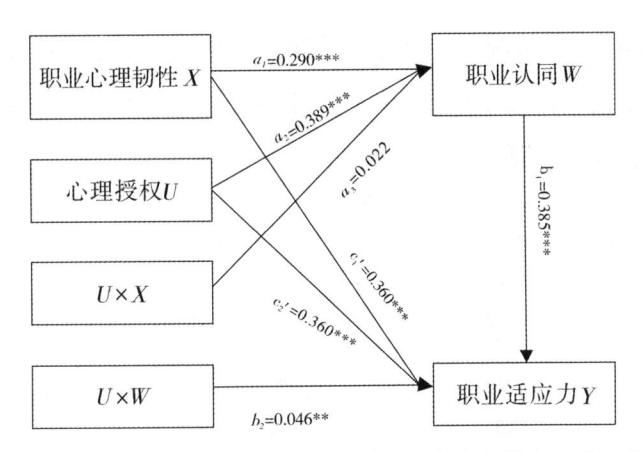

第五章
韧性效能：职业韧性对高校辅导员工作适应的影响

图 5-7 职业韧性对辅导员工作适应的有调节的中介模型（路径系数）

第 7 步，为了更清楚的解释职业韧性与心理授权的相互效应实质，进行简单斜率检验，即将心理授权按正负一个标准差分出高低组，考察在不同心理授权水平上，职业韧性对职业认同的影响，并绘制简单效应分析图 5-8。结果表明，对于低心理授权的辅导员群体来说，职业韧性对职业认同的促进作用较强（$B=0.44$，$SE=0.03$，$t=14.59$，$p<0.001$）；而对于高心理授权的辅导员群体，这一关系明显较弱（$B=0.28$，$SE=0.06$，$t=4.75$，$p<0.001$；B 由 0.44 减弱为 0.28）。

根据"保护因子—保护因子模型"，倘若两种保护性因子同时对辅导员的职业认同产生影响时，这两种保护因素可能会发生交互作用，而且这种交互作用的模式并不总是一致的，可以表现为两种情况——相互促进和相互抑制。前者称之为"保护因子—保护因子模型"的促进假说，该假说认为，自变量（X）对调节变量（U）高分组个体的保护作用更强；后者称之为"保护因子—保护因子模型"的排除假说，该假说认为，自变量（X）对调节变量（U）低分组个体的保护作用更强。本研究中，职业韧性与心理授权均能促进个体的职业认同，两者都是辅导员职业认同的保护性因素。在辅导员职业认同的交互效应模式中，职业韧性与心理授权这两种保护因子对职业认同的影响具有排除假说的功能，而不是促进假说的作用。在这种对抗型交互作用模型中，一种保护因子（心理授权）会降低中介效应对结果变量（工作适应力）的影响。

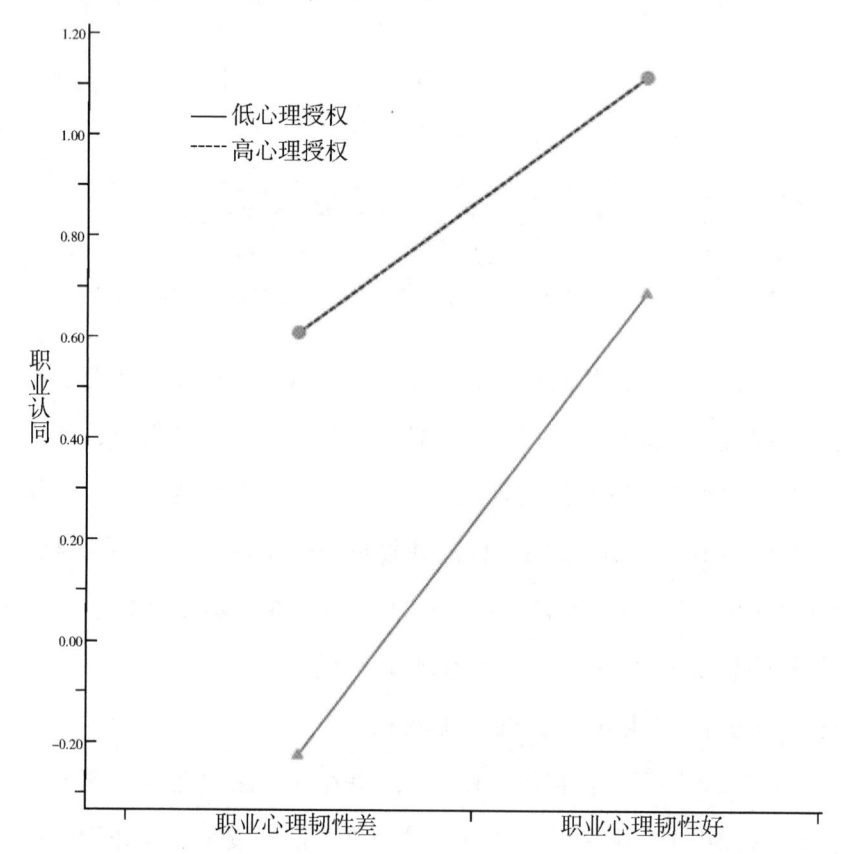

图 5-8　辅导员心理授权水平对职业韧性与职业认同的调节作用

换言之，当辅导员对组织授权的主观体验（即心理授权）较低时，这时通过提高辅导员的职业韧性，可以更有效地改善其工作适应力。也就是说，对于低心理授权的辅导员而言，他们的职业韧性水平，对预测其工作适应力的效应更大。反之，当辅导员对组织授权的主观体验较高时，他们的职业韧性水平对工作适应力的预测效应会变小。此时，若想通过提高职业认同水平来进一步改善工作适应结果，这种干预策略的有效性会大打折扣，远不及在低心理韧性时的收效。由此可见，在高心理授权的辅导员中，职业韧性通过职业认同来间接影响工作适应的保护作用可能得不到显示，作为结果变量的工作适应力出现了"地板效应"。而在低心理授权的辅导员中，这种地板效应消失了，职业韧性通过职业认同对工作适应的中介效应才能有效发挥其保护作用。

三、中介变量：辅导员的职业认同

职业认同是由社会认同理论发展而来，是个体对其职业的肯定性评价。辅导员的职业认同，就是对辅导员职业的爱与责任的基础心理特质。职业认同具有主体建构性和动态性，会依据职业情境、个体因素及职业应激事件而改变，是个体与职业环境持续相互作用的结果。

本研究关于辅导员的职业认同、职业韧性和工作适应三者关系的实证分析结果显示：

第一，职业韧性能够正向预测辅导员的职业认同的水平，说明那些具有高职业韧性的辅导员群体，对辅导员职业的肯定性评价愈高，他们为自己是一名辅导员老师而自豪，愿意跟别人主动提及自己的职业，认为从事该职业能够实现其人生价值，觉得辅导员职业是社会分工中很重要的职业之一。在遭遇重要的职业压力/逆境时，那些愈有韧性的辅导员，对职业的认同度愈高。

第二，职业认同能够正向预测辅导员的工作适应水平，而且在职业韧性与工作适应性之间起到了中介作用。说明个体对职业的认知与认同水平，相对于职业抗压水平而言，是制约辅导员工作适应结果的近端因素。在面临大的职业应激时，那些具有高职业韧性的辅导员群体，对辅导员职业显示出更高的意义感、价值感与归属感，能更有效地发挥其抗压能力，工作适应性越好，并获得更积极的工作适应结果，这种高承诺—高绩效—低倦怠的职业形象就愈鲜明。

四、调节变量：辅导员的心理授权

心理授权是个体对自身的工作角色、信念与组织之间关系的认识，其本质是自我效能的动机成分，那些心理授权越高的员工，内在工作动机越强。倘若组织对员工的管理授权没有被员工感知到，那诸多制度、政策与措施性干预对组织绩效的促进作用会大打折扣。因此，是员工的心理授权水平，而不是授权措施本身决定着授权的程度。

本研究关于辅导员的心理授权、职业认同、职业韧性和工作适应四者关系的实证分析结果显示：

第一，辅导员的心理授权水平能够显著正向预测其职业认同水平和工作适应水平，那些具有高心理授权感的辅导员，在工作中更具自我决定性，对自己的工作技能、管理思想和影响力更有信心，他们倾向于认为辅导员这个职业能够符合自己的价值体系和标准，认为辅导员工作角色要求与其信念、价值观和行为比较吻合，他们更愿意使用组织赋予的自主权来完成组织目标，并把注意力聚焦于组织目标，他们对自己的职业胜任能力更自信，把自己看成工作的主体而非被动的执行者，在工作中有足够的自主性来控制、选择或决策自己的工作行为、工作过程和工作体验，认为自己有力量来影响组织的战略、行政、管理和运营等。而那些体验到高心理授权的辅导员们，觉得自己对工作有影响力，把自己看成具有能动性的环境主体，积极参与到组织的决策与管理中，势必就有良好的工作适应表现。

第二，辅导员的心理授权在职业韧性→职业认同→工作适应结果影响路径中具有调节作用，心理授权显著地调节了职业韧性与职业认同之间的关系，即在高心理授权的辅导员中，职业韧性通过职业认同来间接影响工作适应的保护作用可能得不到显示，作为结果变量的工作适应力出现了"地板效应"。而在低心理授权的辅导员中，这种地板效应消失了，职业韧性通过职业认同对工作适应的中介效应才能有效发挥其保护作用。作为职业自我效能感的风向标，心理授权影响了辅导员面对重大职业应激时的心理韧性表现。对于那些具有低心理授权水平的辅导员而言，能成功地应对职业中的压力事件，这样的经历与经验能更有效地促进与提升他们的职业认同度，进而获得更积极的工作适应结果。

讨论与小结

本研究所选取的工作适应指标,包括职业态度、职业行为与职业情绪情感等三个方面,整合了职业承诺、工作倦怠与组织公民行为等具有积极品质的职业心理能力,全面立体地勾勒出一副具有良好工作适应的辅导员职业形象:高承诺—低倦怠—高(关系)绩效。关于辅导员职业韧性与工作适应的作用关系,本研究建构了一个有调节的中介模型。首先,考察了辅导员职业认同在职业韧性与工作适应之间的中介作用;然后,在中介作用分析的基础上,进一步探究了辅导员的心理授权水平对这种中介关系的调节作用。

有调节的中介模型揭示了:第一,高职业韧性、高职业认同与高心理授权水平,是辅导员良好工作适应的保护性因素。第二,辅导员的职业韧性通过其对辅导员职业的认同,间接影响其工作适应。第三,辅导员的心理授权在职业韧性→职业认同→工作适应结果影响路径中具有调节作用。以上研究发现,有助于回答辅导员工作适应性的两大关键问题,即职业韧性究竟是通过什么(怎样起作用)、在什么条件下(何时起作用)来影响辅导员的工作适应的。论文基于有调节的中介模型分析,更科学地回答了职业韧性对辅导员工作适应的影响机制问题,验证了辅导员的个体主动性与能动性心理资源的积极效应,并且清晰地描绘了这些心理资源是如何在重要的职业时刻影响辅导员的工作适应结果的。诸多实证结果对我国高校辅导员的职业能力建设和辅导员培训工作具有科学的指导价值。

干预篇

GANYUPIAN

第六章

韧性重塑：新时代高校辅导员职业韧性培育的模型与策略

心理韧性研究领域自发端始，就具有明确的应用取向。正如学界先驱 Garmezey（1974，1984，1985）在构建现代韧性研究框架时所强调的，实践干预才是韧性研究的初衷。不论是理论研究者、实务研究者，还是组织与管理界的实践者，他们最关切的问题高度一致：到底有哪些个体经验，又该如何应用这些因素，来帮助那些身处严重逆境/压力的人来发展心理韧性，以更好地适应环境。随着研究的不断拓展与深入，心理韧性的干预方案与训练项目不断涌现。

进入 21 世纪后，基于"心理韧性框架"的干预模型通常被称为韧性增进保护过程模型，"宾夕法尼亚大学韧性项目"（the Penn Resiliency Program，简称 PRP）就是非常著名的一个。PRP，顾名思义是由宾夕法尼亚大学设计的项目，Reivich，Seligman & McBride 等人（2011）以 PRP 为基础专门针对美国陆军，设计了一套提升心理韧性的培训课程。PRP 的焦点在于通过增强受训者的主体性韧性保护因子水平，进而提升其韧性力，所甄选的这些韧性因子基于 Masten and Reed（2002）的研究，包括乐观性、问题解决力、自我效能感、自我调节力、情绪觉察、灵活性、共情力以及强有力的人际关系等。可见，PRP 关注个体的认知与主动性，具有鲜明的认知治疗特点。PRP还应用在青少年群体中，结果证明，PRP可以预防抑郁和焦虑，并且效果持久，参加PRP后两年甚至更久以后，学生仍然保持抵抗抑郁和焦虑的韧性，仍然掌握在课程中学到的解决问题、应对困难的方法和技能。

工作场所中的心理韧性研究，对实践应用领域蕴义深远。组织与管理领域中的一个既定研究方向，着眼于劳动力的心理健康与个体/组织生产力的作用关系，该研究假设，基于工作/职业的心理韧性干预，能使个体和组织双方受益。事实上，大量研究反复证实，那些专门针对提升员工职业韧性的训练与培训，不仅能有效促进劳动力的健康水平，而且能显著提升其工作投入度。Robertson, Cooper, & Sarkar 等人（2015）通过梳理 2003—2014 年这 12 年间的职业韧性干预项目后发现，工作领域的心理韧性培训，在有效提升员工的职业韧性的同时，能显著增强员工的工作绩效、社会适应性、心理健康与主观幸福感。

国内的职业韧性相关研究起步很晚，近几年有一些实证研究，均对职业韧性的研究意义与价值给予很高的评价，比如贾晓灿等（2013）分析了 548 名高校教师的职业韧性现状后指出，高校教师的心理承受力受到了前所未有的挑战，需要全社会倾注更多的关注以提高高校教师职业韧性水平。胡湜、顾雪英（2014）对国内 410 名企业员工的调查研究结果揭示，我国企业在人力资源管理中，应重视开发和提升员工的职业韧性。李琼等（2014）在探索中小学教师心理韧性的结构与影响因素研究中发现，压力挑战下提高教师的职业韧性，是保持教师队伍持续发展的必要条件。张阔等（2015）对 525 名企业管理者的心理韧性与积极情绪、工作倦怠的关系研究发现，提升职业韧性是维护企业管理者心理健康，消除其工作倦怠的重要切入点，并提出增进企业管理者的职业心理健康的路径，即基于职业韧性和情绪调节策略的训练。李华芳、刘春琴、厉萍（2015）对 192 位精神科护士的积极情绪与心理韧性、职业倦怠的关系探索后指出，提高护士的职业韧性，促进积极情绪，是降低职业倦怠危险的有效途径。

必须承认，职业韧性干预的研究才刚刚起步，研究者尚面临诸多疑惑与挑战，尤其在理解职业韧性的机制，以及研制有理论驱动且具有高信效度的评估工具等方面，一直以来是制约职业韧性实践的瓶颈。Bonanno & Diminich（2013）认为，现有的韧性预防项目在收效上不尽如人意，主要原因就是对MIR（minimal-impact resilience）以及影响因素的认识不足。国内学者席居哲（2006）认为，虽然学界已经将韧性研究视角从个体特质方面转向了系统、动态和生态的视角，却依然存在低估甚至忽略个体应对压力/逆境中的主动性倾向。

纵观国内外在职业韧性领域的研究成果，针对高校辅导员群体的职业应激特点、工作适应水平和职业能力发展要求，基于职业韧性自我调节模型和本研究的实证研究结果，以下将从培养的理论取向、培养途径与具体培养方法三个水平，提出高校辅导员的职业韧性开发方案。

第一节
重塑模型：辅导员职业韧性重塑之洋葱模型

本研究依据前面的实证研究结果，将以上三种韧性培养取向加以整合，提出辅导员职业韧性的培养模型（见图6-1）。该模型类似一个洋葱状，在生态系统视域下，在个体—环境相互作用的动态过程中，以个体的资源和优势取向为切入点，择取个体身上那些最具主动性、能动性和自我调控性的韧性保护资产，通过国家（政策）组织与个体的三方协作，最大化激发和提升辅导员的职业韧性水平。

关键开发者：国家与地方政府
开发目标：提升辅导员职业环境中的保护性因素；降低辅导员职业环境中的危险因素

心理发展的生态系统理论

关键开发者：高校
开发目标：增强组织韧性、心理授权与领导支持

积极组织行为学理论

关键开发者：辅导员
开发目标：锻造职业韧性的自我调控能力；优化社会支持系统

工作场所的自我调节韧性理论

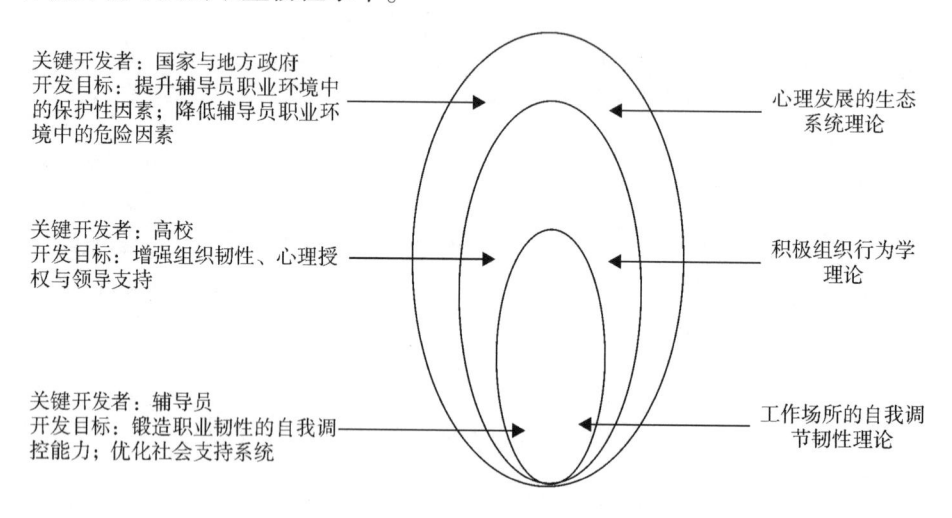

图6-1 辅导员职业韧性培养的洋葱模型

第六章
韧性重塑：新时代高校辅导员职业韧性培育的模型与策略

洋葱模型基于系统观，分别从宏观、中观和微观三个视域揭示影响辅导员职业韧性的影响因素，而且每个视域使用不同的观察"滤镜"，分别依据心理发展的生态系统论、积极组织行为学和工作场所的自我调节韧性模型，确认出辅导员职业韧性干预工作的三类开发目标与三个关键开发者。

宏观层面上的关键开发者就是国家和地方政府，主要的韧性开发目标是给予制度和政策保障，不断改善辅导员职业发展和职业环境中的保护性因素，降低或消除那些阻碍辅导员发展的不利的尤其是危险的职业因素。

中观层面上的关键开发者是高校辅导员组织与管理机构，主要的韧性开发目标是不断优化辅导员工作环境，为辅导员职业韧性发展营造有支持性的组织环境。

微观层面上的关键开发者是辅导员老师，主要的韧性开发目标是依据本研究的相关证据，努力夯实自身的韧性保护资产，不断丰富和优化自我调控类韧性资源，最大化地开发和利用社会性资源。

基于洋葱模型，培育辅导员职业韧性有三条路径：

路径一，依据压力与绩效倒"U"模型，净化辅导员的职业应激源头。

路径二，依据资源取向与自我调控论，优化辅导员的内在韧性资产。

路径三，依据社会支持理论，丰富辅导员的人际韧性资源。

洋葱模型主要的理论依据是：

一、宏观视域：心理发展生态系统论取向

20 世纪 70 年代，生态系统理论在组织与管理领域得到广泛应用。生态系统理论假设，人的发展是主动与所处的生态环境相互作用，使得该过程在时间的维度上"运转"而至的结果。生态系统理论将个体赖以生存的生态系统区分为四级：微观系统、中系统、外系统和宏系统，认为心理发

展就是个体与嵌入其中的生态环境相互作用的过程，在这个过程中，人具有主观能动性，通过主动与外界互动来建构自己的经验世界。生态系统理论关注系统之间是怎样互动的，通过"人在环境中"这一核心概念，奠定了韧性干预实践整合模式的基础。在生态系统理论视域下，一个人的职业韧性就是一个连续运作的、动态的、建构的过程。因此，开发和培养人的职业韧性，应从个体与组织两方面来分析韧性的生成机制，开发干预个体与组织环境的韧性培养策略。拉特的环境—个体韧性干预模型，简洁勾勒出生态系统取向的韧性培养结构（见图6-2）。

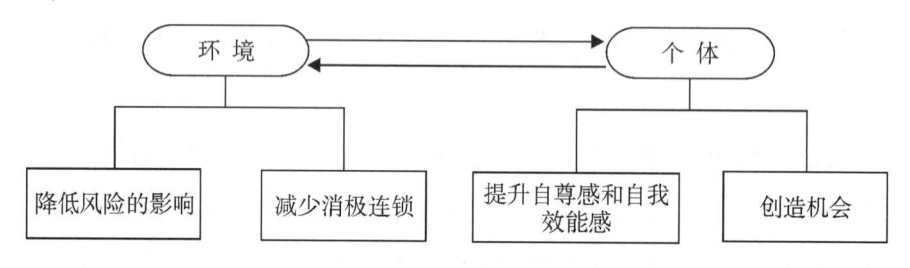

图6-2 拉特（Rutter）环境-个体韧性培养模型

20世纪70年代，生态系统理论在组织与管理领域中得到广泛应用。生态系统理论认为人类的发展不是在真空中，而是个体与社会物理环境、阶层和文化环境连续交换的产物，并且依赖于服务使用者的参与和分享。心理发展生态系统理论认为，人的发展是人主动与所处的生态环境相互作用过程在时间维度上"运转"的结果。生态系统理论将个体赖以生存的生态系统区分为四级：微观系统、中系统、外系统和宏系统，认为心理发展就是个体与嵌入其中的生态环境相互作用的过程，在这个过程中，人具有主观能动性，通过主动与外界互动来建构自己的经验世界。

心理发展生态系统理论强调系统之间的互动，使得"人在环境中"的核心概念得以复苏，为职业韧性的整合研究提供了一个完美的视野，帮助我们更深入、细致和系统地剖析心理韧性的发生机制，同时也为职业韧性的干预实践的整合模式奠定了基础。在生态系统理论视域下，一个人的职业韧性就是一个连续运作的、动态的、建构的过程。因此，开发和培养人的职业韧性，应从个体与组织两方面来分析韧性的生成机制，开发干预个体与组织环境的韧性培养策略。

二、中观视域：积极组织行为学取向

积极组织行为学的主旨在于提升工作绩效，它研究工作场所中那些具有积极导向的、可测量的、可开发和管理的人力资源优势。积极组织行为学关注的心理能力，通常符合五个标准：积极性、以理论与研究为基础、可以被有效地测量、属于状态类具有可塑性的特征（而非特质类极具稳定性的特征）并且能够影响绩效。如此看来，积极组织行为学奉行优势取向，立足于生态系统视域，聚焦于服务对象的资产或优势，干预任务的焦点在于协助个体发现和增强他们潜在的能力。基于积极组织行为学理论取向，本研究在设计辅导员的职业韧性时，将锁定个体与组织环境中积极性资源，这些资源是辅导员职业心理的韧性资源，通过开发这些韧性资源，达到增强辅导员职业韧性的目的。

心理资本由美国著名的管理心理学家路桑斯等人提出，是在积极组织行为学视野下的一种心理能力理论。积极组织行为学，起源于美国内布拉斯加大学的盖洛普领导力研究所，关注组织与管理情境下的个体而非组织。积极组织行为学的研究主旨是提升工作绩效，研究对象是工作场所中那些具有积极导向的、可测量的、可开发的、可有效管理的人力资源。积极组织行为学奉行优势取向，立足于生态系统视域，聚焦于组织中个体的心理资源或优势心理。

心理资本与人力资本、社会资本不同。相较于人力资本关注"你知道什么"、社会资本关注"你认识谁",心理资本关注"你是什么样的人""你在成为什么样的人"。三者之间的联系是,心理资本建立在其他两种资本理论和研究之上,但又超越了后两者,因为"你是什么样的人"和"你在成为什么样的人",就是继"你知道什么"和"你认识谁"的追问。路桑斯相信,心理资本能带来比人力资本和社会资本更大的影响。符合心理资本的心理能力通常要满足五个标准:积极性,以理论与研究为基础,能被有效测量,稳定但具有可塑性的"类"状态特征(即介于特质与状态之间,兼具稳定性与可塑性的人格特点),而且能够促进个人的工作绩效与组织绩效。

三、微观视域:自我调节的社会认知论取向

自我调节能力是人类最重要的特质之一,自我调节理论就是研究这种能力的结构、发展与机能。在诸多自我调节理论中,社会认知理论假设,自我调节就是自我生成情感、思想和行为的过程,是个体通过自己的行为与环境相互作用,从而调动其行为动机和行为技能的一种自我控制过程。

因此,自我调节力是一种重要的社会认知能力。社会认知是"一种对别人和自己的思考。"人的社会认知具有情境依赖性,个体对刺激作何种反应取决于所处的环境。正如欧洲最著名的社会心理学家之一泰弗儿所言:"人最伟大的适应优势,是有能力根据对情境的知觉和理解去修饰自己的行为。"因此,就认知主体而言,过去经验、知识水平、思维方式、情绪状态,尤其是自我调节能力,这些都会影响最终的社会认知结果。

自我调节的社会认知理论认为,人的自我调节能力的发展通常有四个水平:①观察水平。处在该水平的个体,针对那些职场中的榜样人物,能够归纳出对方所运用的自我调节技能、策略的主要特征。②仿效水平。处

在该水平的个体，其行为表现与榜样人物的一般策略在形式上很接近。③自我控制水平。处在该水平的个体，当身处榜样人物不在场的结构化环境中时，他能够独立运用技能及策略。④自我调节水平。处在该水平的个体，可以系统地使其操作，来适应各种变化的情境条件，而且能够根据结果对操作技能及策略做出调整、改变。

King 和 Rothstein（2010）认为，人在面对有压力的工作情境压力时，会通过同化和顺应两条路径来调控自我以适应环境。同化路径，主要采取行动导向，以努力做出改变或努力实现目标为特点。顺应路径，主要采取认知导向，以自我调节与自我反思的循环作用为特点。人成熟的最重要课程之一，就是学习如何在同化与顺应之间达成一种微妙的平衡。毕竟有时舍弃所求（类似于顺应）要好过一味徒劳追求（类似于同化），而接纳自己的局限性恰是成长。

职业韧性就是一种矢志不渝与灵活变通的平衡过程。Kumpfer 等（2004）认为，自我调节的实质，就是一个自我论证过程，是一个人作出合理决策并有效调控自身的行为，从而实现心理韧性发展的基础和关键。因此，职业中遭遇严重压力、逆境、挫折或创伤的个体，要想获得复原、发展与成长，明智之举就是找到对职业目标的坚持与调整，甚至舍弃间的平衡点。

自我调节的社会认知理论的主要特征，就是强调社会环境和自我因素的相互作用。自我调节整合了动机变量与自我过程，是个体依据自我设置的目标，主动指导自己的行为或行为策略的过程，当目标难以实现时，个体还会依靠自身的情感、认知和行为反馈来修正他的行为。

从自我调节过程理解辅导员的职业韧性发展与变化，应重点关注以下几个因素：

其一是改变的动机。倘若一个人对自我调节表现出淡漠或无兴趣状态，也就是出现了动机性障碍，这是导致自我调节机能失调的主要原因之一。

一旦职业中遭遇到突发事件、压力、逆境、机遇或其他形式的改变时,人的身心灵的平衡状态就可能会被打破,此时如果个体愿意依仗自身的韧性资源和以前的韧性重整经验积极应对当前逆境,而且能够凭借自我的存在与行动做出某些决定或重估其处境时,很可能会迎来身心复原和职业发展的关键拐点。

由此可见,职业者对逆境的意义建构是职业韧性发生的重要机制,它影响着个体有何种情绪/情感体验,有何认识,做何反应。意义建构是韧性者搭建的一架桥,一架从当下困境通往未来更美好生活的桥。意义一旦被重构,个体就能够理解和解释逆境,这种建构过程不但获得了意义感,还会获得目的感,进而产生行动力。

其二是韧性资产。金恩和罗斯坦假设,职业韧性的保护性因素与自我调节过程都能从情绪、认知和行为三个维度来界定。这种三分法在学界已有先例,比如,贝纳德(Benard,1991)将心理韧性成分划分为社会性能力(情绪情感类)、目标感与希望感(认知类)、问题解决策略与自主性(行为类)。无独有偶,拉米雷斯(Ramirez,2007)将心理韧性分为3个维度,其中情绪情感维度包括积极的人际关系或社会支持、幽默感、宜人性或灵活性;认知维度包括自尊与高抱负;行为维度包括自我效能与自我决定。

其三是韧性过程。职业韧性自我调节过程模型还从个体水平与人—环境互动水平来厘析职业者的韧性保护资源。①情绪维度,在个体层面上包括对自身情绪、思想或想法的调控能力;在人—环境水平上表现为拥有一种有关爱、有情感支持的人际关系,这种人与人的关系让身处逆境中的个体有归属感和被接纳感。因此,职业韧性情绪维度的个人特征主要由三个方面构成:情绪监控力、情绪稳定性与幽默感。②认知维度,由那些能给予个体一致感或同一感的因素构成,即人的信念系统,由世界观、信仰和抱负等。凭借这种信念系统,个体获得了自我了解和对世界的了解。其中精神信仰和同一感构成了职业韧性在个体水平上的认知成分,这些认知因素在人与环境的相互作用过程中,产生了对自我和对世界的了解与理解,进而获得一致感。③行为维度,由那些能给予人力量感的因素构成,包括自我效能、问题解决能力、设定并掌控目标的能力、坚持不懈追求目标的能力等等,凭借这些韧性行为资源,个体才能贯注于有意义的活动与行动。

在个体层面,情绪调控力能给人提供一种健康的情绪状态,这反映了职业韧性的情绪维度;信念、世界观和抱负让人获得一种内在同一感,这反映了职业韧性的认知维度;自我效能和类似特征能给人一种力量感,这反映了职业韧性的行为维度。在环境层面,人际归属感与接纳感反映的是职业韧性的情绪维度;对自我和世界的了解反映了职业韧性的认知维度;努力付出或对有意义活动的贯注则反映了职业韧性的行为维度。最终,情绪的自我调节过程让人获得"我值得"的信念;认知的自我调节过程使人获得"我懂得"的信念;行为的自我调节过程使人获得"我能行"的信念。三者结合导致成功的职业路径、人际适应,乃至其他的积极结果。

其四是人际支持质量。善于获取社会支持是重要的自我调节资源。社会支持具有"社会治愈"力,通过为个体赋能来增强其职业韧性。职业韧性自我调节过程模型认为,考察职业者对社会性资源的主动利用度,包括积极寻求倾听、同理与智力支持,通过获取人际支持增强自身的积极心态与自我控制,这些被证明是社会支持预测韧性的起效因素。

职业韧性的自我调节模型,将职业韧性视为一种个体特征与环境因素相互作用的过程,这点直接关切到个体职业韧性的发展,而不仅仅是对保护性资源的甄别。自我调节模型将职业个体置身于一个更大的背景中,关注那些最要紧的事情,凸显了压力应对的自我管理价值,对现有文献的不一致结果具有非常高的整合价值,对那些职业逆境中的个体有更高效的干预价值,而且为未来的研究走向提供了重要的引领意义。

第二节
职业重塑：宏观职业环境之韧性重塑策略

国家和地方政府层面可基于政策引领、培训促进与评估反馈的干预思路，从四个方面来改善和优化辅导员的职业化、专业化进程，为提升辅导员职业韧性构建健康的、稳定的、可持续发展的宏观环境。

一、明晰辅导员职业角色与职责

辅导员具有多重角色，是逐渐演变而成的。中华人民共和国成立初期，辅导员的主要工作是大学生思想政治教育；改革开放后，辅导员的工作逐渐增加了教育教学和科学研究；2017年教育部颁发了《普通高等学校辅导员队伍建设规定》指出，辅导员有九个方面的工作职责：思想理论教育和价值引领、党团和班级建设、学风建设、学生日常事务管理、心理健康教育与咨询工作、网络思想政治教育、校园危机事件应对、职业规划与就业创业指导、理论和实践研究。

有研究（2021）采用文献计量学方法，基于 Citespace 统计工具，选取了1513篇有关高校辅导员角色的文献研究，对这些文献进行关键词共性分析，整体性的深入分析了当前我国高校辅导员角色的研究主题及其演变趋势,其中排名前20的辅导员角色关键词见表6-1。

表6-1 高校辅导员角色研究高频关键词与中心性统计

序号	关键词	频次	中心性	年份	序号	关键词	频次	中心性	年份
1	辅导员	729	0.21	1998	11	队伍建设	41	0.05	2005
2	角色定位	518	0.38	2002	12	角色转换	31	0.05	2007
3	高校辅导员	382	0.43	2003	13	专业化	29	0.05	2006
4	角色	219	0.31	1998	14	学生工作	25	0.05	2005
5	高校	127	0.15	2002	15	素质	22	0.02	1998
6	大学生	86	0.11	2005	16	对策	20	0.03	2005
7	思想政治教育	76	0.11	2006	17	就业指导	20	0.02	2007
8	角色冲突	70	0.07	2002	18	政治辅导员	18	0.03	1999
9	定位	56	0.06	2003	19	作用	17	0.03	2008
10	高职院校	46	0.05	2008	20	思想政治工作	17	0.02	2006

关于高校辅导员角色定位存在多种表述。首先,从大学生心理需要的角度分析,辅导员角色是大学生心理危机的预防者、心理危机事件处理的协助者以及心理危机事件干预后的关注者。其次,从时代要求的角度分析,辅导员角色随时代内涵改变而发生嬗变,在"大思政"格局下,辅导员是学生思想发展的引领者,是"大思政"格局践行的核心者和"思政⁺"模式的整合者;在"三全育人"的理念下,辅导员是"三全育人"的协同者、主动开拓者和整合者。最后,从国家政策要求角度分析,高校辅导员有"八大角色",分别是政治引路者、思想引领者、文化塑造者、道德示范者、事务管理者、心理咨询者、教学创新者与专业研究者。

不难看出,在角色丛视域下,从以上三个不同角度分析辅导员的角色现状时,角色冲突显而易见。角色冲突有角色内冲突与角色间冲突之分,角色内冲突是由于不同群体对辅导员角色提出了不同要求时,致使辅导员因为难以同时满足这些角色要求而造成的心理负担和冲突。角色间冲突是由于诸多角色所要求的立场、职责不同甚至冲突而造成的。而且辅导员体验到角色冲突亦是不可避免的事实，有研究表明这种角色冲突不仅对辅导员的身心健康产生影响，而且也危害着辅导员队伍建设及学生教育管理工作的有效开展。

可见，多角色冲突是辅导员职业活动中重要的慢性应激源，而这种性质的应激状态对辅导员造成的压力堪比急性的重大应激事件。因此，培养辅导员的职业韧性，应从明晰辅导员职业角色这个应激源头来着手，而该问题的解决亟须国家和地方政府给予政策支持，需要学界给出更好的研究探索。

开展高校辅导员角色研究，既需要直接的经验归纳总结，相关政策文件的解读，更需要整合多学科研究路径和研究方法，通过理论与实证相结合，基于模型建构与数据验证进行系统性研究，为政策明晰辅导员角色提供研究依据。同时探索辅导员角色管理和角色困境应对的实践策略，切实缓解辅导员的角色负荷，降低角色压力，通过更有效的干预辅导员的职业应激源，助力该群体职业韧性水平的整体性提升。

二、优化辅导员职业晋升路径

2006年，教育部颁布《普通高等学校辅导员队伍建设规定》（24号令），明确辅导员具有干部和教师"双重身份"。2017年，教育部修订24号令，进一步强化了辅导员双线晋升政策，允许辅导员在职业晋升时可选择职级和职称两个系列。

理论上讲，双线晋升政策应该能够为辅导员的职业晋升提供更多机会。而实际中却是晋升"上不去"和"狭窄化"以及管理岗单线晋升等问题。

第六章
韧性重塑：新时代高校辅导员职业韧性培育的模型与策略

辅导员们无论选择哪个系列都自觉处于劣势。走职级晋升时，因行政岗位数量有限，晋升有赖于很多外部因素，如是否与上级建立了良好的人际关系，自己的工作业绩是否具有足够的"显示度"，行政职位是否有空缺等。走职称晋升时，尽管晋升数量多些，评审程序也更加透明，但与学科教师相比，辅导员明显缺乏学术竞争力。

陈向明等使用扎根理论研究路径，研究案例学校35位辅导员在双线晋升政策要求下如何应对职业晋升，结果发现名义上提供双重机会的双线晋升政策，因与辅导员的工作特征不相匹配，实质上变成了辅导员晋升的双重困境。

研究发现，辅导员们既对晋升处境不满意，也对晋升后的结果不满意。一方面，辅导员们普遍对自己的晋升处境不满意。处于低位的辅导员，或由于不得不减少服务学生的时间去从事学术研究，从而饱受伦理困境的煎熬；或由于不知如何选择晋升轨道，而在理性和感性之间犹豫徘徊。而那些处于高位的辅导员，或由于自己的才华不适合从事目前的行政工作，而对自我价值认可较低；或因为不知道辅导员这个工作的专业性何在，而产生了专业认同危机。另一方面，辅导员在不同的情境和干预条件下采取了不同的行动策略，有些人会尽力争取双线晋升，有些人则选择职称单线，还有些人同时弱化两条路径，但他们对晋升后的结果都不满意。

以上辅导员遭遇的晋升双重困境，使双线晋升这项政策的良好意图产生了预期外后果：在政策目标、手段和结果各方面都出现了名实分离的情况。之所以出现这种悖论，是因为辅导员晋升中存在政府逻辑、专业逻辑与市场逻辑的错位，而制度逻辑适用上的名实分离，是辅导员双线晋升政策悖论的根本来源。高校辅导员工作，因为其主要功能是政治思想教育，自从1950年代成立至前些年，一直是政府逻辑占上风。现在随着国际高等学校排名运动的兴起，专业逻辑（学术逻辑）开始越来越占据重要地位，具体到辅导员晋升领域，随着名义上的专业逻辑和实质上的市场逻辑的地位上升，晋升政策与辅导员实质工作的不匹配性程度变得越来越大。而这种制度逻辑主导作用的变化，使得辅导员之前在政府逻辑主导下对本职工作的专注变得不再理所当然。实质性专业逻辑的缺失，是对本职工作专业特征的制度性忽视，这就为辅导员偏离本职工作提供了一个合法性出口。因此说，制度逻辑适用上的名实分离，是辅导员双线晋升政策悖论的根本来源。

我们不能否认的是，双线晋升政策的意图是良好的，目的是鼓励更多优秀人才持续在辅导员岗位上工作。然而，鉴于政策提出专职辅导员可按教师职务（职称）要求评聘思想政治教育学科或其他相关学科的专业技术职务（职称），而目前学校评聘专业技术职务（职称）都要求论文发表和（或）主持课题，就容易引起政策实施时对辅导员也采取类似考评，导致本职工作繁忙的辅导员们感觉压力很大。

综上，双线晋升路径受阻，且加重了辅导员的职业压力，这种处境的辅导员更需要职业韧性来确保较好的工作绩效和持续发展能力。因此，需要政府、学界、高校和辅导员四方合力，进一步优化辅导员的晋升路径，从缓解职业应激源和提供社会韧性资源两方面帮助辅导员成功应对工作困境。

三、实施发展导向的职业韧性评估

在诸多韧性议题中，测评工具研制一直是制约学界和实践领域进一步发展的关键。截至目前，我们尚缺乏高校辅导员群体的职业韧性工具，亟待开发基于理论驱动的职业韧性量具，因为该领域的专家们多次强调，职业韧性工具研究应主要基于自上而下的理论驱动，而非经自下而上的经验驱动，这样的工具才能更好地服务职业韧性的测评工作，而且依此开展的职业韧性干预才有可能会取得实效。

学界与实践领域在职业韧性工具方面达成的共识越来越一致，即一个好的职业韧性评估工具，应该是基于理论驱动而非数据驱动、反映职业韧性的可塑性而非特质性、依据韧性的过程观而非结果观，尤其要关注人—环境互动过程中的个体自我调节功能。韧性工具的元分析研究显示，当前能够满足以上条件的英文版职业韧性工具仅有两个，而中文版工具鲜有。这种职业韧性工具研究现状，极大地妨碍了辅导员职业韧性的评估工作。由此可见，开发有高信效度的辅导员职业韧性工具才是当务之急。

四、开展职业韧性的循证教育探索

20世纪70年代后期至80年代早期，医学领域率先兴起了一场循证实践（Evidence-Based Practice，简称EBP）运动。1999年，Gambrill率先提出"循证实践是一种替代权威为本的实践"。比如，循证医学就是最佳研究证据与医生的专业判断及患者的意愿之间完美的结合。

循证实践，也称为以证据为本的实践，即利用专业的知识和技能，将最佳的研究证据与受干预者的特征、偏好结合，以提供高质量服务的实践过程（Gibbs & Gambrill，2002）。20世纪末，循证实践的浪潮蔓延至人文社会科学领域，开始对教育、社会、管理、经济、政策研究等产生影响。

"循证教育"一词由牛津大学的戴维斯（Philip Davies）于1999年正式提出，是指将教与学的专业知识与来自外部系统研究中可以获得的最佳证据相结合。循证教育聚焦于教师如何融合专业智慧与最佳研究证据以实施有效教学，强调将研究结果转化为有用的指导实践的证据，来提高教育决策与实践的科学性。循证教育日益受到教育决策者、研究者与实践者的重视，成为教育改革与创新的一种新思路与新方法。

培养高校辅导员的职业韧性，可由国家和地方政府牵头，在辅导员的职前专业教育和职后培训中开展相关的循证教育探索，鼓励有关辅导员职业韧性最佳证据的研究生产与实践转化，逐步创建辅导员职业韧性循证教育的证据资源库。

首先要做的是，学界应迅速开展高质量的辅导员职业韧性研究，为该群体的循证教育提供最佳证据。教师与医生的实践决策很相似，需要将专业的决定与每位服务对象的独特需求相匹配。循证医学使医学研究扎根于医生的日常专业实践，且获得越来越多的支持，但教师的专业决策却没有基于足够的最佳证据。

紧随最佳证据生产的议题是，如何在辅导员的职前专业教育和职后培训中有效实践这些职业韧性的最佳证据，将其转化为有用的执行？教师和学校领导是循证教育的实施者，但在英国虽然有越来越多的声音和产出的最佳证据鼓励和支持教师和学校领导实施循证教育，但他们在课堂实践中仍然很少利用教育研究的成果。影响教师有效开展循证教育的实践，除了受到学界产出的循证研究成果制约外，行业对循证教育的态度、学校营造的循证文化氛围、教师对最佳证据的信念态度与价值观、教师获取最佳证据的能力、教师判断最佳证据的标准和能力以及教师使用最佳证据的策略等因素都是行业主管应着手解决的问题。

第三节
组织重塑：中观组织环境之韧性重塑策略

工作要求—资源模型（JD-R 模型）认为，工作资源有助于一个人达成其工作目标，有助于降低工作需求，帮助个体减少生理或心理努力，激励个体的成长与发展。所谓工作资源，是指工作中那些能促进目标实现，减少工作需求，降低生理心理消耗，促进个人成长、学习和发展的因素。常见的工作资源有工作控制、社会支持、反馈和奖酬等。工作资源具有动机潜能，既能以组织外部资源形式激励员工，又可以从内部驱动员工的学习成长。研究表明，工作资源对从业者减缓职业效能的降低有明显的保护性作用。

高校在辅导员职业韧性管理时，基于积极组织行为学理论，应充分开发和发挥各种工作资源在辅导员职业抗压、工作应激乃至危机干预过程中的韧性保护作用，充分调动辅导员问题解决的主动性和能动性，促进辅导员职业韧性的持续性发展，实现组织最大化的发展。

一、提升组织韧性

组织韧性是身处当今 VUCA 环境（即多变、不确定性、复杂性与模糊性）下，组织应对危机和长期成长的核心能力。具体而言，组织韧性就是在面对充满挑战的情境时，组织能努力避免不良反应倾向，积极构建并利用其所有能力与环境互动，从而在逆境前、逆境中和逆境后做出正面调整，保持组织有效运营的一种反弹力和反超力。

研究发现，拥有更强韧性的组织，能提升员工的心理能力，能促使员工更积极地应对挫折、局限、偏差和碰撞，能增加员工之间和团队之间的合作，能增强工作团队的韧性，能使团队更具有凝聚力，能促进组织获得长期的高绩效等等。

影响组织韧性的因素，包括硬能力和软能力，前者帮助组织抵抗风险冲击，后者确保风险软着陆。组织需要智慧地平衡这两种能力，降低组织脆弱性，提升组织韧性。具体来讲，硬能力包括人力财务与社会资源、去中心化的组织架构、可行的组织战略、有效的组织行为能力、快速的危机反应力与执行力等；软能力既包括个人与团队层面的认知、情绪与行动能力，还包括组织层面的社会关系。其中影响组织韧性的员工能力有愿景、自律、智谋与知识多样性等认知特点；情感识别力与情绪稳定性；愿意接受挑战与问题解决能力等。而组织领导力水平、成员的多样性以及良好的组织关系能力等都能帮助降低组织的脆弱性。

培养组织韧性，可分为逆境前、逆境中和逆境后干预。在逆境之前，组织应关注战略构架和资源储备。多样性的信息分享机制使组织内的信息得以及时有效流通，提高组织觉察逆境的可能性，及时启动防范预案；成熟的管理流程和灵活的决策机制始得组织面对风险危机时更具有变通性；应用数字科技能大大提高组织面对变化的反应力；领导力和组织协调技术，通过影响团队相处模式来维护组织内外的社会关系；团队合作和社交网络对组织韧性的构建起着重要作用；备用冗余资源可以缓冲组织面对的冲击；人力资源储备和培训能为逆境中的组织提供最关键的人才资源。

在逆境之中，组织应加强调整和巧创力。成熟机制下随机应变的决策反应，及时有效的信息处理与分享，备用资源的激活，活动的重新分配，创造性的智谋行动等都能帮助组织迅速对危机作出反应，提升组织韧性。在逆境之后，要提升反思学习力，即在感知洞察力和行动把控力之间保持高度的动态的平衡，这点也是组织韧性最集中的体现。

组织韧性主要体现在组织的应变能力、计划能力、情境意识与韧性承诺四个方面，可依此来加强高校辅导员组织的韧性。

培养高校辅导员组织韧性的行动一：提升组织应变力。具体做法有：

（1）组织经常鼓励辅导员在系部间流动，丰富辅导员的阅历和积累工作经验。

（2）组织给予辅导员优先获取应对突发事件所需的知识和信息的权力。

（3）遇到突发情况时，辅导员知道如何创造性地解决问题。

（4）任何系部的辅导员都可以通过不同的方式获得应对突发事件的关键信息。

（5）面对问题或挑战，管理者能够发挥很好的领导作用。

（6）即使未经磋商，辅导员也会接受管理者在应对危机方面所做出的决策。

（7）鼓励辅导员在工作中不断挑战自我和提升自我。

（8）辅导员常常因创造性思考和创造性行为而获得奖励。

培养高校辅导员组织韧性的行动二：提升组织计划力。具体做法有：

（1）组织仅制定应急计划是不够的，还必须对其进行检验，确保行之有效。

（2）辅导员能够从日常工作中抽出时间来训练如何应对工作中的突发事件。

(3) 组织为处理任何一种紧急情况均配备了充足的资源。

(4) 组织有充足的内部资源来保障日常活动。

(5) 除日常活动外，组织有能力处理一些突发事项。

(6) 危机时，组织可根据需要随时调配内部资源，避免受到官僚主义行为干扰。

(7) 凭借辅导员的关系网络，组织可在短时间内获得外部资源以解应急之需。

(8) 与其他组织达成协议，在突发情况之时能相互提供资源支持。

培养高校辅导员组织韧性的行动三：提升组织情境觉察力。具体做法有：

(1) 绝大多数辅导员都清楚自己在组织危机时所充当的角色。

(2) 组织能迅速地从日常运作模式转向危机防御状态。

(3) 组织能随时调配相关人员，填补核心辅导员的空缺。

(4) 组织关注人员、设备等相关资源的变化。

(5) 组织内各部门的成败是息息相关的。

(6) 组织清楚危机时期各项业务处理的轻重缓急。

(7) 组织能积极关注行业现状和外部环境，以便对可能出现的问题做出预警。

培养高校辅导员组织韧性的行动四：提升组织承诺。具体做法有：

(1) 组织关注于员工共对突发事件的反应能力。

(2) 组织能恰当平衡短期项目和长期规划的优先权。

(3) 组织明白"从错误和问题中吸取教训是组织的重要能力"。

(4) 组织能协同其他人（组织）通力合作来应对突发的挑战。

二、领导授权赋能

领导授权赋能行为是一种过程，是通过向员工阐明工作意义、允许较大自主性、对员工能力表示信心、排除绩效障碍等方式，实现同员工共享权力的过程。在这个过程中，领导实施增强员工自我效能感和控制感的条件，同时消除员工产生无力感的条件。因此，授权是行为，赋能是结果。

领导授权赋能是一种更广泛的激励型领导风格，旨在建立员工在工作环境中的自信、自主和控制感。领导赋能授权行为主要有四类，即向员工强调工作的意义、向员工表达取得高绩效的信心、增加员工参与决策的机会以及提供更多工作自主权。

具体到辅导员下属时，主管可以采取的领导赋能授权做法有：

（1）帮助辅导员理解其任务是如何与团队相联系的。

（2）帮助辅导员理解其工作在整个团队有效运转中的重要性。

（3）帮助辅导员理解其工作是如何与全局相适应的。

（4）相信辅导员有能力处理高要求的任务。

（5）即使辅导员犯错误了，也相信 TA 有能力去改进。

（6）相信凭辅导员的能力能够取得高绩效。

（7）和辅导员共同制定很多决策。

（8）在制定与辅导员相关的决策时，会征求辅导员的意见。

（9）在制定战略决策时，会询问辅导员的意见。

（10）通过减少繁文缛节，使辅导员更高效地做自己的工作。

（11）允许辅导员用自己的方式来做自己的工作。

（12）允许辅导员快速做出重要决策来满足需求方的要求。

也可以借鉴希曼斯基职业韧性档案法，提升辅导员遭遇重大职业逆境时的心理授权水平。

职业生涯档案法，是帮助从业者发现、整合并呈现自身在职业活动中生产的创造性作品和资料，以此彰显个人职业才能与职业方向的一种职业心理干预方法。职业韧性档案干预法，就是利用职业韧性档案法开发的一种专门用来干预从业者职业韧性的辅导方法。其中，

希曼斯基职业韧性档案法由希曼斯基等人（Szymanski et al.，1999）研发，其核心辅导目标就是增强从业者的心理授权，帮助其独立地面对和解决职业活动中遭遇的重要压力与生涯发展问题。主要围绕四个干预任务依次展开：

任务一，我的职业资源：辅导员通过档案制作，探索自身已拥有的职业知识、技能与能力。

搜寻职业韧性档案证据的线索性问题有：

（1）你可以将哪些知识带到辅导员工作中？

（2）你可以将哪些相关技能带到辅导员工作中？

（3）你还有哪些与辅导员工作相关的辅助性职业技能？

（4）有哪些证据能证明你有上述的知识和技能？

任务二，我的职业目标：辅导员通过档案制作，探索其职业目标以及要达成此目标所需的职业知识、技能与经验。

搜寻职业韧性档案证据的线索性问题有：

（1）你喜欢从事什么样的工作？

（2）要做好辅导员工作，你认为自己还需要哪些工作上的技能与经验？

（3）就你目前所拥有的职业优势与资源而言，要达到辅导员职业所需要的要求，你还需要做出哪些变化？

任务三，我的职业发展计划：辅导员通过研究任务一和任务二的相关

职业档案信息，找出现状与目标之间的差距，探索自身尚欠缺和有待发展的地方，制定有可操作性的、可实现的职业发展规划，来更有效地获取职业发展所需要的知识、技能和经验。

搜寻职业韧性档案证据的线索性问题有：

（1）要做好辅导员工作，还有哪些知识与技能是你必须通过正式或非正式的教育才能获得的？

（2）你会如何利用当前的工作、学校与家庭处境，来获取你进一步发展所需要的知识、技能和经验？

（3）要提高你的知识、技能和经验，你还能从事哪些相关工作？这种可能的改变会怎样发生呢？

（4）若要成功适应、胜任辅导员工作并不断晋升，你会制定一份怎样的持续性学习计划？

任务四，我的职业危机管理：辅导员分析当前以及未来可能面临的职业压力与应激，利用职业档案信息探索和建构可利用的压力应对方案，如果参加的是团体干预，可以学习团体成员的职业压力应对方法。

搜寻职业韧性档案证据的线索性问题有：

（1）你觉得自己有压力吗？

（2）这些压力主要来自工作还是生活？

（3）这些压力源或压力性事件是什么？

（4）在诸多压力源中，哪些与你未来的职业目标有关？

（5）面对超载的工作压力，你有过哪些成功的应对经验？

（6）你有哪些可利用的社会支持，你是如何利用其来减压的？

（7）你对缓解工作压力、保持健康有什么样的期待？

（8）你的工作和生活方式能帮助你处理好这些压力吗？

（9）这些生活方式中有益的方面是什么？

(10) 要拥有一个更加健康的生活方式，你打算怎么做？

(11) 你觉得自己还有哪些局限性？

(12) 这些局限性在未来会限制你的职业发展吗？

(13) 这些局限性会怎样限制你的职业发展？

(14) 你眼下可以做些什么，来突破自身的这些局限性？

由上面的干预任务可以看出，职业韧性档案法兼具结果与过程双重作用。将其视为结果来看时，它包括了一系列能体现个人职业能力与职业规划的信息，其中职业能力信息涉及求职技能、计划能力、决策能力、职业晋升技能等，职业规划信息涉及对职业的兴趣与价值观，工作经验和职业培训等。将其视为过程来看时，意指制作职业生涯档案本身就是一个促进职业心理成长的过程。

主管在借鉴希曼斯基职业韧性档案法为辅导员增加心理授权，提升职业韧性时，要注意以下几点：第一，要鼓励辅导员以个人化、多样化的方式来组织其作品信息；第二，要对辅导员在档案制作过程中所体现出的独立性水平给予敏感地、积极地、正向地反馈；第三，为辅导员提供高质量的社会支持，帮助辅导员独立地、自主地、有个人掌控感地构建自己的职业韧性档案。

三、激发工作重塑

工作重塑是员工为满足自身或群体需求，主动地对工作内容与方式进行自下而上的改变，从而获得工作意义感的行为。重塑工作时，员工会体会到一种控制感[1]，工作重塑会增加心理资源，进而会感受到更高水平的

---

[1] Demerouti, E., Bakker, A. B., & Gevers, J. M. P. (2015). Job crafting and extra-role behavior: The role of work engagement and flourishing. Journal of Vocational Behavior, 91, 87—96.

心理可获得性①。

工作重塑干预就是组织指导和引导员工更好地使用其优势,将个体需要与工作活动相结合,克服工作阻碍,提升个人绩效与组织绩效。工作重塑干预旨在激发员工的主动性行为。员工的主动性行为,包括寻求反馈、在追求自身和组织目标时发挥主动性、主动适应新环境、掌控行为、建言行为和打破规则等。

工作重塑干预有角色重塑干预和资源重塑干预两种。角色重塑干预指基于员工角色视角,组织积极干预员工的工作任务、工作认知和职场关系等方面,帮助员工从个人层面和组织层面全方位理解工作的意义,并鼓励员工进行工作重塑的行为。资源重塑干预是指基于工作要求—资源视角,对员工的工作能力做出规范评价之后,引导和激励员工主动重塑工作,包括增加社会性工作资源、增加结构性工作资源、增加挑战性工作要求,同时减少阻碍性工作要求等,依此提升员工的主动性。

辅导员的直接主管在辅导员工作重塑干预中担负关键角色。领导是员工工作环境中的重要他人,是员工工作心理和行为最直接的影响因素之一,而直接主管则对员工的工作绩效或行为更具影响作用。建议主管通过以下途径干预辅导员的工作重塑:

工作重塑包括七种途经:

途径一,增加辅导员的结构性工作资源。包括提升辅导员的工作自主权、工作多样性和发展机遇等。比如,让员工在执行工作任务时,能自由安排工作时间,能自主决定和选择工作方法等。

途径二,增加辅导员的社会性工作资源,包括为辅导员提供多种社会

---

①Vogt, K., Hakanen, J. J., Brauchli, R., Jenny, G. J., & Bauer, G. F. (2016). The consequences of job crafting: A three-wave study. European Journal of Work and Organizational Psychology, 25 (3), 353—362.

支持，主动给予辅导员有关工作执行的反馈，积极寻求辅导员的反馈，组建辅导员沙龙、俱乐部和焦点工作团队等学习交流平台等。

途径三，针对"成长驱动型"辅导员，酌情增加挑战性工作要求。因为成长驱动型辅导员会更关注自身能力的成长和发展，常常将困难的任务视为一种挑战而非压力，比如他们会在一项任务结束时，迅速寻找新的任务，而且主动承担更多责任。面对这样的辅导员下属，主管可以通过增加挑战性工作要求，即给予更有难度的任务、设定更高的目标来激励他们做出更多的工作重塑行为。

途径四，减少辅导员的阻碍性工作要求。阻碍性工作要求包括模糊性的任务、繁重的工作负担、情感密集型工作等，这类工作往往会给员工发展造成很大的压力和阻碍，会导致员工的高流失率和高负荷。

途径五，激发辅导员的合作工作重塑。合作工作重塑是组织成员共同决定如何改变自身工作以实现组织目标的过程。有研究发现，团队工作中的员工容易产生一种自发的群体工作重塑。当组织中更多地使用工作团队时，可以使个人完成更多的任务。因此，主管可以通过创建各种工作焦点团队，激发团队成员之间相互协作，共同努力调整其工作任务、人际环境及工作认知，来帮助实现组织的工作目标。

途径六，主管主动强化辅导员的工作重塑行为。工作重塑的覆盖面很广，当员工仅在工作的某一方面做出微小改变时，也是员工在进行工作重塑，只是很多员工意识不到自己做出的这些重塑行为，当然也就不会有意识地去坚持。此时，就需要主管帮辅导员去发现他们的工作重塑行为，并且运用操作性条件反射的行为强化原理，肯定和奖励辅导员在工作重塑方面做出的努力。

途径七，培育促进定向型工作重塑员工。这样的辅导员会主动增加工作资源和挑战性工作需求，会主动探寻积极的工作意义和结果，发出更多的工作重塑行为。

四、提效工作对话

研究表明，日常组织管理的上下级工作对话，是上级培养下属职业韧性的有效途径。这种工作对话常常发生在上级检查评估时和下属述职汇报时。倘若主管有锻炼下属职业韧性的意识，可以着手的地方有：

工作对话中培养下属职业韧性的目标是，培养辅导员以乐观和自信的态度来处理高要求的工作。主管在日常工作对话中遵循的主要原则是，有意识地采取资源优势与积极应对取向，以问题解决导向，促进辅导员深度学习性反思实践。具体策略有：

第一，基于资源优势取向的工作对话。

1. 主管帮助辅导员明确胜任某项工作时应具备的技能和能力，帮助辅导员设定针对具体项目的可管理目标，并利用辅导员的内、外部资源来实现这些目标。

2. 主管帮助辅导员了解自己的优势、资源和成长潜力。主管依据工作观察中的教训或问题，帮助辅导员确定成长的方向和领域，并在工作对话中讨论具体的成长方案。研究观察和记录了13个主管与新手教师的工作对话，其中有60个材料表明，往往都是主管首先明确了新手教师下一步的成长目标或发展领域，而且与此同时，主管也会提出辅导员相应的改进方案或解决策略。比如，有38个下属发展目标是由主管在工作对话中主动发起提出的，有56个涉及了如何为下属规划成长目标的改进方案。

第二，基于积极应对取向的问题解决式对话。

1. 主管尽可能清晰地向辅导员阐明问题解决的关键要素，让下属明白这些要素才是项目成功的标准，也是项目评估的基准。

2. 主管可以采用标题式表达法引导下属聚焦工作标准，而且当主管用一个标题式表达来引导工作汇报时，一般会避免依据自己的经验来判断什么是重要的，这样可以消除评估的可变性，而且也会促使主管为辅导员提供那些具有行业共识的实践操作证据。

3. 主管帮助辅导员探索有深度的问题解决策略

（1）鼓励下属表达其面临的困境和挑战，帮助下属澄清和确认挑战的难度，引导下属清晰地界定该问题情境，帮助其更好地理解问题。

（2）以同理心回应下属遭遇的挑战，肯定其担忧，承认其处境的困难。

（3）以认真倾听的态度提出问题串，促进下属持续性地探索其处境。

（4）注意不要马上提供问题解决的建议，可以在提出一个问题后暂停一下，确认一下，然后再继续发问。

（5）先肯定下属的经历，然后提出后续问题，以一种为理解和解决问题创造更多途径的方式来重新定义问题。比如提供一种完全不同的应对挑战方向，提供一种重新定义问题情境的其他背景，帮助下属突破这个具有挑战的问题情境。

（6）引导下属转换想法或信念，鼓励辅导员将挑战视为一个学习的机会，以更积极和富有成效的视角来看待这个挑战，利用这个机会去冒险尝试。

第三，基于反思性实践取向的支持性对话。

1. 主管在工作互动中有意识地引发下属的批判性反思。这种反思性对话应指向辅导员具体工作情境的、行动层面的反思，要能激发下属找到实现自身进一步发展的具体改进方案。促进下属更好地反思发问诸如"如果这个过程中有什么是你可以改变的，会是什么呢？""如果你要重做一遍，哪些方面你会做得不同呢？"等更具体化的、指向于行动改变的问题，相比于问"你想从事什么工作?""你的职业目标是什么"等更概括、更抽象的问题,前者能更好地鼓励辅导员积极思考他们未来可能会做出的改变。

2. 主管以同理、接纳和积极分享的心态鼓励辅导员积极改变尝试。比如下面的工作对话采访:

主管对刚刚遭遇处境困难的下属这样说:"这很难,因为我真的不想处于这种境地。你是名新手,所以有时真的不知道在这种情况下自己能做些什么。我很想直接告诉你该做什么,可我还是要尽量试着克制这一点,而不是立刻马上用一堆想法填满你。因为我知道,如果换作我,此时我更需要的是自己好好想一想。"

该下属对其主管的印象:"如果有问题,我愿意去找她(主管),我觉得她是一个很大的支持,她是一个非常积极的人。当我需要帮助的时候,她会给我一些积极的建议,而不是让我失望,所以当我有问题的时候,我可以去找她。她非常照顾我,非常积极。"

3. 主管激励辅导员进行深度学习式的反思活动

韧性研究表明,动机和洞察力(包括效能感、价值感和目的性)是确保个体长期的、可持续发展的必要条件,而积极的、有深度的、学习性反思性活动能有效地提升个体的动机水平和洞察力。工作对话中促进下属反思的对话策略有:

(1)在职前训练中鼓励下属做出自我反思,激发其内在的职业动力。反思的应是一种以研究为基础的方法,通常主管在下属分享其反馈之前,征求下属的意见很重要。

(2)引发下属反思的最常见方法是让其分享自己的想法,围绕手头进行的项目或工作经常思考哪些地方做得很好,哪些地方是可以改变或改进的。

(3)建议以这样的开放式问题作为述职对话的开场白:"告诉我你对

你目前的工作进展有怎样的感觉?""我们就从这个环节开始,你觉得自己做得好吗?""后续推进你想做什么?"等等,以这些发问作为一种催化剂,让下属回想他们的想法与行动,并确认出达到、超过或没有达到他们预期目标的那些具体时刻。

(4) 理解和接纳下属在反思上的多样性和差异化。从简短的总结陈述到有些冗长的心路历程,从成功的举措到失效的行动,从问题的阐述到后续的改进策略等等。而且认识到每个下属的反思内容、方式和水平都会存在差异,并理解这种差异性就是下属富有个性化的表达。

(5) 当下属在反思中提供了更多的阐述,包括未来行动的想法时,主管可以通过开放式提问、聚焦细节的提问等方式促进下属进一步反思。比如"你觉得自己最精彩的部分是哪儿?""你会怎么评估学生在这堂课上的学习情况呢?""这样做对你有什么帮助?""我在想,你在上一项任务中和在这项工作中最大的区别是什么?"等等类似问题,不仅能让下属更详细的思考,还能让主管有机会观察和反馈下属的优势资源,给予下属信心。

(6) 主管既可以引导下属将反思关注于观察当前的行动,还可以利用反思来帮助下属建立长期的习惯。

第四,通过将困难经历正常化帮助辅导员维护健康的职业情绪。

1. 主管利用简短的声明,将辅导员当前所经历的困境或挫折正常化,承认这些遭遇是职业新手必经的,或是辅导员职业生涯发展中经常碰到的问题,这种将困难经历正常化的做法,可以帮助下属迅速缓解焦虑、紧张甚至挫败的情绪。比如"我知道,这对你这样的新手教师而言很难,太难了。""这是需要时间来历练的经验,对你这样的新手教师而言要做到……是棘手的,但假以时日是没有问题的。"

2. 主管在工作对话中承认下属工作中的挑战,会给予下属情感上的确认感和支持感。比如"尽管这很难做到,但我看到你正走在正确的道路上！""我认为你做了你应该做的事……。"

3. 当辅导员克服了特殊职业困境时，或者当新手辅导员克服了职业新手的问题或局限时，主管马上给予肯定性反馈。

4. 主管主动与下属分享自身面对特殊职业困境时的经验。

5. 主管帮助下属领悟到，承认失败和不断改进才是最有效的反思性实践。

第五，基于 BRiTE 情绪韧性干预框架的工作对话。

基于 BRiTE 框架促进辅导员职业韧性的干预结构：

1. B 关于培养弹性意义的讨论议题——什么是弹性·为什么它对辅导员很重要

（1）讨论弹性是什么以及为什么需要弹性。

（2）利用内部和外部资源克服挑战的讨论。

（3）关于教师职业的困难和挑战的讨论（教学内在复杂性的概念化）。

2. R 有关社会关系的讨论议题——维持支持网络·在工作中建立新关系

（1）讨论与学生、同事、家长、管理层的关系质量，包括建立、维持或修复关系的策略。

（2）讨论如何利用关系解决问题，将社会支持资源最大化。

（3）关于如何为学校做出贡献，或对学校贡献的认可的讨论。

（4）讨论在不同的情况下进行适当的、专业的沟通，例如如何得到你需要的东西，如何提供建设性的反馈，如何与他人沟通等。

3. 有关幸福与职业压力的讨论议题——个人幸福·工作与生活的平衡·保持动力

（1）关于个人幸福和心理健康的讨论。

（2）回应和讨论应对压力的策略，包括自我照顾、锻炼、与家人/朋友的相处等。

(3) 鼓励健康的生活作息习惯。

(4) 讨论如何平衡工作—生活，如何做好时间管理等策略。

4. T 有关解决问题的讨论议题——主动性·持续的专业学习·有效地沟通

(1) 讨论或承认辅导员行动的积极影响/结果。

(2) 使用框架或标准对绩效或目标实现情况进行自我评估。

(3) 集思广益解决问题。

(4) 识别问题的根本原因和导致问题的可能变量的复杂性。

(5) 讨论如何寻求帮助和/或肯定其寻求帮助的举动。

5. E 有关情绪韧性的讨论议题——培养乐观与希望·提升情绪觉察·管理情绪

(1) 幽默一笑或自嘲式的幽默感。

(2) 讨论情绪反应，探索情绪。

(3) 激发希望感，鼓励从乐观的角度看待事情。

(4) 鼓励此刻的正念和情绪觉察。

(5) 提升/关注积极的数据和/或经验。

(6) 讨论如何以积极的方式管理消极情绪，比如深呼吸、花时间静下来、向家人倾诉等等。

第六，基于 BRiTE 的主管促进员工职业韧性的谈话策略。

1. 对话种显示融洽、关心、联结和支持的非语言线索

(1) 面部表情：微笑，放松，同情。

(2) 点头，眼神交流。

(3) 镜像身体语言。

(4) 坐得很近，没有障碍。

(5) 倾身参与对话。

(6) 放松肌肉紧张。

2. 对话种显示融洽、关心、联结和支持的口头暗示

(1) 适当的语调、音调和语调的变化。

(2) 在对话级别的音量。

(3) 使用积极的词语，鼓励人。

(4) 积极的反馈，显示出对学生教师的潜力和能力的信任。

(5) 同情地回应并承认感觉。

(6) 多问而不是告诉。

3. 基于辅导员资源优势的行动导向之对话策略

(1) 辅导员校外生活［基于知识的（funds of knowledge）］探讨。

(2) 讨论辅导员的优势或资质并给予肯定。

(3) 回应辅导员提出的关切/需求。

(4) 明了对辅导员观察的证据与理由：观察到了什么？以及为什么有此观察？

(5) 主管将辅导员的经历/挑战正常化。

4. 以解决问题为中心的对话策略

(1) 以学生的行为和/或辅导员行为的观察数据来推动对话。

(2) 主管使用数据调查学生与辅导员，以确定辅导员遇到的挑战/问题。

(3) 以明确的评价标准/框架为基础的反馈。

(4) 制定有重点的、有目标的、可实现的推进计划。

(5) 寻找有协商性的、能同时满足主管与下属意见的问题解决办法。

(6) 鼓励以建议或探寻的方式鼓励辅导员利用个人的和专业的资源。

5. 促进反思性实践的对话策略

（1）通过询问辅导员的问题与问题解决来帮助其探索想法。

（2）使用暂停和释意的会谈技术。

（3）提供数据或提出问题促进辅导员反思，促使其确认自身的优势、机会和计划。

（4）帮助辅导员探索诸多想法之间的联系，或尝试构建模式。

（5）对话中尽量让辅导员多说。

（6）检查目标或期望。

（7）让反思尽量涉及价值观、假设与观点。

（8）分析行动发生的原因。

第四节
自我重塑：微观自我调节过程之韧性重塑策略

个体资源是工作资源中最重要的一类，包括生理的、认知的、情绪的和人际的资源，这些个体资源能更有效地帮助从业者应对不良的工作要求。资源存储理论假设，个体在参与工作时，会根据与任务相关的角色，投入其个体资源。

当一个人感觉或觉察到无力感、无意义感或人际疏离时，他第一时间会从工作中撤离出来自己的认知资源，不再积极地投入脑力劳动，而且工作思考甚少，仅从事机械性任务；接下来，他会把情绪资源也从工作中抽离出来，冷漠地、不带任何情感地对待与工作相关的人和事；最后，他的生理资源也逐渐弱化，表现出更多的身体惰性，消极待工。

从职业韧性视角观察上面这个过程时，我们可以看出，当从业者在工作中有无力感、无意义感或人际疏离感时，如果处理得当，很可能迎来其职业韧性拐点，帮助其激活韧性的自我调控过程，更好地应对当前的困境和压力，使其身心快速复原，重获生产力。因此，从个体微观层面来看，应开发和增强辅导员自身那些具有韧性保护意义的资源。而且依据本研究的实证结果，尤其要加强辅导员在应对危机时那些有关自我情绪的、认知的和行为的调控能力。

基于本书实证篇的研究证据，依据工作场所的自我调节韧性模型，辅导员可依循以下五类主题、六项原则、九种策略，加强自身职业韧性的自我调控，实现职业韧性的自我重塑。

新时代高校辅导员职业韧性自我重塑的五类主题包括：主题一，变化永恒。辅导员要有较强的适应力，才能适应永不停息变化的世界，辅导员要在目标设定中学着去观察外界的环境以提高其适应力。主题二，服从内心。鼓励辅导员以梦想来指引职业目标，把内心当成其职业生涯路径的驾驶员。主题三，关注过程。辅导员职业环境的变数不断，很容易对职业终极目标失去控制力，既然如此，不如将关注点放在过程上，鼓励辅导员从更好实现职业兴趣、信念和价值观视角，做出每一个职业决策。主题四，终生学习。把学习被看作是实现内心所想，使学习过程充满乐趣和意义，以适应永恒变化，因此鼓励个体面对和充分利用那些充斥于周围的各种学习机会。主题五，成为同盟。通过组织和社团来关注辅导员老师的家庭、朋友、上司和同事，促进他们与社团的联系。

新时代高校辅导员职业韧性自我重塑的六项原则包括：原则一，激发辅导员的自主性，使其成为自身职业生活的设计师，增强工作的主体感。原则二，辅导员深入探索自我，深度理解自身的核心价值观，使其成为自己职业进步和发展的内在激励力量，使工作饱有意义感。原则三，辅导员既要满足组织持续的新需求，也要自觉地把持自我发展和职业发展方向，确保工作的目标感。原则四，辅导员要学习识别和克服职业障碍的基本技能，保持终身学习理念，不断提升自身的学习力，在解决问题中增强工作的效能感。原则五，辅导员要具备适应性归因和深度学习反思力，懂得如何进行客观的工作复盘，并能敏锐地觉察到自身的资源和局限，提升工作的反思力。原则六，辅导员要主动积极地构建多样化的人际交流平台，与各种职业交流俱乐部、焦点工作团队和支持终生学习的机构建立有意义的联系，整合并提高社会资源的利用度，寻求工作中的支持感。

围绕五类主题、基于六项原则，新时代高校辅导员的职业韧性自我重塑可采用以下九种策略：

一、解构认知困境

解构认知困境，顾名思义是改变辅导员对职业困境与职业应激事件的认知，通过澄清陷于困境的认识瓶颈，从认知层面解构当前困境。研究发现，一个人认知的转变，能增强其对不良环境的适应力，能减少消极事件对他的伤害，能积极预测其心理韧性的水平，是心理韧性提升的标志。

解构认知困境主要体现在：其一是认识到遭遇和应对职业逆境本身很可能会带来新的职业发展机遇，其二是重新评估原先经历的压力应对事件时，促使那些痛苦的、创伤性的想法和感受，转变为有促进性的、成长性的意义觉察。

解构认知困境的策略，主要基于认知行为的心理干预理论，注重个体与环境的互动，以观念和认知为突破口，通过觉察、识别和改变辅导员对职业逆境的非理性认知——即非黑即白式的、过度概括式的、灾难化的想法，进而控制辅导员的消极体验与非适应性行为。同时，基于行为强化原理，帮助辅导员学习和巩固一些更积极、更负责、更有效的替代性职业行为。

利用解构认知困境的策略，让辅导员领悟到，并非压力源本身直接决定着应对的成与败，而是人的非理性认知模式才是导致非适应性结果的关键，从而赋予主体在逆境应对中的掌控地位，进而激发辅导员积极构建更具自主性和适应性的认知行为模式。

二、诠释重构逆境

在解构认知困境的同时，辅导员秉持"危"中有"机"的信念，积极觉察和发现自身所拥有的那些应对职业压力的资源与优势，这个过程就是诠释和建构意义。

参照本研究实证揭示的职业韧性资源清单，辅导员可以从体验、认知与行为等三个层面，来探寻、觉察和确认自身的职业韧性资源。而且，不仅要在日常的职业活动中发现自己的积极性特征，更要关注遭遇重大职业逆境和应激时的自我调控过程，这是因为，辅导员的自我调节类韧性资源相较于稳态的韧性资源而言，在应对重大的职业逆境时更具有保护性作用。

辅导员在探寻、诠释和建构职业逆境应对过程中的优势时，既要以理性的、客观的、全面的视角观察自身在想法、体验与行动上的变化，还要以积极的、乐观的心态看待问题解决过程中的局限与优势，一方面要敏锐地捕捉那些具有主动性和灵活性的自我调节式反应，另一方面还要敢于承认和接纳自己的局限性，后者本身亦是一种重要的认知调节能力。通过诠释和建构职业逆境的成长性价值，为困境中的辅导员赋能，从而提振其应对重大逆境的信心和勇气。

三、聚"三S力"应对极端困境

有时，我们面对工作和生活中的负性情境，尤其是那些极端有害环境，并非一味地调控自身的想法、感受和行动就能成功应对之，此时就需要我们敢于对抗有害环境。

津巴多在《路西法效应》一书中指出，"大多数人惯常认为行动者才是唯一的因果施为者，然而事实却是，人类行为总是易受情境力量的影响，情境变数和系统性决定因素要么被小看，要么被忽略，而它们确是形塑人们行为以及改变行动者的元凶"。

如何抵抗负性情境或有害环境的力量使我们避免成为其奴仆？津巴多认为关键要发展三种能力，即自我觉察力、情境敏感度与街头智慧，简称为"三S力"，并提出了应对有害情境的十步方案：

(1)"我犯错了！"
(2)"我会很警觉。"
(3)"我会负责任。"
(4)"我会坚持自己的独特性。"
(5)"我会尊敬公正的权威人士，反抗不义者。"
(6)"我希望被群体接受，但也珍视我的独立性。"
(7)"我会对架构化信息保持警觉心。"
(8)"我会平衡我的时间观。"
(9)"我不会为了安全感的幻觉而牺牲个人或公民自由。"
(10)"我会反对不公正的系统。"

四、提升情绪调节力

情绪调节是依据自身目标采用不同方式影响情绪产生的过程。情绪调节的扩展模型将情绪调节过程分成识别（Identification）→选择（Selection）→执行（Implementation）三个阶段，每个阶段都要历经知觉→评估→行动过程，然后才进入下一个阶段[1]。

---

[1] Bonanno, G A, Burton C L. Regulatory flexibility an individual differences perspective on coping and emotion regulation. [J]. Perspectives on psychological science, 2013, 8 (6): 591—612.

在情绪调节的选择阶段，个体首先觉察到自己体验到了某种情绪，然后根据经验判断该体验状态与情绪调节目标之间的差距，权衡之后做出是否需要情绪调节的决定，最后将此付诸行动。

由此可见，只有遭遇的职业应激强度足够大时，才更有可能激活个体情绪调节的需要，再历经情绪调节策略的选择和行动阶段，实现情绪调节目标，迎来职业韧性重整的拐点。该假设与本研究的实证结果一致，即合理的应激初反应要由足够强度的职业应激事件来引发。当然，很难确定出一个具体的、客观的职业应激强度量值，毕竟这要依据个体的主观知觉与评估过程来确定，而后者则有很大的主观性、差异性和多样性。但能够确认的事情是，辅导员要想增项职业韧性，就需要以积极的心态看待和应对那些更糟糕的负性职业事件，因为成长也蕴含其中。

情绪调节策略分为两类，一类是先行聚焦的情绪调节策略，就是在情绪反应完全发生之前用来调节情绪的策略，例如认知重评策略；另一类是反应聚焦的情绪调节策略，是在情绪反应完全发生之后用来调节情绪的策略，例如表达抑制策略。

研究发现，具有适应性的情绪调节策略选择模式是：在低强度负性情境中应选择具有长期效应的策略，而在高强度负性情境中应选择短期效果好的策略。认知重评策略兼具短期效果和长期效应。

拥有高职业韧性的辅导员，在职业活动中遭遇重大的压力或应激时，能尽快地做出积极的情绪调节，具体做法有：

第一，基于认知重评的情绪调节。

认知重评是个体对唤起情绪的情景进行重新评价从而改变情绪体验的一种情绪调节策略，聚焦于改变潜在情境的意义（"失败是成功之母"）或者改变自身与潜在情境的关联程度（"这件事与我无关"）。而表达抑制则是个体努力抑制其情绪体验反应和行为表达的一种情绪调节策略，比如被批评时很难受但表面上却装作若无其事。

研究发现，个体使用认知重评与表达抑制的倾向，跟其社会适应性密切有关，而且仅是前者才具有社会适应性功能。比如，认知重评策略使用多的人，生活中体验到的积极情绪更多，体验到的消极情绪更少；而表达抑制策略使用多的人，生活中情绪体验正好相反。认知重评策略使用多的人，人际关系和心理健康状况更好；而表达抑制策略使用多的人，人际关系和心理健康状况更差。

与认知重评相关的做法有：

（1）通过改变看待情境的方式控制自己的情绪。

（2）若想减少消极情绪时，应改变自己看待情境的方式。

（3）若想拥有更积极的情绪时，应改变自己看待情境的方式。

（4）若想拥有更积极的情绪时（如喜悦或愉快），应改变自己现有的想法。

（5）若想减少消极情绪时（如悲伤或愤怒），应改变自己现有的想法。

（6）当面临压力情境时，应使用让自己冷静的方式来思考问题。

第二，拥有健康的情绪信念。

情绪调节的认知控制模型认为，情绪调节本质上是一个认知控制情绪的过程。情绪可控性信念和情绪调节效能感就是两种典型的人对情绪的认知。

情绪可控性信念是个体对控制或塑造自身情绪的一种肯定性认知。研究发现，情绪可控性信念与社会焦虑体验密切相关，而且会通过认知系统影响人选择有益还是无益的情绪策略。有情绪可控信念的人多采用认知重评这种接纳式的情绪调节策略，而持情绪不可控信念的人多采用回避式的情绪调节策略。

情绪可控信念：如果愿意，人是可以改变自己的情绪的；每个人都能学会控制自己的情绪。而情绪不可控信念：事实是，人们几乎无法控制自己的情绪；不管怎么努力，人们都不能改变自己的情绪。

辅导员要敏感的觉察自己的情绪信念，在日常的工作生活中应有意识地以情绪可控性信念来管理自身情绪，尽量避免用情绪不可控信念。

第三，增强情绪调节效能感。

情绪调节效能感是指个体对自身有效使用情绪调节策略的认知。研究发现，个体的情绪调节效能感越高，体验到的焦虑水平就越低。而且，情绪调节效能感也会影响情绪调节策略的使用。中学生的情绪调节效能感越高，越倾向于使用认知重评策略；反之，情绪调节效能感越低，越倾向于使用表达抑制策略。

情绪调节效能感包括四类，即感受快乐/自豪等正性情绪的自我效能感、调节沮丧/痛苦等负性情绪的自我效能感、调节诸如兴奋/骄傲等正性情绪的自我效能感、调节生气/愤怒情绪的自我效能感。具体在辅导员职业活动的情绪调节效能感议题，可以参考的有：

（1）当有好事发生时，辅导员能恰如其分地表达如快乐、欣喜等正性体验。

（2）当达到自己设置的目标时，辅导员能感受到欣喜和自豪。

（3）面对成功时，辅导员能体验到喜悦、兴奋和满足。

（4）当自己心情不错但身边人却闷闷不乐时，辅导员能控制住自己的愉悦心情不至不合时宜。

（5）当比赛获胜时，辅导员能在失利的对手面前抑制自己狂喜的心情。

（6）当考评得高分时，辅导员能在成绩较差的同事面前控制住自己欣喜的情绪。

（7）孤独时，辅导员能避免产生沮丧的情绪。

(8) 受到严厉批评时，辅导员能避免产生气馁的情绪。

(9) 面对困难时，辅导员能使自己摆脱挫折感。

(10) 当别人总是让自己难堪时，辅导员能避免自己恼羞成怒。

(11) 当遇到不公平的对待时，辅导员能从愤怒中迅速恢复情绪。

(12) 当生气时，辅导员能避免自己大发雷霆。

辅导员要对改善自身的情绪调节效能感有信心，研究发现，情绪调节自我效能感是可以干预的。当一般焦虑症个体接受认知行为治疗之后，对认知重评策略的自我效能感会增加，这种增强的效能感又进一步促进了认知行为治疗的效果。

五、学习适应性归因

归因是个体对自己的成功或失败作出的因果解释。我们一般把自己的行为结果归咎于四类因素，即能力、努力、运气与任务难度。进一步的，还可以从三个维度对这四种因素加以理解。

归因维度一，成败的原因是内部的还是外部的，即内—外归因。

归因维度二，成败的原因是稳定的还是不稳定的，即稳定—不稳定归因。

归因维度三，成败的原因是可控的还是不可控的，即可控—不可控归因。

根据这三个维度，能力、努力、运气与任务难度分别具有以下特点：

(1) 能力是一种内部的、稳定的、不可控的因素。

(2) 努力是一种内部的、不稳定的、可控的因素。

(3) 任务难度是一种外部的、稳定的、可控的因素。

(4) 运气则是一种外部的、不稳定的、不可控的因素。

辅导员对自身职业活动中的成败归因,也可以从这三个维度四种因素来理解。如何归因,必然会影响到我们的想法、感受和行为。

一般而言,内—外归因与我们对职业成败的情感体验有着密切关系。如果将职业中的成功归为自身的内部因素,我们就会感到自豪和满意;如果将此成功归结为他人或外部力量所为,我们就可能有感恩或小确幸;如果将职业中的失败归于自身的内部因素,我们就很可能产生自责、内疚与羞愧的体验;如果将此失败归于自身意外的因素,就很可能体验到生气和愤怒。

稳定—不稳定归因则会关系到我们对将来成败的期望。如果将职业中的成败归因于那些稳定的因素时,我们对未来可能结果的期待就会与当前状态无异,即成功者预期到的是未来的成功,而失败者预期到的是未来的失败。但如果将职业中的成败归因为那些不稳定的因素时,则目前的失败对将来最终的成败影响并不大,也就是所谓的未来可期。

可控—不可控归因能影响到我们后续的积极行为。如果将职业中的失败归咎于"我之前努力不够!"或"我当初太早放弃了!",而努力和坚持都是我们自己能控制的事情,那么后续工作中我们就有可能更加努力,更加执着。如果将职业中的失败归因于缺少运气或能力这种不可控的因素,那一旦后续工作中有困难就很容易放弃,因为"即使努力了,也无法取得成功"。

由此可见,当我们把工作失败归因于内部的、稳定的、不可控的因素时,很容易产生非适应性的想法、体验和行为,最典型的就是习得性无助。习得性无助的人面对失败时,深信再怎么努力也于事无补,从而放弃努力,也会对成败变得冷漠和消极。

辅导员要警惕这种非适应性归因模式,努力培养自身的适应性归因模式,这样才能更好地防御重大职业应激的冲击和打击,保持足够的职业韧性。

适应性归因模式一：努力式归因。该模式指的是我们要将职业活动上的成功和失败尽量归因为我们的努力，认识到自身努力程度才是影响我们职业表现的重要因素，而非运气、能力或领导支持等方面的原因，这样想有助于增强我们的掌控感和效能感。

适应性归因模式二：可控式归因。该模式指的是我们要将职业活动上的成功和失败尽量引向我们自身可控的因素上。成功的时候告诉自己这是因为"我很努力""我准备得充分"等可控因素，或者告诉自己这是因为"我还比较聪明""我运气好"等不可控因素。失败的时候则告诉自己这是因为"我的努力还不够""我的方式还有待改进"等可控因素，或者告诉自己这是因为"我还欠缺能力""我的运气太差"等不可控的因素。尤其面对失败时，可控式归因显得尤为重要，这样做会引发后续持续的努力和改进。

适应性归因模式三：分化式归因。该模式指的是我们在将职业活动上的成功和失败归因时，要分化开来，具体问题具体分析。成功的时候，我们要尽可能做一种内在的、稳定的归因；失败的时候，我们要尽可能做一种外部的、可控的归因。分化式归因的好处是，成功的时候能提升自信心，增加行动力，增强必胜信念；失败的时候也能维护自尊感，不丢希望感，还愿意努力不放弃，避免习得性无助。

六、练习叙事性反思

叙事性反思，主要借鉴心理韧性的叙事治疗方法。后者是在后现代思想影响下，基于叙事理论，对心理求助者的韧性进行干预的一种心理辅导方法。要明白什么是心理韧性的叙事治疗，首先需要知道叙事治疗是什么。

叙事治疗指通过适当的语言，干预心理求助者的生命故事，帮助其找到遗漏或忘掉的那些具有积极意义的生活经历与生命体验，借此挖掘心理求助者的潜能，助其重构生活的意义。从某种意义上来看，叙事治疗是一种世界观、认识论或处事之道。

叙事理论认为，人的问题是在特定历史文化情景中，在人与人的互动中，主体建构的一种叙事，而非个体固有的客观实在。因此，心理干预的关键，不是去找寻问题的客观事实，而是通过改变心理求助者的生活叙事，帮助其重新建构生活的意义和生活的态度。

叙事理论认为人之所以会产生心理问题，是因为个体的叙事与主流叙事的关系出了问题。人赋予生活的意义，这些意义决定了各自的生活方式，但多数情况下，人们意识到的意义并不是自身赋予的，而是受制于社会主流叙事通过其权力运作而赋予的"规范"，在规范的约束下，叙事陷入僵化的结构，并以此为蓝本，对自己的生命故事进行诠释。当个体的实践经验与主流规范赋予的意义冲突时，问题便产生了。叙事治疗就是帮助当事人解构这种僵化的主流故事，重建当事人真正希望的、具有个人力量的故事。

职业韧性叙事工具，就是辅助当事人讲说职业生活故事，挖掘当事人叙事中的素材，使当事人更加了解自己及其所处的职业环境，并在讲述过程中探寻和建构出新的意义。

职业韧性的叙事性反思，主要围绕"我的职业韧性故事"与"我的职业韧性支持网"这两个主题促进自我反思。

当辅导员反思"我的职业韧性故事"时，建议围绕以下问题来展开：

1	在你的职业发展中，有哪些事情起着关键性的作用？
2	当身边的人获得职业的成功时，你通常有怎样的感受？
3	你可以分享的人生信条或人生信念是什么？
4	你可以分享的职业信条或职业观是什么？
5	你会怎样描述自己在职业上的发展或成长？
6	你会使用哪些词汇来讲述这个职业的成长过程？
7	当工作中有坏事发生时，你最多的体验是什么？哪种体验最强烈？

第六章
韧性重塑：新时代高校辅导员职业韧性培育的模型与策略

8	当工作中有坏事发生时，对你意味着什么？
9	当工作中有坏事发生时，对你的家庭又意味着什么？
10	这是些什么样的坏事情？
11	在你的职业成长中，对你最具挑战性的是什么？
12	职业活动中遇到困境时，你会怎么做？
13	你是如何让自己保持生理上的健康？当遭遇重大职业逆境时，你又是如何做到的呢？
14	你是如何让自己保持心理上的健康？当遭遇重大职业逆境时，你又是如何做到的呢？
15	你是如何让自己保持情绪上的健康？当遭遇重大职业逆境时，你又是如何做到的呢？
16	你是如何让自己保持精神上的健康？当遭遇重大职业逆境时，你又是如何做到的呢？
17	你觉得自己是个自信的人吗？通常你会怎样呈现你的自信？
18	你在工作中解决问题的能力怎么样？
19	相比同事而言，你在工作中解决问题的能力怎样？对此你是如何知晓的？
20	你能掌控自己身处的职业环境吗？
21	这种对职业处境的掌控感会怎样影响你的生活和工作？
22	你对自我有怎样的了解？
23	这种自我意识对你每天的工作和生活有怎样的影响？
24	你会怎样描述你在职业生活中乐观的一面？
25	你会怎样描述你在职业生活中悲观的一面？
26	你有自己的职业目标吗？是什么？
27	工作中你哪些方面是可以独立自主来决定的？哪些方面需要依赖他人才能做好或实现？
28	你对酒精、药品有依赖吗？
29	关于此类物质依赖现象，你周围的人是怎么看待的？
30	你觉得幽默在你的职业和生活中有什么意义？
31	你的周围有没有那种虽经历困境却依然成长得很好的人？对此你能分享的具体故事是什么？
32	在遇到职业困境时你是如何克服的，对此你能分享的具体故事是什么？

当辅导员反思"我的职业韧性支持网"时，建议围绕以下问题来

展开：

1	家庭在你的生命中扮演什么角色？
2	家庭在你的职业中扮演什么角色？
3	家里人会怎样看待你的生活和你的职业？
4	家里人会怎样看待你的生活信条和职业信条？
5	在面对自己的、家庭的和社区的变化时，你是怎样应对这些变化的？
6	你为你生活的地方（社区）做过哪些贡献？
7	你工作中有不利的事情发生时，你的家人、朋友和同事都有怎样的反应？
8	他们是怎样描述你遇到的这些事情的？
9	他们中谁对此类事情说得最多？谁又对此类事情说的最少？
10	当问题发生时，他们中谁总是设法去帮助你解决？
11	他们又是怎么看待你的所作所为的？
12	你是如何理解职场暴力的？
13	你有没有遭遇过职场暴力？对你造成了怎样的影响？
14	你的家人、朋友和同事中，有人遭遇过职场暴力吗？对他们造成了怎样的影响？
15	他们中有谁幸免过职场暴力事件的影响？他们是怎么做到的？
16	你的家庭给过你怎样的支持，让你能掌控职业活动中的风险？
17	你身边交往的同事有哪些行为和心理问题？
18	对此，你工作环境中的其他人是怎么看待和对待的？
19	你感觉自己所处的职业环境安全吗？
20	当遭遇职业中的不利事件时，你身边的人是怎么向你伸出援手的？
21	你觉得自己跟别人一样吗？
22	你身边交往的人中，谁会令你觉得 TA 是个特别的人？
23	TA 给你的具体感觉是什么？
24	TA 做了什么或说了什么，让你有这样的感觉？
25	你接受的教育，包括之前和之后的培训和进修，给你的职业成长提供了哪些助力？
26	小时候到现在，你父母或你的主要照料者是怎样照顾你的？
27	他们会怎样描述自己对你的所作所为呢？
28	他们又是怎么描述你的？
29	他们当中有谁是你做人做事的榜样？发挥了怎样的榜样价值呢？

围绕以上问题展开的个人反思和个人对话，会有海量的素材和信息，反思者要避免淹没于其中，建议围绕以下议题来聚焦对自身职业韧性的叙事性反思。

议题一，建构自我叙事，界定问题。

议题二，解构风险逆境，问题外化。

议题三，丰富特殊事件，重构故事。

议题四，他人参与见证，强化意义。

七、提效社会支持力

社会支持是维持良好情绪体验的关键因素，也为应激状态下的个体提供保护，能明显缓冲重大应激的消极作用。高质量的职场人际支持，并非给当事人事无巨细的指导，而是只在其需要时给予其敢于实践的机会与心理支持。有关中小学教师职业压力研究显示，积极的、支持性的人际关系，能促进新教师的学校适应力，能促进教师专业发展的认同感和信心，是教师克服困难获得持续发展的动力。

社会支持具有"社会治愈"力，通过为个体赋能来增强其职业韧性。社会支持资源则兼具情感支持功能（使人自我感觉良好）、认知支持功能（使人身处逆境而不孤单）和工具支持功能（为个体提供问题解决的工具和策略）。诸如积极寻求家人、朋友与同事的倾听、同理与智力支持，通过人际支持增强自身的积极心态与自我控制，这些被证明是社会支持预测韧性的起效因素。

高质量的辅导员社会支持资源主要来自三方面。其一是社会各界对辅导员职业身份和专业价值的认可和理解；其二是高校主动变革给予辅导员最大化的、多样性的、个性化的组织支持；其三是辅导员拥有丰富且高利用度的人际支持系统。

加强辅导员人际韧性资源质量,就是要发挥社会资源聚焦策略,做到社会+高校+个体三管齐下互促共建。一方面是要辅导员充分认识到人际帮助对个体职业发展的重要价值;第二是辅导员要积极开发自身职业生活中的社会资源;第三是辅导员要提升对其社会性资源的主动利用度。

高校组织可以通过构建长期的、稳定的、浸入式的辅导员互助团体达到一箭三雕之功效,而且可以尝试借鉴博根职业韧性档案反思法构建该团体。该法采取团体工作方式,利用团体心理咨询原理和职业档案干预法,通过指导团体成员挖掘、整理、分析和重构与其职业活动过程中的问题、局限、资源、优势与潜能等有关的档案信息,提升工作意义感和效能感来增强成员的职业韧性。

具体应用于加强辅导员人际韧性资源质量这一目标来讲,每次人际韧性档案法干预的团体工作可以借鉴结构式团体咨询模型,答题包含三个环节:

环节一,构建分享式团体。主要的目标和任务有:

(1) 营造轻松安全的团体氛围,激发参与动机,培养团体感,鼓励积极分享。

(2) 指导辅导员如何收集社会支持类韧性资源的档案素材。

环节二,召开定期或不定期的团体分享会。主要目标与任务有:

目标一:协商团体工作规则与目标

(1) 成员之间就研讨会的工作规则展开充分讨论,争取最大化达成共识。

(2) 在职业逆境与职业成功的语境中,探讨人际支持的意义和价值。

(3) 明确团体工作的目标,理解人际韧性档案制作的目的。

目标二:分享展示人际韧性档案素材

(1) 分享各自搜集人际韧性档案素材的做法。

(2) 展示、讲解各自所搜集到的人际韧性素材。

目标三：分析研究人际韧性档案素材

（1）分析自己所搜集到的人际韧性素材性质。

（2）指导成员对人际韧性素材进行分类。

（3）鼓励成员个性化、多样性地呈现自己的人际韧性档案。

目标四：促进反思

（1）引导成员观察和反思该人际韧性素材研讨过程，觉察彼此所表现出的自我反省力。

（2）引导参与者从时间维度反思自己人际韧性档案的变化。

（3）使用社会支持量表，帮助辅导员更有方向的自我反思。

环节三，鼓励行动

（1）鼓励辅导员践行计划，有意识地采取行动和策略。

（2）鼓励成员在每次团体工作之后积极联系，给予彼此支持和反馈。

建议每两个半月做一次人际韧性档案法的团体干预，监督其践行档案反思法的进展情况，也可以针对焦点群体开展单次团体干预，帮助辅导员切实提升其人际韧性资源质量。

八、自我调节式工作重塑

追求快乐和避免痛苦的"享乐原则"是关于人类行为动机的基本假设。Higgins 提出的调节定向理论（regulatory focus theory），揭示了人是如何趋近积极目标状态和回避消极目标状态的。Higgins 认为，人的行为动机不仅受到享乐原则的支配，而且在趋向不同的目标状态时会采用不同类型的调节定向，做出不同的心理调整活动。

调节定向有促进定向（promotion focus）和防御定向（prevention focus）之分。促进定向者积极结果的出现或缺失，更多关注成就和成长。防御定向者敏感于消极结果的出现或缺失，更倾向于关注安全和责任。

在实现目标的过程中，不同调节定向的个体可往往会采取不同的工作重塑行为。研究表明，促进定向的员工往往比防御定向的员工更可能进行工作重塑。诸多实证研究的证据有：

（1）促进定向者因为更乐于接受改变，也就更可能重塑自己的工作。

（2）促进定向者更可能增加对自身社会性工作资源的重塑，也就是更容易向他人发出支持和反馈行为，也更倾向于寻求支持和反馈。

（3）促进定向者属于"成长导向型"，更愿意发出增加社会性工作资源的工作重塑行为。

（4）促进定向者乐于学习，更敢于接受挑战，更愿意发出增加结构性工作资源的工作重塑行为，获得工作的掌控感。

（5）促进定向者更愿意积极主动地尝试各种工作变革，更擅长利用自身的资源来实现目标。

（6）促进定向者会主动搜寻各种信息以获得更多的学习机会。

（7）促进定向者需要更高的挑战，更愿意发出增加挑战性工作要求的工作重塑行为，促进自身的成长和发展。

（8）相较于防御定向者更倾向于减少阻碍性工作要求而言，促进定向个体通常更敢于面对工作中的阻碍，他们不太可能会对阻碍性工作要求进行重塑。

可见，采取促进定向型工作重塑的员工，更关注工作中的积极资源，发出主动性行为，进而会增强其工作意义感。而做出防御定向型工作重塑的员工，更关注工作中的消极信息，发出更多的回避目标行为，进而会削弱其工作意义感。

人的调节定向系统兼具特质性和情境性。人同时拥有促进定向调节系统和防御定向调节系统，至于是哪一种定向占主导，这往往还要取决于情境。也就是说，人的调节定向是可调控的。

辅导员在遭遇重大的职业逆境，面临职业目标实现受阻之时，可以尝试通过改变自身的调节定向功能，激发更多的工作重塑行为，从而帮助自己更有效地应对逆境和困难，快速复原和成长。

九、自我调节力微干预

自我调节力的微干预模型由路桑斯提出，顾名思义是聚焦于个体自我调节力的一套短期的（可短至1—3个小时的专题讨论）、高度聚焦的训练模式。微干预模型的主要任务有三个：

任务一，辅导员要充分意识到自己究竟拥有哪些职业韧性资产，会利用哪些资源来帮助自己实现特定的工作目标，并通过列表方式找出那些可用于当前问题解决的资源。

任务二，辅导员应提前识别那些会影响自身职业成功的问题和障碍，然后制定改进方案，有计划地去克服这些阻碍。

任务三，辅导员要有意识地观察、觉察、探寻自己在面对职业逆境时的想法、行为与感受，然后在评估克服困境的资源基础之上，尽可能地选择更有弹性的想法和行动，积极应对困境。

结　语

高校辅导员的心理素质，是思想政治教育心理学的基本内容之一。后者研究思想政治教育过程中心理现象产生发展及其规律的科学。针对高校辅导员的心理素质展开系统性的质与量的研究，既能增强思想政治教育的科学性、有效性与实践性，更能提升该学科的发展生命力[1]。

《高等学校辅导员职业能力标准（暂行）》（教思政〔2014〕2号）指出，高校辅导员是高校学生日常思想政治教育和管理工作的组织者、实施者和指导者，是开展大学生思想政治教育的骨干力量。高校辅导员的心理素质直接关系着大学生的思想政治教育效果，既是进行大学生思想政治教育的先决条件，又是影响大学生思想政治教育效果的重要环节。

提升高校辅导员的心理素质，是高校辅导员队伍建设的主要任务之一，是高校辅导员职业化专业化建设的重要内容，是高校辅导员职业能力培养与人格完善的基本目标。

在诸多高校辅导员的心理素质中，由思想政治教育工作周期长、见效慢、难度大、易反复等特点所决定，耐挫力与意志力显得尤为重要，这两种心理素质集中体现于辅导员的职业韧性上。

---

[1]国家教委思想政治工作司.思想政治教育心理学[M].北京：高等教育出版社，1996：9.

第六章
韧性重塑：新时代高校辅导员职业韧性培育的模型与策略

职业韧性是最具整合性和实践性的一种重要的职业心理能力。职业韧性是指历经重大或长期的职业压力/逆境时，个体自身及其环境中的保护性因素，通过自我调节过程发生相互作用，从而使其快速复原乃至获得积极成长的一种职业心理过程。

职业韧性水平的高低，关乎辅导员的职业认同、工作适应、工作绩效，乃至辅导员队伍的稳定性。高校辅导员的职业韧性研究，对思想政治教育心理学学科建设和高校辅导员队伍建设具有重要意义，对解决当前这两个研究领域的主要问题具有重要的理论与现实意义。

本书以理论与实证相结合的研究路径，针对高校辅导员职业韧性的"理论模型→测量模型→测量工具→影响作用→影响机制→培养开发"等研究任务，系统深入地回答了高校辅导员的职业韧性是什么、怎么测、会怎样、怎么办等问题。本书基于自主研发的《高校辅导员职业韧性量表》，针对全国高校展开大样本调查研究，借助实证统计分析了解我国高校辅导员职业心理能力的发展现状与问题，并围绕职业韧性与高校辅导员工作适应相关议题，涉及的辅导员职业心理素质包括职业认同、职业承诺、心理授权和组织公民行为等，通过科学的建模技术，进一步探讨诸多心理素质之间的复杂作用关系，最后基于研究结果开发了具有整合性的辅导员职业韧性培养方案。本书采用的方法和获取的成果，将有利于扩展思想政治教育心理学研究的广度与深度，提升高校辅导员培训工作的针对性和有效性，促进辅导员队伍专业化职业化发展。

本书除了导论与结论外，包含五个子任务：

研究任务一：编制高校辅导员职业韧性测评工具（对应第三章）。依据心理测量学和统计学原理，以职业韧性的自我调节理论为模型，研制本土化的测量工具。所开发的《高校辅导员职业韧性量表》，具有科学的测量模型（包含8个维度32个条目）和理想的信度与效度。

研究任务二：高校辅导员职业韧性的现状分析（对应第四章）。采用《高校辅导员职业韧性量表》，面向全国11个省（自治区、直辖市）的30余所高校进行大样本调查，共抽取了1249个一线辅导员样本，分析当前我国高校辅导员的职业韧性总体发展水平和人口学差异。

研究任务三：我国高校辅导员工作适应性的现状分析（对应第五章）。针对高校辅导员工作适应的指标问题，本书从职业态度、职业行为与职业情绪情感三个维度，整合了职业承诺、工作倦怠与组织公民行为三种职业心理行为，全面立体勾勒出一副具有良好工作适应性的辅导员职业形象——高承诺—低倦怠—高绩效。然后，基于全国大样本调查数据分析，了解高校辅导员的工作适应现状。

研究任务四：职业韧性对高校辅导员工作适应性的影响分析（对应第五章）。首先检验高校辅导员职业韧性对其工作适应性的直接解释力，然后建构一个有调节的中介模型[①]，考察职业韧性对辅导员工作适应的内在作用机制问题。研究选取最能反映辅导员自主性和能动性的职业适应过程，从中锁定职业认同与心理授权两种职业心理能力，通过建模技术尝试回答职业韧性究竟是通过什么（怎样起作用）、在什么条件下（何时起作用）来影响辅导员的工作适应性，揭示在重要的职业时刻辅导员的诸多心理资源是如何相互作用来影响其工作适应性。

研究任务五：高校辅导员职业韧性的培养（对应第六章）。本书基于实证研究结果，从培养的理论取向、培养路径和培养方法三个水平，整合了诸多辅导员职业韧性的影响因素，并从个体层面和组织层面分别给出了开发韧性的思路，对我国高校辅导员的职业能力培养与辅导员培训工作提

[①] 有调节的中介模型，是一种描述因素之间作用关系的数学模型。有调节的中介模型的研究目的，就是探讨一个因素（对应本书的职业韧性）对另一个因素（对应本书的工作适应性）的作用机制。该模型既能够阐明职业韧性是怎样对工作适应性起作用的，还能够揭示该种影响过程在何时作用更大。

第六章
韧性重塑：新时代高校辅导员职业韧性培育的模型与策略

供系统且专业的理论与实践依据，实现成果转化的研究初衷。

基于以上研究任务展开的研究过程，本书获得的主要结论有六个：

主要结论一：高校辅导员职业韧性研究路径具有生态性与整合性

一方面，职业韧性反映的是辅导员在职业实践情境中，面对重大职业压力事件时，如何认知和调控自身与环境中的积极资源，来更有效地帮助自己解决职业困境，实现自身成长与职业发展。由此可见，职业韧性既是以解决真实的职业实践问题为目标，也是在解决此类真实的职业实践问题过程中才得以发展，针对这类职业心理素质的研究能确保其成果转化的生态效度。

另一方面，职业韧性是一种具有整合效力的职业心理素质。教育部思政司主编的《思想政治教育心理学》中，罗列了诸多思想政治教育工作者的心理素质，基本上都是辅导员在应对职业压力/逆境过程中的韧性资产，诸如政治信念、责任感、事业心、求知欲、乐观、创造思维等认知方面的韧性资产，会让人产生目标感、意义感、一致感和希望感；诸如沟通力、心理相容性、预见力、分辨力与果断力等行为方面的韧性资产，能让人产生力量感和自我效能感；诸如自制、相容、宽容与谦虚等情绪方面的韧性资产，会促使人体验到更积极的情绪情感，进而产生自尊感。

本书在探讨辅导员职业韧性的影响意义时，通过工作适应概念将辅导员的职业承诺、工作倦怠与组织公民行为等心理特征加以整合，并在进一步的影响机制研究中，又整合进了辅导员的职业认同与心理授权两种心理能力，最终构建了一个包含六因素的路径关系图，这种研究路径兼具整合性与生态性。

主要结论二：《高校辅导员职业韧性量表》具有理想的信度与效度

《辅导员职业韧性量表》的编制遵循了自上而下的理论驱动思路，并且借鉴了国内外 17 余种韧性测量的相关工具，量表编制严格按照测量学和统计学等科学原理和编制流程，从最初确定的包含108个条目的原始题项池，到包含79个条目的预测试问卷，经由项目分析与探索性因素分析，最后形成的正式问卷有八个因子32个条目。量表效度方面的检验，包括结构效度、内容效度和校标关联效度三种，所有测量学和统计学的指标都显示，研制的《辅导员职业韧性量表》具有很好的结构效度。量表的内在一致性程度以及分半信度均比较理想，说明《辅导员职业韧性量表》的结构模型是稳定的、可靠的。理想的信效度说明该量表适用于评估高校辅导员群体的职业韧性能力。

主要结论三：高校辅导员的自我调控力是提升其职业韧性的关键资源

面对逆境与压力，人的个性特征与应对过程构成了一个重要系统，依赖此系统人才能获得有韧性的结果。本书基于大样本的实证研究分析，结果显示高校辅导员的职业韧性是在个体与环境交互作用的情境下，个体对自身的韧性资产与社会支持资源进行灵活的自我调控，从而成功应对职业困境，得以快速恢复甚至获得积极成长。因此，高校辅导员的职业韧性是一种韧性因素与韧性过程的整合结果，而且在这些保护性资源中，辅导员的自我调控能力所具有的保护性作用最突出，是辅导员职业韧性开发的关键资源。

主要结论四：职业韧性能直接预测高校辅导员的工作适应性水平

一种高承诺、高绩效和低倦怠的职业状态，最能反映当前高校辅导员的工作适应特点，这种工作适应状态受辅导员职业韧性水平的直接影响。论文基于大样本的数据分析显示，职业韧性能解释高校辅导员职业承诺23.7%的变异量，能解释高校辅导员组织公民行为33.2%的变异量，能解释高校辅导员工作倦怠44.7%的变异量。在高校辅导员职业韧性的构成因素中，自我调节韧性资源是影响其工作适应水平的最主要因素，其中辅导员自我调节韧性资源对其职业承诺的解释率高达四成有余，对其组织公民行为的解释率达到了 38.0%，对其工作倦怠的解释率亦超过三成。由此可见，辅导员的职业韧性对其工作适应具有显著的积极促进作用。

主要结论五：职业韧性通过积极路径间接促进高校辅导员的工作适应性

为了进一步探查辅导员的职业韧性究竟是通过什么（怎样起作用）、在什么条件下（何时起作用）来影响其工作适应的，本书建构了一个有调节的中介模型。基于高校辅导员队伍现状，依据辅导员职业化、专业化的能力建设标准，以及积极组织行为学对心理品质的筛选标准，从思想政治教育工作者的诸多心理素质中，选取了最具整合性，也最能反映自主性和能动性的职业适应过程，从中锁定职业认同与心理授权两种职业心理能力。论文基于结构方程模型描绘出的影响路径图显示，辅导员的职业认同在职业韧性与工作适应性之间起到了中介作用。而且，在这个职业韧性→职业认同→工作适应结果的积极路径中，心理授权显著影响了辅导员面对重大职业压力或困境时的心理韧性表现。说明辅导员的社会认知水平和自我调节能力，在帮助其成功应对重要的职业压力、逆境、挫折和创伤时，具有极其重要的保护意义。

主要结论六：开发高校辅导员的职业韧性应有整合观

影响职业韧性的因素多且复杂，既包括个体自身层面的，也包括组织层面的；既包括韧性保护性因素，又包括环境危险因素；既包括韧性因素，又包括韧性过程。本书从积极心理学视角探索辅导员自身所具有的韧性保护资源，面对如此之多的影响变量，如何择取最有干预价值的变量，直接制约着职业韧性干预的效力。本书在马克思主义人学思想和活动观视域下，从韧性的因素—过程整合视角，在厘清心理发展生态系统理论、心理资本理论和自我调节的社会认知理论之间内在逻辑关系的基础上，基于大样本实证研究结果，提出高校辅导员职业韧性培养的洋葱模型，从韧性培养的理论取向、培养路径和培养方法三个方面，系统整合了诸多辅导员职业韧性的影响因素，并从个体和组织水平分别给出了开发韧性的思路，这种整合观将会更有效地提升韧性开发的效力。

本书可能的不足与未来的研究展望：

本书针对高校辅导员的职业心理素质研究，主要采用横断面研究，即通过量表测验法，获取某一时点或短时间区间内，受调查者的心理行为方面的描述性资料。从研究设计与具体操作过程来讲，对相关变量的考察有科学的理论依据，而且使用了结构方程模型和有调节的中介模型等统计分析技术，这种实证研究能比较客观地反映当前我国高校辅导员心理素质方面的基本现状。但仍然不能完全避免问卷调查法本身的局限性，诸如对无关或干扰性因素的控制效力问题、受调查者的报告偏差问题以及测量题目的社会赞许性问题[①]等等，这些问题都会削弱测量结果的因果推断力。今后可以采用纵向研究或实验研究等方法，通过更严格的变量控制，更清晰地揭示高校辅导员职业韧性的本质内涵、发展成因以及前因后效方面的因果关系。

在影响辅导员工作适应性的诸多因素中，本研究所关注的是辅导员的个体因素，以全息视角，悉数考虑了人的动机、态度、情绪与行为等因素。考虑到研究者的精力和时间局限性，本书并未将组织与社会等环境因素纳入考察视野，仅仅探讨了人口学变量和组织变量对辅导员韧性的影响作用，如此难免影响了研究结果对实践指导的局限性。因此，今后可以展开这方面的研究工作。

[①] 社会赞许性（social desirability），表示人的某种行为是社会大多数人所期待的、接受的和认可的。受社会赞许性的影响，倘若使用那些合乎社会规范或社会期望的行为来测量或反映一个人的某种内在心理特质，就会导致测量的虚假性偏高，从而使测量效度受损。例如，"见了长辈问好"就是一个高社会赞许行为，如果根据该行为来推断人的教养就存在明显效度问题。因此，心理测量问卷的题项要尽量减少社会赞许性效应，来确保相应推断的可靠性。

第六章
韧性重塑：新时代高校辅导员职业韧性培育的模型与策略

实践性是思想政治教育心理学作为一门学科存在和发展的生命力所在，这也规定了高校辅导员心理素质研究的实践取向。作为一种重要的职业心理能力，人的职业韧性是一种具有可塑性、可开发性的心理资本。大量研究反复证实，通过干预组织劳动力的职业韧性，能显著提升其绩效水平、心理健康水平和社会适应性。因此，开发辅导员的职业韧性，对高校的辅导员管理工作和学生工作管理具有重要的经济效益。

本书基于严谨的实证研究操作过程，系统回答了辅导员职业韧性是什么、怎么测、会怎样等问题，并基于研究结果开发了具有整合性的辅导员职业韧性培养方案，从培养的理论取向、培养路径和培养方法三个水平，系统整合了诸多辅导员职业韧性的影响因素，并从个体层面和组织层面分别给出了开发韧性的思路。但是，由于精力和时间限制，并未使用此韧性培养方案对高校辅导员群体进行干预研究。未来至少有两方面的工作亟待展开：首先，根据这套韧性开发方案，设计具有可操作性的培训干预课程；然后，采用对照组实验研究方法，来验证韧性培训课程的有效性。当然，这项工作的实施，最好配套使用《高校辅导员职业韧性量表》，来确保对培训效果评估的科学性。这些后继研究努力，将更好地促进我国辅导员心理素质在研究、培养、培训与评估工作上的一体化，从而深化思想政治教育心理学的学科建设，并更好地推进高校辅导员的队伍建设。

附　录

附录1　高校辅导员职业韧性量表的编制工作流程示意图

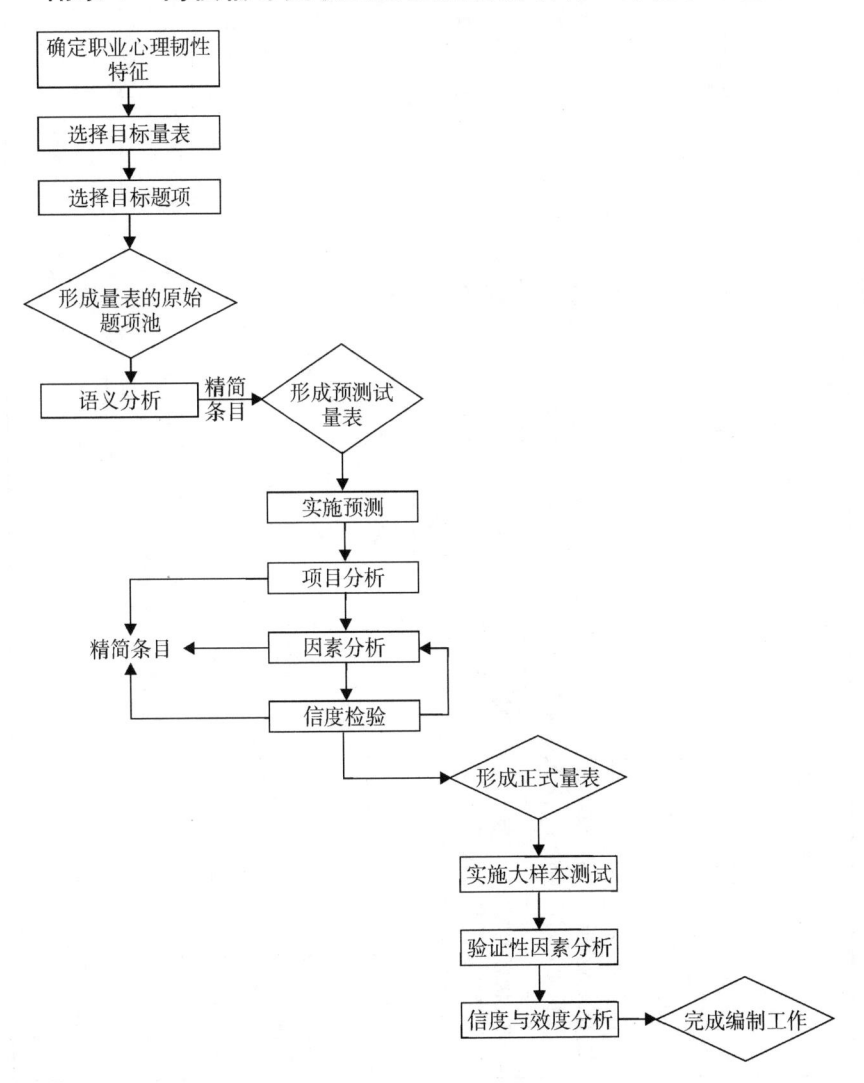

```
确定职业心理韧性特征
        ↓
    选择目标量表
        ↓
    选择目标题项
        ↓
  形成量表的原始题项池
        ↓
  语义分析 → 精简条目 → 形成预测试量表
                            ↓
                         实施预测
                            ↓
                         项目分析
                            ↓
         精简条目 ← 因素分析 ←
                            ↓      ↑
                         信度检验 ──
                            ↓
                        形成正式量表
                            ↓
                       实施大样本测试
                            ↓
                       验证性因素分析
                            ↓
                      信度与效度分析 → 完成编制工作
```

附录 2 高校辅导员职业韧性条目编写质量检核表——专家鉴别

职业韧性问卷编制—108 条目—原始条目池—质量检核表—专家鉴别

尊敬的专家：

您好。

这是一个关于教师职业韧性量表编制的研究。以下测量条目是对职业韧性的描述，请您就问题的编写质量给予鉴定，并给出您宝贵的建议和意见。

对于您付出的时间和贡献的智慧，深表感谢！

研究者：张婉莉

注 1. 职业韧性：面对或经历严重职业压力/逆境时，个体资源因子、环境资源因子以及自我调节过程之间复杂、动态的相互作用，该过程随时间迁延展开，并最终促进个体的良好适应与功能恢复。

注 2. 状态类特征：与特质类特征区分的。特质类特征的改变需要理想的情境因素，相对稳定且较容易改变的人格特点。状态类特征一般处于状态——特质区间的中间部位，在职活动或者高度聚焦的短期"微干预"来实现。

范围限定清楚	不含双重问题	不含抽象概念	不带倾向性	无须回忆太久	无不确切用词	条目	与调查目标直接相关 1=极不同意 3=不确定 5=非常同意	属于状态类特征	维度倾向 1=情绪 2=行为 3=认知
是"√" 否"×"									
						身处比较大的职业压力/逆境时，我仍能保持冷静。			
						身处充满压力的环境中，我从未感到焦虑。			
						在压力下放松自己时，我能体会到不忧不惧的宁静。			

续表

	当受到惊吓时，我仍能保持冷静。	
	身处比较大的职业压力/逆境时，我仍能把注意力放在需要解决的问题上。	
	心情不佳时，我会想些开心的事情。	
	我的心情不容易受到外界的干扰。	
	他人的批评指责会让我长时间难过。	
	不开心的事情会让我苦恼很长时间。	
	我能在短时间内调整自己的消极情绪。	
	关键时我能保持冷静。	
	危机时我能保持清醒。	
	重要场合我不慌张。	
	遇到不愉快的事，我能很快调整好情绪。	
	我能控制自己的情绪。	
	我的心情不易被烦扰。	
	我不易被激怒。	
	我很少情绪失控。	
	我很容易感到心力交瘁。	
	我容易心烦意乱。	
	我的情绪多变。	
	我常被情绪所困。	

303

续表

我容易受情绪影响。	身处比较大的职业压力/逆境时，我多凭感受而非逻辑分析来确立目标。	身处比较大的职业压力/逆境时，我喜欢凭自我感觉来制定计划。	身处比较大的职业压力/逆境时，我能合理地安排生活。	身处比较大的职业压力/逆境时，我能理性地做出重要决定。	身处比较大的职业压力/逆境时，我做决定喜欢凭事实而不是凭自己的感觉。	我能解决工作中的困境或难题。	我肯下功夫把事情做好。	身处比较大的职业压力/逆境时，我不断尝试各种办法直到问题解决。	困难面前，我不会轻易放弃。	即使工作进展很不顺利，我也能坚持到底。	工作中我总是寻求自我发展的机会。	身处比较大的职业压力/逆境时，虽然工作计划已确定，我常坚持不到最后。	工作遇到很大的困难时，我会想尽办法去解决。

续表

	身处比较大的职业压力/逆境时，我能坚持做好常规工作。	
	工作遇到很大的困难时，我不断地改进做事方式。	
	工作遇到很大的困难时，我不断寻找更好的行事方式。	
	对于坚信的事，没有什么能阻止我实现它。	
	应付工作上的诸多变化对我来说很容易。	
	如果有可能失败，我宁愿放弃不干。	
	身处比较大的职业压力/逆境时，我能合理地管理自己的时间。	
	即便希望不大，我也不会放弃目标。	
	不管结果如何，我都会竭尽全力。	
	为了成功，我会竭尽全力。	
	我对工作精益求精。	
	我能成功地完成各项任务。	
	身处比较大的职业压力/逆境时，一旦工作太难干，我就会停下来。	
	工作上，我为自己设定了高标准。	
	我干工作时目标感很强。	
	我能专注地去完成任务。	

续表

身处比较大的职业压力/逆境时，我难以完成已经在做的事情。	我知道怎样把工作干好。	身处比较大的职业压力/逆境时，我很少会过度放纵自己。	身处比较大的职业压力/逆境时，我常常没想清楚时埋头就干。	身处比较大的职业压力/逆境时，我做事喜欢凭一时兴致。	身处比较大的职业压力/逆境时，我经常是事到临头才计划。	身处比较大的职业压力/逆境时，我很自律。	身处比较大的职业压力/逆境时，对于那些当下有利而长远无益的事，我能克制自己不去做。	身处比较大的职业压力/逆境时，我能立即着手工作。	身处比较大的职业压力/逆境时，我发现自己干工作常拖延。	身处比较大的职业压力/逆境时，若要上手一个项目，我需要更多推力才行。	即便在压力下犯错，我还是喜欢自己。

续表

	在最糟糕的情况下，我坚信"一切都会好起来"。
	面对结果不确定的事情，我愿意冒险去干。
	我觉得与各式各样的人共事很有趣。
	我喜欢有挑战性的任务。
	挫折使我对工作丧失信心。
	失败总是让我感到气馁。
	失败和挫折让我怀疑自己的能力。
	当我泄气需要鼓励时，我知道去找谁。
	身处比较大的职业压力/逆境时，无论感觉多么糟糕，我都能任好处想。
	我喜欢有竞争性的工作环境。
	不规律性的工作会使我手忙脚乱。
	身处比较大的职业压力/逆境时，我相信承受有压力的任务是一种有价值的投资。
	压力之下，我仍能清晰地思考。
	身处比较大的职业压力/逆境时，我主要凭直觉行事。
	我是一个有幽默感的人。
	我喜欢读一些有挑战性的材料。
	我觉得政治讨论有意思。

续表

我的兴趣广泛。					
我不怎么看那些难懂的东西。					
我对抽象的观点没兴趣。					
我尽量回避复杂的人和事。					
我尽量回避带有哲学意味的讨论。					
我对讨论理论问题没兴趣。					
工作遇到很大的困难时,我很容易自我否定。					
工作遇到很大的困难时,我对自己的缺点感到沮丧。					
工作遇到很大的困难时,我容易看到问题的积极一面。					
工作遇到很大的困难时,我感觉前途渺茫。					
工作遇到很大的困难时,我总感觉潜在的困难无处不在。					
工作遇到很大的困难时,我怀疑自己对工作的胜任力。					
工作遇到很大的困难时,我的内心充满怀疑。					
工作遇到很大的困难时,我生怕自己做错事。					
工作遇到很大的困难时,我能比较容易地控制自己的想法。					
工作遇到困难需要帮助时,我不知道去找谁。					

续表

		工作遇到很大的困难时，我知道谁能让我依靠。		
		工作遇到困难需要出主意想办法时，我知道过去找谁。		
		工作遇到很大的困难时，我知道能指望谁来帮我。		
		工作遇到困难需要倾诉时，我能找到合适的对象。		
		工作遇到困难需要陪伴时，我知道谁肯为我腾出时间。		
		工作遇到很大的困难时，我担心自己不能应对变化。		
		工作遇到很大的困难时，我比平时更焦虑。		
		工作遇到很大的困难时，我比平时更有压力。		
		工作遇到很大的困难时，我感到异常消沉。		
		工作遇到很大的困难时，我看不到积极的一面。		
		工作遇到很大的困难时，我感觉天都要塌了。		

给问卷编制者的话：

注：该工作由 5 位心理学专业高校教师完成，其中 2 位质量检核表》。最后的结果显示，5 位专家的质量检核结果具有较高的一致性，肯定了条目的语义质量，肯定了编写目标的相关性，肯定其描述的是个体的状态类特征，仅在 3 个条目上给出了建议或质疑性反馈，其中 1 个条目上属于表述问题，2 个条目在知—情—行归属上有歧义。研究者根据 5 位专家的反馈，进一步通过电话与专家本人商讨确认，对这 3 个条目进行了修改或删除。最终保保留在原始题池中的题项有 106 个，确保了其专家效度。

309

附录3 高校辅导员职业韧性条目编写质量检核——语义分析

	高校辅导员职业韧性问卷编制—质量检核表—语义分析
1	我能控制自己的情绪。
2	我的心情不容易受到外界的干扰。
3	我不易被激怒。
4	我很少情绪失控。
5	我很容易感到心力交瘁。
6	我容易心烦意乱。
7	我的情绪多变。
8	我常被自己的情绪所控。
9	我容易受自己的情绪影响。
10	为了成功,我会竭尽全力。
11	对于坚信的事,没有什么能阻止我实现它。
12	我对工作精益求精。
13	我能成功地完成各项任务。
14	身处比较大的职业压力/逆境时,一旦工作太难干,我就会停下来。
15	遇到困难时,我会想尽办法去解决。
16	即使工作进展很不顺,我也能坚持到底。
17	即便希望不大,我也不会放弃目标。
18	工作上,我为自己设定了高标准。
19	我干工作时的目标感很强。
20	我能专注地去完成任务。
21	身处比较大的职业压力/逆境时,我难以完成已经在做的事情。
22	我知道怎样能把工作干好。
23	我喜欢读有挑战性的东西。
24	面对结果不确定的事情,我愿意冒险去干。
25	我喜欢有挑战性的任务。
26	应付工作上的诸多变化对我来说很容易。
27	我觉得政治讨论有意思。
28	我的兴趣广泛。

续表

29	我不怎么看那些难懂的东西。
30	我对抽象的观点没兴趣。
31	我尽量回避复杂的人和事。
32	我觉得与各式各样的人共事很有趣。
33	我尽量回避带有哲学味的讨论。
34	我对讨论理论问题没兴趣。
35	我是一个有幽默感的人。
36	工作遇到很大的困难时，我担心自己不能应对变化。
37	工作遇到很大的困难时，我比平时更焦虑。
38	工作遇到很大的困难时，我比平时更有压力。
39	工作遇到很大的困难时，我感到异常消沉。
40	工作遇到很大的困难时，我看不到积极的一面。
41	工作遇到很大的困难时，我感觉天都要塌了。
42	工作遇到困难时，我知道有人能让我依靠。
43	工作遇到困难需要出主意想办法时，我知道去找谁。
44	工作遇到困难时，我知道能指望谁来帮我。
45	工作遇到困难需要倾诉时，我能找到合适的人。
46	工作遇到困难需要陪伴时，我知道有人肯为我腾出时间。
47	工作遇到困难需要帮助时，我不知道去找谁。
48	身处比较大的职业压力/逆境时，我仍能把注意力放在需要解决的问题上。
49	身处比较大的职业压力/逆境时，我仍能保持冷静。
50	当我泄气需要鼓励时，我知道去找谁。
51	身处比较大的职业压力/逆境时，我多凭自己的感受来确立目标。
52	身处比较大的职业压力/逆境时，我多凭自己的感觉来制定计划。
53	身处比较大的职业压力/逆境时，我能合理地安排生活。
54	身处比较大的职业压力/逆境时，我能理性地做出重要决定。
55	身处比较大的职业压力/逆境时，我做决定主要基于事实而不是凭自己的感觉。
56	我能在短时间内调整自己的消极情绪。
57	遇到不愉快的事，我能很快调整好情绪。
58	身处比较大的职业压力/逆境时，我极少沉溺放纵过。

续表

59	身处比较大的职业压力/逆境时，我会在没想清楚时埋头就干。
60	身处比较大的职业压力/逆境时，我做事多凭一时兴致。
61	身处比较大的职业压力/逆境时，我经常是事到临头才计划。
62	身处比较大的职业压力/逆境时，我很自律。
63	身处比较大的职业压力/逆境时，对于那些当下有利而长远无益的事，我能克制住不做。
64	身处比较大的职业压力/逆境时，我能立即着手工作。
65	身处比较大的职业压力/逆境时，我发现自己干工作常拖延。
66	身处比较大的职业压力/逆境时，虽然工作计划已确定，我常坚持不到最后。
67	身处比较大的职业压力/逆境时，若要上手一个项目，我需要更多推力才行。
68	身处比较大的职业压力/逆境时，我能合理地管理自己的时间。
69	我能解决工作中的困境或难题。
70	工作遇到很大的困难时，我会不断地改进做事方式。
71	身处比较大的职业压力/逆境时，我不断寻找更好的行事方式。
72	工作遇到很大的困难时，我很容易自我否定。
73	即便在压力下犯错，我还是喜欢自己。
74	工作遇到很大的困难时，我对自己的缺点感到沮丧。
75	身处比较大的职业压力/逆境时，我容易看到问题的积极一面。
76	身处比较大的职业压力/逆境时，在最糟糕的情况下，我坚信"一切都会好起来"。
77	身处比较大的职业压力/逆境时，无论感觉多么糟糕，我都能往好处想。
78	身处比较大的职业压力/逆境时，我相信承担有压力的任务是一种有价值的投资。
79	工作遇到很大的困难时，我感觉前途渺茫。
80	工作遇到很大的困难时，我总感觉潜在的困难无处不在。
81	工作遇到很大的困难时，我怀疑自己胜任工作的能力。
82	工作遇到很大的困难时，我的内心充满怀疑。
83	工作遇到很大的困难时，我生怕自己做错事。
84	工作遇到很大的困难时，我能比较容易地控制自己的想法。

注：该轮精简工作由第一作者邀请了2位心理学专业人士（1名副教授+1名讲师）完成。在工作1的基础上，对原始题池106个题项做了两轮的语义分析，通过合并一些意义相近或重复的项目、修订了一些不易理解或有歧义的项目、删除了一些语义表述重复的条目，最后确定了84个题项。

附录4　高校辅导员职业韧性预测问卷——项目分析

1. 我能控制自己的情绪。
2. 我的心情不容易受到外界的干扰。
3. 我不易被激怒。
4. 我很少情绪失控。
5. 我很容易感到心力交瘁。
6. 我容易心烦意乱。
7. 我的情绪多变。
8. 我常被自己的情绪所控。
9. 我容易受自己的情绪影响。
10. 为了成功，我会竭尽全力。
11. 对于坚信的事，没有什么能阻止我实现它。
12. 即便希望不大，我也不会放弃目标。
13. 我对工作精益求精。
14. 我能成功地完成各项任务。
15. 身处比较大的职业压力/逆境时，一旦工作太难干，我就会停下来。
16. 遇到困难时，我会想尽办法去解决。
17. 即使工作进展很不顺，我也能坚持到底。
18. 工作上，我为自己设定了高标准。
19. 我干工作时的目标感很强。
20. 我能专注地去完成任务。
21. 身处比较大的职业压力/逆境时，我难以完成已经在做的事情。
22. 我知道怎样能把工作干好。
23. 我喜欢读有挑战性的东西。
24. 面对结果不确定的事情，我愿意冒险去干。
25. 应付工作上的诸多变化对我来说很容易。
26. 我觉得政治讨论有意思。
27. 我的兴趣广泛。
28. 我不怎么看那些难懂的东西。
29. 我对抽象的观点没兴趣。

续表

30. 我尽量回避复杂的人和事。
31. 我觉得与各式各样的人共事很有趣。
32. 我尽量回避带有哲学味的讨论。
33. 我对讨论理论问题没兴趣。
34. 工作遇到很大的困难时,我担心自己不能应对变化。
35. 工作遇到很大的困难时,我比平时更焦虑。
36. 工作遇到很大的困难时,我比平时更有压力。
37. 工作遇到很大的困难时,我感到异常消沉。
38. 工作遇到很大的困难时,我看不到积极的一面。
39. 工作遇到很大的困难时,我感觉天快要塌了。
40. 工作遇到很大的困难时,我能保持冷静。
41. 工作遇到困难时,我知道有人能让我依靠。
42. 工作遇到困难需要出主意想办法时,我知道去找谁。
43. 工作遇到困难时,我知道能指望谁来帮我。
44. 工作遇到困难需要倾诉时,我能找到合适的人。
45. 工作遇到困难需要陪伴时,我知道有人肯为我腾出时间。
46. 工作遇到困难需要帮助时,我不知道去找谁。
47. 当我泄气需要鼓励时,我知道去找谁。
48. 身处比较大的职业压力/逆境时,我更多凭自己的感受来确立目标。
49. 身处比较大的职业压力/逆境时,我更多凭自己的感觉来制定计划。
50. 身处比较大的职业压力/逆境时,我能合理地安排生活。
51. 身处比较大的职业压力/逆境时,我能理性地做出重要决定。
52. 身处比较大的职业压力/逆境时,我做决定主要是基于事实而不是凭自己的感觉。
53. 身处比较大的职业压力/逆境时,我能在短时间内调整自己的消极情绪。
54. 身处比较大的职业压力/逆境时,我极少沉溺放纵过。
55. 身处比较大的职业压力/逆境时,我会在没想清楚时埋头就干。
56. 身处比较大的职业压力/逆境时,我做事多凭一时兴致。
57. 身处比较大的职业压力/逆境时,我经常是事到临头才计划。
58. 身处比较大的职业压力/逆境时,我很自律。

续表

59. 身处比较大的职业压力/逆境时，对于那些当下有利而长远无益的事，我能克制住不做。
60. 身处比较大的职业压力/逆境时，我能立即着手工作。
61. 身处比较大的职业压力/逆境时，我发现自己干工作常拖延。
62. 身处比较大的职业压力/逆境时，工作计划确定后，我常坚持不到最后。
63. 身处比较大的职业压力/逆境时，若要上手一个项目，我需要更多推力才行。
64. 身处比较大的职业压力/逆境时，我能坚持做好常规工作。
65. 身处比较大的职业压力/逆境时，我能合理地管理自己的时间。
66. 工作遇到很大的困难时，我会不断地改进做事方式。
67. 工作遇到很大的困难时，我很容易自我否定。
68. 工作遇到很大的困难时，我对自己的缺点感到沮丧。
69. 身处比较大的职业压力/逆境时，我容易看到问题的积极一面。
70. 身处比较大的职业压力/逆境时，我坚信"一切都会好起来"。
71. 身处比较大的职业压力/逆境时，无论我感觉多么糟糕，都能往好处想。
72. 身处比较大的职业压力/逆境时，我相信承受有压力的任务是一种有价值的投资。
73. 工作遇到很大的困难时，我感觉前途渺茫。
74. 工作遇到很大的困难时，我总感觉潜在的困难无处不在。
75. 工作遇到很大的困难时，我怀疑自己胜任工作的能力。
76. 工作遇到很大的困难时，我内心充满怀疑。
77. 工作遇到很大的困难时，我生怕自己做错事。
78. 身处比较大的职业压力/逆境时，我能比较容易地控制自己的想法。
79. 身处比较大的职业压力/逆境时，我能把注意力放在需要解决的问题上。

附录5 《高校辅导员职业韧性预测量表》因素分析实际工作流程图

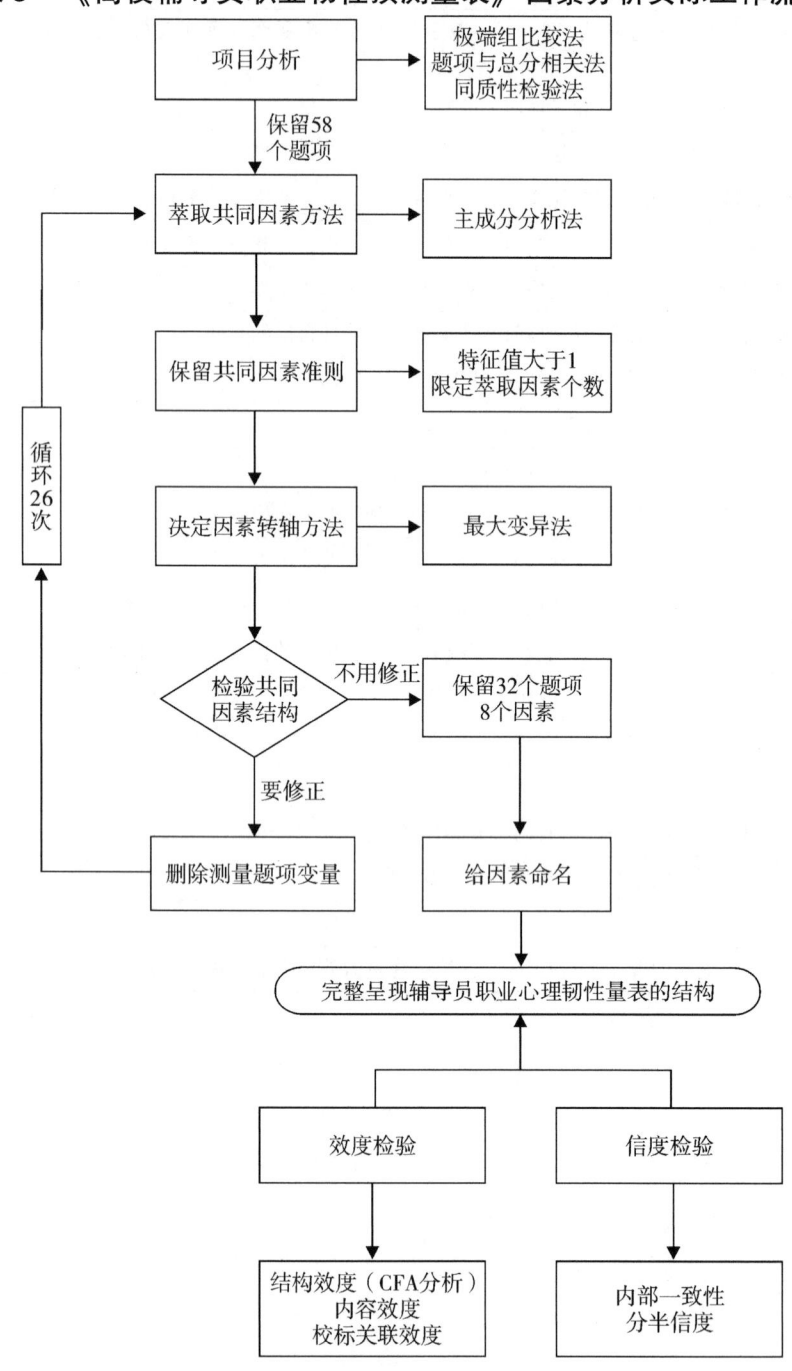

```
项目分析 → 极端组比较法
          题项与总分相关法
          同质性检验法
    ↓ 保留58个题项
萃取共同因素方法 → 主成分分析法
    ↓
保留共同因素准则 → 特征值大于1
                  限定萃取因素个数
    ↓
决定因素转轴方法 → 最大变异法
    ↓
检验共同因素结构 ──不用修正──→ 保留32个题项 8个因素
    │要修正                        ↓
    ↓                           给因素命名
删除测量题项变量                    ↓
(循环26次)                 完整呈现辅导员职业心理韧性量表的结构
                              ↓              ↓
                           效度检验        信度检验
                              ↓              ↓
                        结构效度（CFA分析）  内部一致性
                           内容效度         分半信度
                          校标关联效度
```

附录6 高校辅导员职业韧性量表

	个体情绪特征（PC-A）
1	我常被自己的情绪所控。※
2	我容易受自己的情绪影响。※
3	我容易心烦意乱。※
	个体行为特征（PC-B）
4	工作上，我为自己设定了高标准。
5	对于坚信的事，没有什么能阻止我实现它。
6	我能专注地去完成任务。
7	我对工作精益求精。
	个体认知特征（PC-C）
8	我对讨论理论问题没兴趣。※
9	我尽量回避带有哲学味的讨论。※
10	我对抽象的观点没兴趣。※
11	我不怎么看那些难懂的东西。※
	社会支持资源（OSR）
12	工作遇到困难需要陪伴时，我知道有人肯为我腾出时间。
13	工作遇到困难需要倾诉时，我能找到合适的人。
14	当我泄气需要鼓励时，我知道去找谁。
15	工作遇到困难需要出主意想办法时，我知道去找谁。
	应激初反应（IR）
★请回忆一下您近期工作中发生的一件较大的压力事件，或者令您至今记忆犹新的一次职业逆境。请您聚焦在该事件发生之初的当时当地，回答16—21题：	
16	事情发生时，我生怕自己做错事。※
17	事情发生时，我的内心充满疑虑。※
18	事情发生时，我的缺点令我很沮丧。※
19	事情发生时，我怀疑自己胜任工作的能力。※
20	事情发生时，我总感觉潜在的困难无处不在。※
21	事件发生时，我感觉异常消沉。※
★随着该事件的发生，根据您当时的所感、所思和所为，回答22-32题：	

续表

情绪自我调节过程（SPR-A）	
22	身处比较大的职业压力/逆境时，我能理性地做出重要决定。
23	身处比较大的职业压力/逆境时，我做决定主要是基于事实，而不是凭自己的感觉。
24	身处比较大的职业压力/逆境时，我极少沉溺放纵过。
25	身处比较大的职业压力/逆境时，我能合理地安排生活。
行为自我调节过程（SPR-B）	
26	身处比较大的职业压力/逆境时，我做事多凭一时兴致。※
27	身处比较大的职业压力/逆境时，一旦工作太难干，我就会停下来。※
28	身处比较大的职业压力/逆境时，我难以完成已经在做的事情。※
认知自我调节过程（SPR-C）	
29	身处比较大的职业压力/逆境时，我容易看到问题的积极一面。
30	身处比较大的职业压力/逆境时，我坚信"一切都会好起来"。
31	身处比较大的职业压力/逆境时，无论我的感觉多么糟糕，都能往好处想。
32	身处比较大的职业压力/逆境时，我相信承受有压力的任务是一种有价值的投资。

注：(1) ※为反向计分。(2) 李克特五等级评分：1=非常不同意；2=不太同意；3=不确定；4=比较同意；5=非常同意。(3) 为了更好地体现职业韧性自我调节模型的过程性与能动性特点，在16题前和22题前分别设计了指导语，引导被试者更真切地回忆自身在职业逆境中的应对和调节过程。

附录7　致辅导员老师

尊敬的辅导员老师：

感谢您协助我们的调查工作。

这项研究是想了解我国高校辅导员的职业适应与发展情况。调查给您带来了额外的工作，我们非常感谢您的理解和支持。

这是一项匿名调查，结果仅供研究人员使用。您的一切回答都将被严格保密，不会给贵校的任何人看，亦不会给贵校的任何人提供关于您的任何信息。请放心作答。

您拿到的这个信封内有：

(1) 1份"致辅导员老师"

(2) 1份"辅导员职业适应力研究问卷"

信封封口处贴有双面胶。请您将填完的问卷放在信封内，封好后交予当初给您信件的老师。

信封内附了一支签字笔和一份小礼品，礼轻情深，诚挚感谢您！

如果您对此调查有任何问题，请给我邮件联系。在您繁忙的工作中打扰您，非常抱歉。

再次感谢您的帮助！

"高校辅导员职业能力建设研究"课题

联系人：×××

（邮箱：×××）

参考文献

一、著作

[1]马克思恩格斯选集(第一卷)[M].北京:人民出版社,1995.

[2]马克思恩格斯全集(第三卷)[M].北京:人民出版社,1960.

[3]马克思恩格斯选集(第四卷)[M].北京:人民出版社,1995.

[4]马克思恩格斯全集(第二十卷)[M].北京:人民出版社,1972.

[5]马克思恩格斯全集(第二十五卷)[M].北京:人民出版社,1974.

[6]马克思恩格斯全集(第三十八卷)[M].北京:人民出版社,1974.

[7]马克思恩格斯全集(第四十二卷)[M].北京:人民出版社,1979.

[8]马克思恩格斯全集(第四十六卷上册)[M].北京:人民出版社,1979.

[9]马克思恩格斯全集(第四十六卷下册)[M].北京:人民出版社,1980.

[10]中共中央文献研究室.毛泽东选集(第二卷)[M].北京:人民出版社,1991.

[11]国家教委思想政治工作司.思想政治教育心理学[M].北京:高等教育出版社,1996:9.

[12]杨芷英,王希永.思想政治教育心理学[M].北京:首都师范大学出版社,1999.

[13]张云.思想政治教育心理学[M].上海:世纪出版集团(上海人民出版社),2001.

[14]佟庆伟,秋实.个体素质结构论[M].北京:中国科学技术出版社,2001.

[15]胡凯.现代思想政治教育心理研究[M].湖南人民出版社,2009.

[16]董杰.再论思想政治教育心理学的研究对象[J].中南民族大学学报(人文社会科学版),2014(5).

[17]唐·埃思里奇.应用经济学研究方法论[M].北京:经济科学出版社,1998.

[18]胡凯.现代思想政治教育心理研究[M].长沙:湖南人民出版社,2009.

[19]国家教委思想政治工作司.思想政治教育心理学[M].北京:高等教育出版社,1996:9.

[20]陈志尚.人学原理[M].北京:北京出版社,2004.

[21]郭湛.主体性哲学[M].云南:云南人民出版社,2000.

[22]张耀灿,等.思想政治教育学前沿[M].北京:人民出版社,2006.

[23]张澍军.德育哲学引论[M].北京:人民出版社,2002.

[24]甘怡群,张轶文,邹玲.心理与行为科学统计[M].北京:北京大学出版社,2005.

[25]侯杰泰,温中麟,成子娟.结构方程模型及其应用[M].北京:教育科学出版社,2004.

[26]余民宁.潜在变项模式——SLMPLIS的应用[M].台北市:高等教育,2006.

[27]温忠麟,刘红云,侯杰泰.调节效应和中介效应分析[M].北京:教育科学出版社,2012.

[28]Martin Payne.叙事疗法[M].北京:中国轻工业出版社,2012.

[29]滕云.高校辅导员职业化研究[M].上海:上海交通大学出版社,2013.

[30]张耀灿,等.现代思想政治教育学[M].北京:人民出版社,2001.

[31]侯杰泰,温忠麟,成子娟.结构方程模型及其应用(Structural Equation Model and Its Applications)[M].北京:教育科学出版社,2004.

[32]吴明隆.问卷统计分析实务——SPSS操作与应用[M].重庆:重庆大学出版社,2010.

[33]徐兆仁.东方修道文库[M].北京:中国人民大学出版社,1989.

[34]Organ D W.Organizational Citizenship Behavior:The Good Soldier Syndrome[M].MA:Lexington,Books.1988.

[35]Weick, K.E. Sensemaking in Organizations[M].Thousand Oaks, CA:Sage,1995.

[36]Hair, J. F., Anderson, R. E., Tatham, R. L., & William, C.Black, Multivariate data analysis:Upper Saddle River[M].NJ:Prentice Hall,1998.

[37]Shirlynn(Ed);Oskamp,Stuart(Ed),The social psychology of health[M].Newbury Park CA:Sage Publications,1988:251.

[38]Luthans, F., Youssef, C. M., & Avolio, B.J. Psychological Capital[M]Oxford, United Kingdom:Oxford University Press,2007.

[39]Walker LO, Avant KC.Strategies for Theory Construction in Nursing[M]. New Jersey:Pearson Prentice Hall,2005.

[40]Reivich,K.,& Shatte,A.The resilience factor:Seven essential skills for overcoming life's inevitable obstacles[M].New York, NY:Broadway Books,2002.

[41]Luthans,F., Avolio,B., Avey,J.,&Norman,S. Psychological capital :Measurement and relationship with performance and satisfaction(Working Paper

No.2006-Ⅰ)[M].Gallup Leadership Institute, University of Nebraska-Lincoln,2006.

[42]Dawis, R,V.,& Lofquist, L.H. A Psychological Theory of Work Adjustment[M].Minneapolis,MN：University of Minnesota Press,1984.

[43]Barankin T,Khanlou N.Growing up resilient：ways to build resilience in children and youth [M].Canada：Centre for Addiction and Mental Health,2007.

[44]Schaufeli W,Leiter M P,Maslach C,et al.MBI-General Survey[M].Palo Alto,CA：Consulting Psychologists Press,1996.

[45]Dawis, R,V.,& Lofquist, L.H. A theory of work adjustment (a revision)[M].Minneapolis, MN：University of Minnesota Press,1968.

[46]Gillham, J. E., Brunwasser, S. M., & Freres, D. R. Preventing depression in early adolescence：The Penn Resiliency Program. In J.R.Z.Abela & B.L.Hankin (Eds.), Handbook of depression in children and adolescents[M]. New York, NY：Guilford Press,2008.

[47]Garmezy, N..Stress-resistant children：The search for protective factors. In A.Davids (Ed.), Recent research in developmental psychopathology [M]. Elmsford, NY：Pergamon Press.1985.

[48]Melucci A. The Playing Self：person and meaning in the planetary society[M].Cambridge：Cambridge University Press,1996,21.

[49]Masten, A.S., & Reed, M. G. J.. Resilience in development. In C.R. Snyder & S.J.Lopez (Eds.), Handbook of positive psychology [M].New York, NY：Oxford University Press,2002.

[50]Fiske S T., Taylor S E. Social cognition [M].Reading, Mass：Addison-Wesley Pub. Co.,1984.

二、连续出版物（中文期刊）

［1］辛辰.对"思想政治教育心理学"研究中所存争议和问题的几点思考［J］.首都师范大学学报（社会科学版）,2004(S2).

［2］吴琼.高校辅导员培训制度的探索［J］.继续教育研究,2013(1).

［3］胡建新.高校辅导员培训的现实困境和思考［J］.思想教育研究,2008(12).

［4］吴云志,曲建武.高校辅导员素质与能力建设对策研究［J］.高校理论战线,2008(1).

［5］赵健.高校辅导员培训效果评估模型的构建与实施［J］.中国成人教育,2014(12).

［6］马林海.行动学习——高校辅导员培训模式创新的突破口［J］.思想教育研究,2010(9).

［7］张立新.欧美学术界关于大学生职业能力的研究进展与展望［J］.高教探索,2014(6).

［8］李锡元,冯熠,周璨,陈思.科技人才角色压力、工作幸福感与工作投入的关系研究——职业韧性的调节作用［J］.科技与经济,2014(2).

［9］黎晓,施俊琦.签派员自我效能对工作压力源和幸福感的影响［J］.中国民航大学学报,2009,27(4).

［10］周源源.高校辅导员心理压力分析及其调适［J］.江苏高教,2010(4).

［11］曾昭皓.对辅导员量化考核问题的合理性反思与探讨［J］.高校辅导员学刊,2009(2).

［12］陈平,张红梅.辅导员在思想教育和心理辅导中的角色冲突与调适［J］.思想教育研究,2012,207(4).

[13]童辉杰,刘轩.大学生村官工作适应的影响因素分析[J].心理与行为研究,2013(6).

[14]李焕荣,洪美霞.员工主动性人格与职业生涯成功的关系研究——对职业弹性中介作用的检验[J].中国人力资源开发,2012(4).

[15]李焕荣,曾华.职业弹性的研究现状述评及展望[J].经济管理,2010(5).

[16]陈敏,王詠.职业韧性研究综述[J].人类功效学,2012,18(3).

[17]李霞.职业弹性的结构研究及测量工具开发[J].管理学报,2011,8(11).

[18]梁宝勇,程诚.心理健康素质测评系统·中国成年人心理弹性量表的编制[J].心理与行为研究,2012(4).

[19]乔红霞,俞国良.谁是未来战场心理复原能力最强的军人——不同应激水平下心理弹性与情绪感知关系的实验研究[J].解放军艺术学院学报,2013(2).

[20]安媛媛,臧伟伟,等.创伤暴露程度对中学生创伤后成长的影响——复原力的调节作用[J].心理科学,2011(3).

[21]程诚,黄俊,梁宝勇.心理健康素质测评系统·中国成年人心理弹性全国采样调查报告[J].心理与行为研究,2014(6).

[22]李霞,张伶,谢晋宇.职业弹性对工作绩效和职业满意度影响的实证研究[J].心理科学,2011,34(3).

[23]胡湜,顾雪英.使命取向对职业满意度的影响——职业弹性的中介作用及工作资源的调节作用[J].心理科学,2014,37(2).

[24]曹科岩,陈国梁.高校教师职业韧性的调查与分析[J].职业技术教育,2014,32.

[25]李琼,张国礼,周钧.中小学教师的职业压力源研究[J].心理发展与

教育,2011,27(1).

[26]贾晓灿,张涛,等.高校教师职业韧性现状分析[J].中国卫生事业管理,2013,30(12).

[27]黄斌,朱缜,林雪琴.积极情绪视角下的工作压力源对工作投入的影响研究——基于金融服务业的数据[J].中国劳动,2015,18(9x).

[28]李旭培,时雨,王桢,实勘.抗逆力对工作投入的影响——积极应对和积极情绪的中介作用[J].管理评论,2013,25(1).

[29]乔婷婷,甘晓芳,魏敏,张媛.提升小学教师工作投入度探究——心理资本的角度[J].当代教育科学,2015(20).

[30]李华芳,刘春琴,厉萍.积极情绪在精神科护士心理弹性与职业倦怠关系中的中介作用[J].中华护理杂志,2015,50(9).

[31]陈蓓丽,徐永祥.外来女工的精神健康与抗逆力——基于上海226名外来女工的实证研究[J].华东理工大学学报,2013(1).

[32]刘伟洋.中职学校教师职业韧性价值及提升策略[J].职业技术教育,2012,33(5).

[33]王芙蓉,陈林.美国陆军心理韧性培育——军人综合健康计划研究综述[J].临床心理学杂志,2014,22(3).

[34]陈思颖,李刚.国外"教师韧性"研究述评[J].上海教育科研,2015(6).

[35]常保瑞,方建东.心理弹性的研究及其对教育的启示[J].教育探索,2010(1).

[36]杨彩云.社区服刑人员抗逆力的结构、机制与培育[J].理论月刊,2014(12).

[37]罗凤英.处级领导干部心理复原力状况及提升路径[J].中国党政干部论坛,2012(9).

[38]缪敏志.文化类型、强度、均衡性及集群对经理人工作适应影响之研究[J].中山管理评论,2001,9(3).

[39]陈春希,高瑞新.工作压力与工作适应:探讨不同工作特性基层警察人员组织承诺的调节效果[J].人力资源管理学报,2010,10(4).

[40]吴伟炯,刘毅,路红,谢雪贤.本土心理资本与职业幸福感的关系[J].心理学报,2012,44(10).

[41]海小娣,马俊,苑春永等.职业成熟度、工作价值观与工作适应状况之间的关系[J].中国临床心理学杂志,2009,17(5).

[42]李莎,刘耀中.企业员工心理弹性与工作倦怠的关系[J].经营与管理,2011,11.

[43]张阔,邹洋,汪新建.工作压力与工作倦怠间心理资本作用的路径模型[J].心理与行为研究,2014,12(1).

[44]张阔,张雯慧,杨珂,吴婕.企业管理者心理弹性——积极情绪与工作倦怠的关系[J].心理学探新,2015,35(1).

[45]刘得格.挑战性——阻碍性压力源、角色超载和情绪枯竭的关系:心理弹性的调节作用[J].心理与行为研究,2015,13(1).

[46]南帆.文化的意义及其三种关系[J].江苏大学学报(社会科学版),2009,4.

[47]王金崇.中国传统文化在深层社会心理中的作用[J].内蒙古社会科学(汉文版),2012,1.

[48]杜江.刍议儒释道关系及意义[J].学理论,2011,31.

[49]席居哲,曾也恬,左志宏.中国心理弹性思想探源[J].中国临床心理学杂志,2015,23(3).

[50]张立文.《周易》对中国社会的影响[J].周易研究,2005(3).

[51]洪修平.论儒道佛三教人生哲学的异同与互补[J].社会科学战线,

2003(5).

[52]王森.由《老子》中的"水"看其"不争"的人生哲学[J].大庆师范学院学报,2010,1.

[53]王文清.老子用世、积极、有为的重要思想探释[J].泰安师专学报,1997(3).

[54]吕锡琛.道家思想对于调治焦虑和抑郁心理的启示[J].上海师范大学学报(哲学社会科学版)2007,36(1).

[55]吕锡琛.论道家人生哲学的心理保健功能[J].心理科学,2002,25(5).

[56]陈静.高校辅导员工作倦怠状况调查研究[J].思想教育研究,2011(3).

[57]洪修平.论儒道佛三教人生哲学的异同与互补[J].社会科学战线,2003(5).

[58]高婷婷.浅谈老庄消极思想中的积极因素[J].辽宁教育行政学院学报,2011(5).

[59]洪修平,陈红兵.论中国佛学的精神及其现实意义[J].世界宗教研究,2011(1).

[60]谭素芬,吴希林,邓云龙.中国禅学的人性观及对心理治疗的启示[J].中国临床心理学杂志,2012,20(1).

[61]魏吉槐,唐秋萍,邓云龙.简析中国禅学中的心理病理观[J].中国临床心理学杂志,2012,20(2).

[62]陈超.禅宗精神及其对现代人生的意义[J].福建教育学院学报,2000(3).

[63]方立天.禅宗精神——禅宗思想的核心、本质及特点[J].哲学研究.1995,3.

[64]姚瑞,唐秋萍,邓云龙.略论中国禅学的心理治疗思想与方法[J].中国临床心理学杂志,2012,20(2).

[65]史梦薇.文化视野下的应对:理论、维度与经验研究[J].贵州民族大学学报(哲学社会科学版),2013(1).

[66]席居哲,曾也恬,左志宏.中国心理弹性思想探源[J].中国临床心理学杂志,2015,23(3).

[67]朱虹.青少年抗逆力的研究及其培养[J].全球教育展望,2013,42(9):94—101.

[68]杨廷忠,黄汉腾.社会转型中城市居民心理压力的流行病学研究[J].中华流行病学杂志,2003(9).

[69]张妍,李飞,王志寰,钟思嘉,史倩.硕士生压力知觉、状态—特质焦虑、完美主义与睡眠质量的关系[J].心理科学,2014(6).

[70]胡金凤,郑雪,孙娜娜.压力对"蚁族"群体心理健康的影响:希望的调节作用[J].心理发展与教育,2011,27(3).

[71]林依.广州青年白领主观幸福感与心理健康的影响因素分析[J].心理学探新,2013,33(2).

[72]宋国学.职业生涯韧性的结构维度:本土化研究[J].经济管理,2011(11).

[73]张敏,卢家楣.青少年情绪弹性的影响因素研究[J].心理科学,2011(3).

[74]田学英,卢家楣.外倾个体何以有更多正性情绪体验:情绪调节自我效能感的中介作用[J].心理科学,2012(3).

[75]温忠麟,侯杰泰,马什赫伯特.结构方程模型检验:拟合指数与卡方准则[J].心理学报,2004,36(2).

[76]程利,袁加锦,何媛媛等.情绪调节策略:认知重评优于表达抑制

[J].心理科学进展,2009,17(4).

[77]陈琴,王振宏.认知重评策略与生活满意度:情绪和心理韧性的多重中介效应[J].中国临床心理学杂志,2014,22(2).

[78]李夏芳.教师职业倦怠成因及对策分析[J].广西大学学报(哲学社会科学版)2009(4).

[79]李锡元,冯熠,周璨,陈思.科技人才角色压力、工作幸福感与工作投入的关系研究——职业韧性的调节作用[J].科技与经济,2014(2).

[80]朱伏平,张宁俊.职业认同与组织认同关系研究[J].商业研究,2010(1):68—71.

[81]王霞霞,张进辅.国内外职业承诺研究述评[J].心理科学进展,2007,15(3).

[82]任皓,温忠麟,陈启山,叶宝娟.工作团队领导心理资本对成员组织公民行为的影响机制:多层次模型[J].心理学报,2013,45(1).

[83]韩效辉.教师职业认同文献述评[J].宿州教育学院学报,2010,4(2).

[84]汤国杰.普通高校体育教师职业认同理论模型构建与实证研究[J].北京体育大学学报,2009,3(3).

[85]王璐,高鹏.职业认同、团队认同对员工建言献策行为影响的实证研究[J].数学的实践与认识,2011,41(1).

[86]王金良,张大均.心理授权研究进展[J].心理科学,2011,34(3).

[87]汤学俊.变革型领导、心理授权与组织公民行为[J].南京社会科学,2014(7).

[88]温忠麟,叶宝娟.有调节的中介模型检验方法:竞争还是替补?[J].心理学报,2014,46(5).

[89]王艳辉,张卫,等.亲子依恋、自我概念与大学生自我伤害的关系

[J].心理学探新,2009,29(5).

[90]王金良,张大均.心理授权研究进展[J].心理科学,2011,34(3).

[91]李华芳,刘春琴,厉萍.积极情绪在精神科护士心理韧性与职业倦怠关系中的中介作用[J].中华护理杂志,2015,50(9).

[92]郭淑梅,刘兵.饭店业工作要求对员工工作态度的影响研究——JD-R模型在中国饭店业情境下的验证[J].企业经济,2012(7).

[93]罗东霞,时勘,彭浩涛.组织抗逆力问题研究[J].中国人力资源开发,2010(8).

[94]同雪莉.抗逆力叙事:本土个案工作新模式[J].首都师范大学学报(社会科学版),2015(1).

[95]李永鑫,佘凌.人格坚韧性与健康关系的研究[J].心理科学,2004(6).

[96]刘海燕.1980—2008年间中国思想政治教育心理学研究回顾与思考[J].河北大学学报(哲学社会科学版),2011(6).

三、连续出版物（英文期刊）

[1]Muller, D., Judd, C. M., &Yzerbyt, V. Y.. When moderation is mediated and mediation is moderated[J]. Journal of Personality and Social Psychology, 2005,89.

[2]Fletcher, D., & Sarkar, M.Psychological resilience:A review and critique of definitions, concepts, and theory.European Psychologist, 2013,18(1).

[3]Reivich, K. J., Seligman, M. E. P., & McBride, S.. Master resilience training in the U.S. army[J]. American Psychologist,2011,66.

[4]Cutuli JJ, Chaplin TM, Gillham JE, et al.Preventing co-ocuring de-

pression symptoms in adolescents with conduct problems, the Penn Resilience Program[J]. Annual New York Academy of Sciences, 2006.

[5]Arnetz, B.B.,Nevedal, D. C.,Lumley, M. A., Backman, L.,& Lublin, A.. Trauma resilience training for police: Psychophysiological and performance effects[J].Journal of Police and Criminal Psychology,2009,24.

[6]McCraty, R., & Atkinson, M. Resilience training programme reduces physiological and psychological stress in police officers[J]. Global Advances in Health and Medicine,2012,1.

[7] Sood, A., Prasad, K., Schroeder, D., & Varkey, P. Stress management and resilience training among Department of Medicine faculty: A pilot randomized clinical trial[J]. Journal of General Internal Medicine,2011,26.

[8]Haeffel G J, Grigorenko E L. Cognitive vulnerability to depression: exploring risk and resilience[J]. Child and adolescent Psychiatric clinics of North America,2007,16(2).

[9]Salmond C H, Menon D K, Chatfleld D A, Pickard J D, Sahakian B J. Cognitive reserve as a resilience faetor against depression after moderate/severe head injury[J]. Journal of neurotrauma. 2006,23(7).

[10]Tebes J K. ,Irish J T. ,Puglisi Vasquez M J.,Perkins D V.Cognitive transformation as a marker of resilience[J]. Substance use & misuse,2004,39 (5).

[11] Richter, D., Kunter, M., Ludtke, O., Klusmann, U, Anders, Y. & Baumert, J. (2013). How different mentoring approaches affect beginning teachers' development in the first years of practice[J]. Teaching and Teacher Education, 36.

[12]Szymanski, Edna Mora. Disability, job stress, the changing nature of

careers, and the career resilience portfolio[J].Rehabilitation Counseling Bulletin,1999,42.

[13] Dawis, R, V., & Lofquist, L.H. Personality style and the process of work adjustment[J].Journal of counseling psychology, 1976,23(1).

[14] Bonnano,G.A.,& Mancini, A.D. The human capacity to thrive in the face of potential trauma[J].Pediatrics, 2008,121.

[15] Sonnenfeld, J. and Ward, A.'How great leaders rebound after career disasters'[J], Organizational Dynamics, 2008,37(1).

[16] Mandelbaum, D.G. 'The study of life history: Gandhi'[J].Current Anthropology, 1973,14.

[17] Masten,A.S.,&Narayan,A.J.Child development in the context of disaster, war, and terrorism: Pathways of risk and resilience [J].Annual Review of Psychology, 2012,63.

[18] Masten, A.S.,Best,K.M.,&Garmezy,M.Resilience and development: Contribu- tions from the study of children who overcome adversity [J].Development and Psychopathology, 1990, 2.

[19] Lee, H.H., &Cranford, J.A. Does resilience moderate the associations between parental problem drinking and adolescents' internalizing and externalizing behaviours? A study of Korean Adolescents [J]. Drug and Alcohol Dependence,2008,96.

[20] Leipold,B.,&Greve,W.Resilience:A conceptual bridge between coping and development[J]. European Psychologist,2009,14.

[21] Agaibi, C.E., &Wilson, J.P. Trauma, PTSD, and resilience: A review of the literature[J].Trauma, Violence and Abuse,2005,(6).

[22] Pangallo, A., Zibarras, L.D., Lewis, R. &Flaxman, P. Resilience

Through the Lens of Interactionism:A Systematic Review[J].Psychological Assessment,2014,27(1).

[23]Block, J. H., Block, J., & Morrison, A.Parental agreementdisagreement on child-rearing orientations and gender-related personality correlates in children[J]. Child Development,1981,52.

[24]Pidgeon, A.M.,Ford, L.,&Klassen,F.Evaluating the effectiveness of enhancing resilience in human service professionals using a retreat-based mindfulness with metta training programme: A randomized controlled trial [J]. Psychology, Health,&Medicine,2014,19.

[25]Windle G. Psychological resilience as a resource for later life [J].Gerontologist. 2011,51.

[26]Fletcher,D.,& Sarkar,M. A grounded theory of psychological resilience in Olympic champions [J]. Psychology of Sport and Exercise,2012,13.

[27]Gillespie,B. M., Chaboyer, W., & Wallis, M. Development of a theoretically derived model of resilience through concept analysis[J]. Contemporary Nurse,2007,25.

[28]Windle, G. What is resilience? A review and concept analysis[J].Reviews in Clinical Gerontology,2011,21.

[29]Tusaie K,Dyer J. Resilience:a historical review of the construct[J]. Holistic Nursing Practice. 2004,18(1).

[30]Windle,G.What is resilience? A review and concept analysis[J].Reviews in Clinical Gerontology,2011,21.

[31]Kobasa SC.Stressful life events, personality and health: An inquiry into hardiness[J]. Personality Social Psychol,1979,37.

[32]Skinner, E. A., & Zimmer-Gembeck, M. J. The development of

coping[J].Annual Review of Psychology,2007,58.

[33]Van Vliet, K. J.Shame and resilience in adulthood: A grounded theory study[J]. Journal of Counseling Psychology, 2008,55.

[34]Winwood, P.C., Colon, R.,& McEwen, K. A practical measure of workplace resilience:Developing the Resilience at Work Scale[J].Journal of Occupational and Environmental Medicine,2013,35.

[35]Windle, G.,Bennett, K. M., &Noyes,J.A methodological review of resilience measurement scales[J]. Health and Quality of Life Outcomes,2011,(9).

[36]Yu,X.N, Zhang,J.X.Factor analysis and psychometric evaluation of the Connor-Davidson resilience scale(CD-RISC) with Chinese people[J].Social Behavior and Personality.2007,35(1).

[37]Ahern, N. R., Kiehl, E. M., Sole, M. L., & Byers, J.A review of instruments measuring resilience[J]. Issues in Comprehensive Pediatric Nursing, 2006,29.

[38]Sarkar, M., & Fletcher, D. How should we measure psychological resilience in sport performers? [J]. Measurement in Physical Education and Exercise Science,2013,17.

[39]Bruin G P,Lew C C.Construct validity of the career resilience questionnaire[J].A Journal of Industrial Psychology,2000,28(1).

[40]Cicchetti, D. Resilience under conditions of extreme stress:a multilevel perspective[J].World Psychiatry,2010,(9).

[41]Millear, P.,Liossis, P., Shochet, I. M., Biggs, H., & Donald, M. Being on PAR: Outcomes of a pilot trial to improve mental health and wellbeing in the workplace with the promoting adult resilience (PAR) programme[J].Behaviour Change,2008,25.

[42]Burton, N.W., Pakenham, K. I., & Brown, W. J. Feasibility and effectiveness of psychosocial resilience training: A pilot study of the READY program[J]. Psychology, Health & Medicine, 2010,15.

[43]Pipe, T. B., Buchda, V. L., Launder, S., Hudak, B., Hulvey, L., Karns, K. E., & Pendergast, D. Building personal and professional resources of resilience and agility in the healthcare workplace[J]. Stress and Health,2012,28.

[44]Jennings, P. A., Frank, J. L., Snowberg, K. E., Coccia, M. A., & Greenberg, M. T. Improving classroom learning environments by cultivating awareness and resilience in education (CARE): Results of a randomized controlled trial[J]. School Psychology Quarterly,2013,28.

[45]Carr, W., Bradley, D., Ogle, A. D., Eonta, S. E., Pyle, B. L., & Santiago, P. Resilience training in a population of deployed personnel [J]. Military Psychology, 2013,25.

[46]Sherlock-Storey, M., Moss, M., & Timson, S. Brief coaching for resilience during organisational change-an exploratory study[J]. The Coaching Psycholo- gist,2013,(9).

[47]Harland L, Harrison W, Jones J R, et al. Leadership behaviors and subordinate resilience[J]. Journal of Leadership & Organizational Studies, 2005, 11(2).

[48]Jones,G.R. Socialization tactics, efficacy, and newcomer's adjustments to organizations[J]. Academy of Management Journal,1986,29(2).

[49]Shin J, Taylor M S, Seo M G. Resources for change: The relationships of organizational inducements and psychological resilience to employees' attitudes and behaviors toward organizational change [J]. Academy of Management Journal,2012,55(3).

[50] Riolli L, Savicki V. Information system organizational resilience[J]. Omega, 2003, 31(3).

[51] Gillian Dolan, Esben Strodl, Elisabeth Hamernik. Why Renal Nurses Cope so well with their workplace stressors[J]. Journal of Renal Care. 2012, (4).

[52] Bonanno, G. A. , & Diminich, E. D. Annual research review: Positive adjustment to adversity-trajectories of minimal-impact resilience and emergent resilience[J]. Journal of Child Psychology and Psychiatry, 2013, 54.

[53] Ungar M. Resilience, trauma, context, and culture. Trauma, Violence and Abuse[J]. 2013, 14(3).

[54] Ungar M, Brown M, Liebenberg L, et al. Unique pathways to resilience across cultures[J]. Adolescence, 2007, 42(166).

[55] Clauss-Ehlers C S., Yang Y T., Chen W C. Resilience from childhood Stressors, The role of cultural resilience, ethnic identity, and gender identity[J]. Joumal of infant, Child and Adoleseenct PsychotheraPy, 2006, 5(1).

[56] Thoits, P. Stressors and problem solving: The individual as a psychological activist[J]. Jorunal of Health and a Social Behavior, 1994, 35.

[57] Richardson, G. E. The metatheory of resilience and resiliency[J]. Journal of Clinical Psychology, 2002, 58.

[58] Weick, K. E. Sensemaking in Organizations, Thousand Oaks, CA: Sage [J]. Scandinavian Journal of Management, 1997, 13(1).

[59] Benard, B., Fostering Resiliency in Kids: Protective Factors in the Family, School and Community, Portland, OR: Northwest Regional Educational Laboratory[J]. Child Development, 1991, 51.

[60] Earvolino- Ramirez, M. 'Resilience: a concept analysis' [J]. Nursing Forum, 2007, 42(2).

[61]Masten, A.S.. Resilience in children threatened by extreme adversity: Frameworks for research, practice, and translational synergy[J].Development and Psychopathology,2011,23.

[62] Rutter, M. Resilience concepts and findings: Implications for family therapy [J]. Journal of Family Therapy,1999,21.

[63]Cohen S, Kamarck T, Mermelstein R. A global measure of perceived stress[J]. Journal of health and social behavior,1983.

[64] Caprara G. V, Giunta, L. D, Eisenberg, D. "Assessing Regulatory Emotional Self-Efficacy in Three Countries"[J]. Psychological Assessment.2008.

[65]Robertson I T, Cooper C L, Sarkar M, et al.Resilience training in the workplace from 2003 to 2014: A systematic review [J]. Journal of Occupational and Organizational Psychology, 2015.

[66]Earvolino- Ramirez, M.'Resilience: a concept analysis'[J].Nursing Forum,2007,42(2).

[67]London M, Noe R A. London's Career Motivation Theory: An Update on Measurement and Research[J].Journal of Career Assessment,1997(1).

[68]Greeff A P.,Vander M S.Variables Associated with Resilience in Divorced Families[J].Social Indicators Research,2004,(1).

[69]Blau G J. A Mmultiple study investigation of the dimensionality of job involvement[J].Journal of Vocational Behavior,1985,27.PHam.

[70]Organ D W.Organizational Citizenship Behavior:It's Construct Cleanup Time [J].Human Performance,1997,(10).

[71]Maslach C,Jachson SE.The measurement of experienced burnout[J]. Journal of Occupational Behavior,1981,(2).

[72]Freudenberger H J.Staff Burnout[J].Journal of Social Issues,1974,

30(1).

[73] Brigid M et al.Resilience in the operating room: developing and testing of a resilience model[J]. Journal of Advanced Nursing,2007,59(8).

[74] Smith, B. W., Dalen, J., Wiggins, K., Tooley, E., Christopher, P., &Bernard,J. The brief resilience scale: Assessing the ability to bounce back[J]. International Journal of Behavioral Medicine, 2008,15.

[75] Fisher, T.A., &Stafford, M. E..The impact of career and ethnic influences on career resilience[J].Paper presented at the annual meeting of the American Educational Research Association, New Orleans, LA.,2000.

[76] Kidd J M, Green F.The careers of research scientists[J].Personnel Review, 2006,35(3).

[77] Beijaard,D. Teachers´prior experiences and actual perceptions of professional identity[J]. teachers and teaching; theory and practice,1995(1).

[78] Van den Berg, R. Teacher´s meanings regarding educational practice [J].Review of Educational Research,2002,72(4).

[79] Blau, GJ. Further exploring the meaning and measurement of career conimitment[J]. Journal of vocational behavior, 1988,32(3).

[80] Kremer,L.and Hofman,J.E.Teachers' professional identity and burnout [J]. Research in Education,1991,34.

[81] Kuo H T, Yin T J C, & Li I C. Relationship between organizational empowerment and job satisfaction perceived by nursing assistants at long-term care facilities[J]. Journal of clinical nursing,2008,17.

[82] James L R, Brett J M. Mediators, moderators and tests for mediation [J]. Journal of Applied Psychology,1984,69(2).

[83] Rutter, M. Resilience as a dynamic concept[J].Development and Psy-

chopatho- logy，2012，24.

四、其他

[1]冯刚,郑永延.思想政治教育学科——30年发展研究报告[R].北京：光明日报出版社,2014：259,266.

[2]教育部.高等学校辅导员职业能力标准(暂行)[S].教思政〔2014〕2号,2014,3.

[3]教育部.普通高等学校辅导员培训规划(2013—2017年).教党〔2013〕9号,2016,5(2015年修订)

[4]教育部.2006—2010年普通高等学校辅导员培训计划.教思政厅〔2006〕2号,2006,7.

[5]教育部.普通高等学校辅导员队伍建设规定.教育部令第24号,2006,7.

后 记

职业韧性本质上是一种实践智慧，是在克服实践困境中得以彰显的，更是在解决一个又一个真实的实践问题中得以淬炼的。辅导员这一职业生涯可谓大熔炉，且不说刚跻身其中的新手，即便是历练了四五年的老手，若想于朋辈同行中崭露头角，倘若没有足够的职业韧性，想最终羽化成专家型辅导员，着实诞罔不经。

令人鼓舞的是，职业韧性是可以通过专门培训来有效提升的，这点已被大量的实证研究所证实，只是这些研究主要集中于西方，而有关我国职业者的研究还很少，具体到我国的高校辅导员群体而言更是鲜有。本研究是个初探，生成的辅导员职业韧性重塑方案尚需实证研究来进一步验证，因此后继当开展循证干预研究。

本书是在博士学位论文基础上开展的多项课题的研究成果，包括：2017年度陕西省社会科学基金项目"职业化专业化视域下高校辅导员职业心理素质培育机制研究"（2017P018）；2017年度陕西省教育科学"十三五"规划课题"双一流建设背景下地方高校辅导员职业心理素质培育机制的实证研究"（SGH17H309）；2022年度西安市社科规划基金课题"'健康中国行动2030'视域下西安市中小学教师队伍心理健康素养监测与区/县域提升路径研究"（22JY40）；2019年度陕西高等教育教学改革研究重点项目"心理学省级'一流专业'建设背景下实践教学创新体系的构建与实施路径"(19BZ061)。本书的顺利出版，还得到了 2019 年度陕西高校青年创新团队"儿童青少年社会性发展与教育创新团队"的资助。

在本书正式出版之际，我要特别感谢导师王晓荣教授。王老师的包容、肯定与鼓励，从博士学习到课题研究，常常鞭策着我、指引着我、鼓舞着我、滋养着我。每每与师相处，我自觉"眼"更明了，"心"更亮了，劲更足了。谢谢王老师给予了我最高质量的社会支持！

最后，由衷感谢陕西人民出版社及出版社编辑白艳妮女士，你们给予我鼎力支持，不辞辛劳才促成了本书的顺利出版。研究和写作的过程，常常得到来自同行、友人与家人的鼓励与支持，在此一并感谢。

囿于本人的学术及写作水平，书中不妥之处难免，敬请同仁批评指正。

张婉莉
2022 年 2 月